昆山农耕

李惠元 编著

文匯出版社

目 录
CONTENTS

① 农 史

　　农耕，简而言之就是耕种土地。长时期耕种土地的人被称作"农民"。农民长久聚集的村落称"农村"。

　　农民在土地上播撒种子，护卫着禾苗的不断成长，收获成熟的庄稼。农民的这种种植农作物的生产活动，称"农业生产"。

　　长期以来，昆山的农民坚守在自己美丽富饶的土地上，勤劳俭朴，不畏艰辛，任劳任怨，用心血和汗水耕作土地，用真情和智慧培育着子孙后代。

第一节 自然村落

古代将人们聚居和生活的场所称作"聚落",乡村聚落就是"村落"。自然村落不是行政村,而是自然形态的乡村聚落。

昆山有众多的自然村落,它们散居在城外的各个乡镇。这些村落农耕历史悠久,自然环境优美。

由绰墩山遗址发掘中发现大量的

今日千灯吴家桥村口的石牌坊

墓葬、房址、水井、灰坑、水田、河道等遗迹证明,昆山在距今5500多年的崧泽文化时期已有村落。

境内有无数大大小小的湖泊,江河水道纵横交叉,它们把土地分隔成一个个自然小圩。这些小圩有的本身就是一个村落,有的若干个小圩相聚在一起形成了一个村庄和村庄所属的田园。

历史上昆山的自然村落屈指难数。据淳祐《玉峰志》记载,宋代嘉定十年(1217年),昆山有14个乡51个都,都以下就是一个个村落。

据光绪年间《昆新两县续修合志》(下简称《昆新合志》)记载,康熙年间,昆山乡、保下编有75个区345个图,这些图大部分是根据自然村落划分的。

元明时期,陈墓(锦溪)也是一个村落,至明代中期,其河西(长洲县境内)才升级为"镇",而河东依然为"村"。

嘉庆年间《贞丰拟乘》载:"周庄向属村落,自金二十相公南渡来此,稍为开扩。至沈万三父沈佑,从南浔徙于东垞,始辟为镇。"

民国《巴溪志》赵学南《序》中称:"巴城,一村镇耳。巴溪,一蹄涔耳……"说明巴城原本是一个很小的村落。

随着历史的变迁,几个自然村落往往又合并在一起,成为一个较大的村庄,或者先后被划分为一个大队、一个行政村。

昆山有众多远近有名的古村落,比如周庄的东庄、质洞村,淀山湖的榭麓村、度城村,千灯的歇马桥村,张浦的姜里、尚明甸村,锦溪的祝甸、虬泽村,巴城的绰墩村,玉山的南星渎村等。

锦溪陆家湾村中的外江

嘉庆年间《贞丰拟乘》载:"东庄地,乃万三东仓废基,是其积粟处。东通住宅,西接银子浜,园厅、仓库,相为联络。"东庄也名"东垞",曾是江南巨富沈万三的粮库,虽在清代中期已废弃,但"东庄积雪"却成为"贞丰八景"中的著名景点。

光绪年间《周庄镇志》载:"质洞村,在镇东北急水港滨,宋韩蕲王尝屯兵以御金……康熙四十年(1701年),质洞村人掘得古钱数瓮,想系当年犒军所遗。"质洞村位于急水江畔。按照韩世忠奉命抗击金兵时曾将军队驻扎在村中的说法,这个村落在宋代时就有了。

康熙年间《淞南志》载:"榭麓镇,镇在邑之南,邻于青浦县界。民多业耕,尤勤于织,产佳布。"榭麓村与青浦县相邻,也曾设为镇。这里的百姓大多从事农业生产,曾特别勤于织布,生产的布料质地优良。

光绪年间《昆新合志》载:"度城……相传黄巢所筑,今犹有城濠。掘地间得城砖,其旁为度城湖。"度城原为古城墙名,相传为黄巢所筑,后来村落也因城墙而得名。黄巢是唐末农民起义领袖,可见这个村庄历史积淀的深厚。

光绪年间《昆新合志》载:"上明田镇,亦作'尚明澱',在县东南四十五里淀山湖滨,设巡兵巡缉。"上明田在清代时曾设为镇。镇上商贸繁荣,官府还在此设置了巡查、捕盗的士卒,日夜巡查市场、缉捕盗贼。

姜里村在唐代时已成村落,因聚居的村民以姜姓为望族(门第高贵、世代为官的人家),故取村名为"姜里"。姜里村中的凤凰墩下,有宋代秘书郎姜府君的墓穴。

康熙年间《淞南志》载:"吴家桥镇,镇在淞南尚书浦上,直桥驾浦,遂成镇名……居民稠密,烟火千家。"吴家桥村地属千灯,也曾设为镇。村因古桥梁吴家桥名而名。相传这座桥是一位姓吴的卖豆浆的村民建造的,村落在宋元时期已有了。

康熙年间《淞南志》载："陶家桥镇,镇在尚书浦上……居民凡布帛鱼米贸易有无,俱集于市。相传唐陶岘后裔散处于此,故镇多陶姓。"陶家桥也属千灯镇,同样是桥、村同名,清代时也曾设为镇。相传,因晋代陶渊明的第九代裔孙、江南丝竹首创者陶岘定居于此而得名。

光绪年间《昆新合志》载："歇马桥,跨大石浦……相传,韩蕲王造桥济师,驱石计工,立马而成。"歇马桥也是村、桥同名。古桥相传始建于南宋,因韩世忠所带的军队在此渡河,故而快速修建了这座桥。

这些自然村落有的围绕在城市周边,有的散播在远离城市的乡野,但是它们都天高云淡,空气新鲜,阳光充足,四季分明,风光秀丽。

旧时,乡村中除了建有寺庙、竹林外,有的还建花园、别墅,甚至产生过文人笔下的乡村"八景"。比如,吴家桥村中有"玉溪八景",从古人"玉溪古

今日石浦歇马桥村口的雕塑

木尽参霄,波面双虹卧石桥"等诗句中,便能窥见村中的"桃源"美景。再如,周市蔚村有"蔚村八景",从古人"潭潭七十二,处处种红莲"等诗句中,便可领略村庄的无限风光。

当然,有的村里还有小山。比如信义(正仪)绰墩村(今属巴城)南的绰墩山(今遗址尚在)、黄泥山村郊的黄泥山,张浦赵陵村北的赵陵山。

其中的绰墩山,因唐代宫殿乐师、戏曲艺人黄幡绰葬在山上而得名。元代时,著名文人顾阿瑛又在山上建造了绰墩亭。绰墩山的四周村墟环绕,波光掩映,每当夕阳西下,山上的景色被映照得分外艳丽,著名的"信义十景"中"绰墩夕照"之景,便由此而产生。

赵陵山是以泥土堆成的山阜,高4丈余,周长约180丈。相传,因南宋赵灵王随驾南渡死后葬在此地,故名。赵陵山之上下的风光也甚为秀丽。古人曾用"疏林堕争鸟,村落多柔桑""市中摇酒旆,桥畔隐渔舡"等诗句加以描绘。

昆山的村庄一般都有一条南北或东西走向的主河道,还有几条小河浜,农宅大多沿河道的走向分布。村庄的出入口都有一条较宽的道路。这条道路连接小

镇,也连接临近的村庄和田野。村内外的各条河道上基本上都有桥梁或渡口。村庄房屋的四周、河堤,都种植花木,花木品种繁多。

耕地是农民赖以生存的基本资源和条件。据民国二十二年(1933年)《中国实业志》记载,当时昆山有农田106.97万亩。这些耕地有水田、旱地之分,其中水田占多数。新中国成立初,全县耕地总面积97.63万亩;其中水田95.48万亩,旱地2.15万亩。

张浦赵陵山遗址上的纪念碑石

水田可以蓄水,是用来种植水稻、莲藕、荸荠、席草等水生作物或实行水稻和旱地作物轮种的耕地,旱地是种植旱地作物的耕地。除了桑地、果地、园地之外,主要播种玉米、高粱、山芋、瓜果、豆类、芝麻、蔬菜等作物,但大多也是一些零星田块。

清末陶煦所著的《租核》一书中称,昆山一带,土地自有自耕者"十不及一二""此外皆租田"。在封建社会里,土地是私有的,大部分土地由农村中的富户占据着。新中国成立后,土地才归为国有。

旧时,乡村的交通和运输历来以水路为主,农民的水上交通工具素来为木船。农村的道路向来都是羊肠小道,也均为泥路。道路坎坷不平,每逢下雨,泥泞不堪,行走十分困难。

如今,随着时代的变迁,昆山的部分村落已经消失,尤其是昆北地区,自然村落已为数不多。但在昆南地区的千灯、张浦、锦溪、周庄仍留存着大片自然村落。其中锦溪有原始村落60多个,大市有自然村落50多个。

近年,通过新农村建设,这些村落村道齐整,绿树成荫,河水清澈,路灯明亮,公路四通八达,居住环境越来越美好。

第二节 粮油作物

古籍中称谷类作物为"禾稼"或"谷"。后来"谷"的含义不但是稻谷,还指黍稷、麦、菽、麻类、瓜果、蔬菜乃至所有栽培植物。

人们通常将农作物分为粮食作物、经济作物两大类,又将经济作物分为油料作物、蔬菜作物、花草树木等种类。

粮食作物,主要是谷类作物、薯类作物和豆类作物,其中的谷类作物有稻谷、谷子、小麦、大麦、元麦、燕麦、高粱、玉米、山芋等。

昆山在发掘张浦赵陵山新石器时代的古文化遗址时,在其周围的红烧土中发现了大量籼稻谷和稻草痕迹,证明先民在当时已种植水稻。

据资料反映,隋唐和五代时期,昆山的水稻种植已具有相当高的水平,稻米已成为农民缴纳田赋的主要品种,香粳等一些名特品种还被当作了进贡皇室的贡品。

古代时,不黏的水稻,其禾称"秔稻",其米称"粳米";黏的水稻,其禾称"稌稻",其米称"糯米"。

淳祐年间《玉峰志·土产》中称:稻有"禾之早者(早稻)、常种之稻、糯米之常种者"三类。其中的早稻品种,有红莲稻、早熟稻、香稻、乌野稻、瓣白稻、红蒙子、子马看、山乌稻等。

宣统年间《信义志稿》称:"稻熟有数十种,其最著名者,曰'红莲稻',俗呼'乌香秔(同"粳")'。性柔腻,色红味香,最宜煮粥。"

嘉靖年间《昆山县志·土产》记载的水稻,粳稻有红莲、香粳、早粳、青芒等19种,糯稻有早糯、珠糯、小娘糯、牛腿糯等14种。

光绪年间《昆新合志·物产》中记载的水稻,除了粳稻、糯稻外,还有籼稻、

水稻

香粳稻、百日稻、羊脂糯、芦黄糯、鳗鲤糯、黄粳籼、小籼米等，共计96种。

乾隆年间《陈墓镇志·物产》中记载的水稻，粳稻品种有54种之多。其中对"香粳米"的介绍为："早熟，味香甜。以一勺入他米中，炊饭皆香。"并称："八稌米"粒大而圆，性坚硬，适合在低田种植，产量高，有"稻王"之称。

光绪年间《周庄镇志·物产》中，介绍了一种名叫"麻筋糯"的水稻，称其："稻秆最柔韧，而收成甚少。乡人每种以索绹及织履用者。"索绹，搓绳索；织履，做草鞋。麻筋糯尽管产量低、收成少，但是秸秆能编织草鞋，因此也值得种植。

北宋末年，吴地种植的麦子已有大麦、元麦、小麦之分。其中的元麦，就是青稞，为大麦的一种。

嘉靖年间《昆山县志·土产》中记载的"麦之属"，有大麦、小麦、稷麦、荞麦4种。

荞麦的别名是"乌麦"，光绪年间《昆新合志》对它的解释为："七月种，九月熟。赤茎，白花，黑子。得霜即枯，无霜大熟。"

小麦

对于什么是稷麦，人们的解释并不一致。康熙年间《淞南志》中称："汉李固时，太尉时常食麦饭。麦之四种，惟此可作饭。"李固是东汉中期的太尉，说明汉代时稷麦已广泛种植，并被用来当作较高档的粮食，烧成麦饭食用。

光绪年间《昆新合志·物产》中记载的"麦之属"，有大麦、小麦、稷麦、荞麦、紫秆麦、舜哥麦、火烧麦7种。

光绪年间《周庄镇志·物产》称："大麦……古为之'牟'……碓碎后，以米粞酿熟成饧糖，炒磨作粉，乡人以为馈遗。青嫩时碾去其皮，俗呼'麦蚕'，亦香甘可食"。可见，大麦在麦粒青嫩时可做成一种名为"麦蚕"的小吃；粉碎后麦粉不仅可炒熟食用，还可掺入碎米做成饧糖（麦芽糖）。

燕麦，也称"野麦"，茎秆比小麦细，颗粒比小麦小，不易脱皮。在昆山不作栽培，由其自然生长在麦田周围，其果实常做鸡鸭的食料。

薯类作物有甘薯、马铃薯、山药、木薯等种类。昆山农村种植的主要是甘薯和马铃薯，但历史上也种过山药。甘薯，也名"地瓜"，昆山俗称"山芋"。马铃薯，也称"土豆""山药蛋",昆山俗称"洋山芋"。

清代《陈墓镇志·物产》中,记载的土产中,也有山药(蛋)和山芋。称"山药,一名'薯蓣';山茹,俗名'山芋',有紫白,共圆,早晚各种。"

光绪年间《昆新合志·物产》载:"薯蓣,沙土培之者佳。避宋讳,呼为'山药'。原志作俗名,非。"志书中不仅记载了山药的种植方法,还说明了薯蓣被称为"山药"的原因,是为避讳宋英宗赵曙的名讳而更名的,而并不是俗称。

玉米、山芋等也被归入"杂粮"之属。光绪年间《昆新合志·物产》中记载的杂粮有芝麻、御麦、芦粟、芡实(鸡头米),共4种。志书对"御麦"的介绍为:"俗称'番麦'"以其来自西域、曾经进御,故名。一名'鸡头粟'。"

玉米

除了"番麦"和"鸡头粟",玉米还被俗称为"珍珠米"。那么为什么又称玉米为鸡头粟和珍珠米呢？光绪年间《周庄镇志》的解释为:"鸡头粟,亦名'珍珠米'……初生绿苞尖,有长须,结实如笋,累子如珠。剖取煮食,性软味甘。"原来,这是因为玉米长出的苞头部有赤色的长须很像鸡的头,玉米成熟后剥下的果实像珍珠的缘故。

清代《陈墓镇志·物产》中记载的粟类,有环粟、鸡头粟两种,并称:"鸡头粟,有粳糯二种,又名'预麦'。"环粟,常被称作"环粟子",是"高粱"的俗称,因茎秆像秤杆一般细而挺直,故也被俗称作"秤杆粟"。

油料作物,是以榨取油脂为主要用途的作物,有油菜籽、大豆、花生、芝麻、棉籽、向日葵、蓖麻、亚麻等。太湖地区种植油菜的记载,始见于明代崇祯年间礼部尚书兼文渊阁大学士徐光启著的《农政全书》,书中有"近人因有油利,种者亦广"的说法。

光绪年间《昆新合志·物产》中对油菜的介绍为:"本草名芸薹,即薹菜。俗呼'菜箭'。'箭'读'剑',味美。春季开花,取其子作油,味香而清。"志书中的"子",即籽。"菜箭",今写成"菜苋"。这种油菜实际上是一种食用油菜,兼属蔬菜。开花前,摘其嫩头可当菜吃;结实后,菜籽可用来榨油。

据民国《中国实业志》记载,运销上海市场的油菜籽"有黄、黑及黄黑三种",而

油菜花

"苏州、昆山产者多黄种"。此时种植的油菜，是白菜形的土油菜。

油菜为旱地作物，起初昆山种植油菜的乡村主要分布在县境地势较高的中部和南部地区，并与三麦、油菜冬季轮作。新中国成立初期，随着水土条件的改善和农业技术的进步，油菜种植才向地势较低的昆北农村圩田区扩展。

大豆、花生、向日葵、芝麻在昆山农村历来被广泛种植，但一般都不榨油，而当作食物、零食、配料食用。大豆，在青豆时可作菜肴；成为黄豆后可炒熟了吃，也常用来做豆腐、做酱。花生、向日葵，都在炒熟后吃。芝麻，或磨成粉加入米粉做成炒米粉，或粘在米糕、圆团、塌饼上作佐料。

昆南的部分农户，每年都要利用场角空地或自留地种植大豆、向日葵、花生和芝麻，主要为自用，少量也销售至农贸市场。

光绪年间《周庄镇志·物产》中，称"向日葵"，在"田岸篱落间种之""高盈丈""结子(籽)最繁，可焙燥食之"。

蓖麻的种子可榨油，油黏度高，是工业和医药的重要原料。人民公社时代，每个生产小队每年都要种植适量的蓖麻，将种子出售给国家。

民国《巴溪志》载："巴城产物，米为大宗。农民播种粳籼参半，糯米极少。春熟以小麦居多，芸薹次之，菜蔬瓜果又次之，桑麻甚少。水产，鱼鳖虾蟹之类，颇繁殖……"从志书中的这段记载，也可看出到了民国时期，昆北农作物种植的大概情况以及比例搭配。

昆山还种植过一种名叫紫云英的作物。紫云英俗称"红花草"，叶片倒卵形或椭圆形，开伞形红花，是主要的冬绿肥作物。20世纪50年代，红花草种植面积在全县农村逐步扩大。80年代中期，昆山农田中不再种植红花草。

但是，不管怎样，乡区相比城区，无论是鱼虾蟹贝，还是粮油作物，都新鲜而相对价廉。即使是现在外客川流不息的锦溪、周庄、千灯，也不会真正与苏沪相同。

农作物的种植，也随时代变迁而变化。如今昆山农村种植的粮油作物，主要是水稻、小麦、山芋、玉米、油菜等，作物的品种也不断被优化。

第三节 乡民生活

历史上的昆山,城小乡镇多,居住者大多为农民。农村历来民风淳朴,农民历来勤劳俭朴。

淳祐年间《玉峰志》称:"其民务耕织,有常业。"嘉靖年间《昆山县志》称:"民务耕织渔贾,鲜游手游食之习。""务耕织"的是农民,打鱼的是渔民,从商的主要是城镇居民。尽管分工不同,但大家都有自己的职业,很少有闲荡不务正业的人。

在封建社会里,农民深受地主的剥削,过着"糠草半年粮"的贫困生活。不少人家以缴纳高额的地租向富人租种田地,或为他们"做长工""打短工",以求得生存。遇上天灾人祸,只能靠借高利贷度日,甚至卖儿卖女,逃荒要饭。

旧时农民居住的房屋

嘉靖年间《昆山县志》载:"乡村妇女最为勤苦,凡耘耨刈获桔槔之事,与男子共其劳……至于麻缕机织之事,则男子素习焉,妇人或不如也。"农村的妇女历来很辛劳,她们不但要从事农业生产,还要从事汲水、针线、洗衣等家务劳动。

旧时,昆山的农民住房大多是砖瓦平房。昆北地区的农民更为艰苦,在民国时期居住的普遍为草房。

旧时,农村文化教育也较为落后。尽管也有少量的私塾,但是贫苦农民的子女往往读不起书,或只认识少量的文字,长大后便成为文盲或半文盲。

农民的生活条件素来很差。冬天靠孵日旺(晒太阳)、烘脚炉取暖,夏天靠乘风凉、摇扇子、揩冷水面降温。

农村的卫生习惯素来较差。以前农民都饮用河水,并在同一条河中淘米、洗衣、洗脸、洗澡、洗刷马桶。露天粪坑随处可见,一到夏天臭气熏天。晚间老鼠出没,夏天蚊子苍蝇乱飞。

农村长期缺医少药,尽管镇上都开办几个个体诊所,还有一些游方郎中,走村串巷,四处行医,但科目也大多为虫叮、生疮、跌打损伤。农民生了病能熬就熬。遇上受寒发热之类,常常刮刮痧,吃点草药。有的求神拜佛,请巫婆神汉驱邪捉鬼。到不能支持时才求医问药。

农民长期经受旱灾、水灾、风灾、虫灾等自然灾害和病痛折磨。有时灾害严重,房屋倾塌,庄稼尽毁,民不聊生。

康熙年间《淞南志》载:"洪武庚午(1390年)秋,七月初吉,海风自东北来,挟潮而上,扬沙拔木,漂没三洲。一千七百家尽葬鱼腹。"康熙十九年(1680年)夏天,淫雨两月,淞南地区"禾苗尽淹""岁祲民饥"。

志书又载:康熙四十七年(1708年)夏天,淞南地区遭受水灾,百姓大饥,连麸皮、米糠都被吃光,只能啃树皮充饥。

乾隆二十一年(1755年)春夏之交,昆山遭受重大自然灾害,农民纷纷赶往苏州上方山,把一种被称作"观音石"的白色石头抢回家,磨成粉后,做成糕饼充饥。

民国《巴溪志》载:"光绪十五年(1895年)秋,霪雨为灾,巴城一带田素低洼,受灾綦重。"

尽管农民受灾后,地方官吏也会调拨粮食赈灾安民,富户也会出来施舍米粥,但这往往是杯水车薪,无济于事。

尽管地方官衙一次次派员对河道疏浚、修堤、置闸,但依旧没有从根本上解决问题,水患不断。

不仅如此,旧时社会也极不安定,除了战乱,还有极少数心术不正者,蜕变成湖寇、强盗,在夜间出没,抢劫财物,危害乡里。

农民在搓绳

自古至今,农民中有一群特殊的职业:五匠。五匠是木匠、泥水匠、漆匠、石匠、竹匠的总称。

五匠中的木匠,尽管做的都是木工活,但分工细致,有大木、长料、小木、圆作、椿枨、寿器之分。大木,指房屋修造中的木工活。小木,指床橱台凳等家具制作。长料,指修造船只。圆作指打制桶类家具。做农用灌溉中的"三车"(牵车、牛车、风车)的木工,称"椿梽师傅"。做棺材的木工,称"寿器师傅"。

泥水匠,是专门建造房屋的工匠。因为他们与泥水打交道,身上往往弄得较脏,故被戏称为"邋遢泥水匠"。

竹匠,是专门编制农用、家用竹器的师傅。竹器在以前使用十分广泛,农村会编竹器的人很多,因此竹匠大多是业余的。

当然,"广义"的五匠,还包括开设家庭作坊的铁匠、裁缝、剃头师傅等。这些匠人因常年在外服务,故被尊称为"百家师傅"。

农村的工匠,大多是农商兼营。他们中的绝大部分是地地道道的农民,农闲时受雇于人。手艺一般以师带徒,父子相传,有的几代相传。

百家师傅虽然掌握着一门技术,但在封建社会里同样难以养家糊口,因此有的也经常游走他乡,出外谋生。

农耕文明以渔樵耕读为代表。昆山的渔民其实也是农民的一个"分支",是从农民中"分解"出来的。这些农民,往往因为田少、土地贫瘠,收成不足,难于维持生计,便弃农从渔,"投身江湖"了。

清代《陈墓镇志》中有"昆界七图张家库,田苦卑下,间有藉渔网为业者。元界七图庄港亦然"的记载。昆山地界上的张

乡间木匠

家库和长州地界上的章(庄)港两村,因环境较差、地势低洼、收成较差,有的人家就干脆"借"打鱼为生。

明清时期,正仪镇有多个以捕鱼为业的渔村。比如,绰墩村以用鸬鹚捕鱼出名,奚家浜村以用虾笼捕虾出名。

天长日久,渔民逐渐成为一种与农民"并列"的生产群体,有的聚居于集镇,有的散居于农村。

旧时的渔民居无定所,社会地位低下。渔船常年漂泊在水上,一家人挤在船舱里,除了一床被褥、几件衣裳,几乎一无所有。因部分水域受渔霸控制,加上子女较多,捕捞工具落后,渔民收入微薄,大部分过着半饥不饱的生活。

昆南有一首名为《渔民谣》的山歌这样唱道:"头浪(上)帽子开花顶,脚浪鞋子没后跟,身浪衣裳条条筋,腰里束根稻草绳。"从中也可看出渔民生活之一斑。

旧时,鱼虾的价格很贱,渔民除了勉强生存,无力供养孩子上学读书。如遇到连续刮风下雪、河水冰冻,不能捕捞,无法生活时,也会上岸乞讨。渔民的社会地位也极为低下。他们手上沾着鱼鳞,身上散发着鱼的腥味,常被称作"网船浪人"。

新中国成立后,无论是农民还是渔民,其生活水平、文化水平都得到了迅速提高,交通条件、医疗卫生条件,都发生了翻天覆地的变化。

土地改革后,农民分到了耕地。成立人民公社后,耕地全部归集体所有。之后农民成为人民公社"社员",以生产队为单位参加劳动,各尽所能,按劳分配。

人民政府不断加强农村的圩区建设,通过圈圩筑堤,设置三闸、泵站,建设防洪工程,保护了农田,也保护了农民的生命和家庭财产安全。

农村实行家庭联产承包责任制后,农民拥有了土地的经营权,并且利用剩余劳动力从事其他生产活动,于是出现了大农户、果农、菜农、养殖户等专业户。

渔民也逐渐实行陆上定居,结束了漂泊流浪的生活。随着社会的发展,渔民的生存之路越来越宽广,从事野生捕捞人数逐渐减少。

如今的昆山农民,不仅有卫生设施齐全、装潢考究的楼房和小别墅,有的还在镇上、城市里买了价格不菲的商品住宅。农民的养老、医疗、子女就学等各个方面都有了可靠的保障。农民安居乐业,各业兴旺。亲戚朋友之间,逢年过节频繁来往。邻里之间和谐相处,遇事互帮互助。

渔民在从事野生捕捞

同时,锦溪、周庄、巴城等地的渔村也是高楼林立,有的渔村还建起了花园,开设了农家餐馆和旅店,各地游客四季不绝。

第四节 栽培技术

原始耕种采用刀耕火种的方式。古人在用火驱赶野兽时,发现掉落在火烧地上的种子生长得很好,就在种植时模仿了这一过程。

西汉时期司马迁编纂的《史记》中称:"江南火耕水耨,令饥民得留就食江淮之间。"耨,即除草。"火耕水耨",即先用火把田中的杂草烧掉,然后引水入田种上稻子。

先前的水稻都是直播的,直播就是直接将种子播于大田之中。东汉时出现了水稻的育秧、移栽技术。

北魏时期贾思勰所著的《齐民要术》中,也有水稻"既生七八寸,拔而栽之"的说法。拔而栽之,就是移栽。

宋代时,南方已形成耕、耙、耖为一体的水田耕作体系。其中的耖也是一种农具,上部有横梁,下部为一列钉齿,能在耕、耙之后把土弄得更细。

明代《天工开物》称:"凡播种,先以稻麦稿包浸数日,俟其生芽,撒于田中,生出寸许,其名曰秧。"由此可见,明代时采用的育秧技术是:先用稻草或麦秆包好种子,放在水里浸泡几天,等发芽后再撒播到秧田里。

光绪年间《昆新合志》载:"凡艺稻,始于奂土,次犁、次耙、次浸种、次播种、次分秧、次沃田,或以粪,或以豆饼,稻苗初长必勤间之,旱则戽水以溉之,水则决埂以泄之,以待秋成。"奂土,就是使田块软化。分秧,就是移栽秧苗。沃田,就是给庄稼施肥。戽水,就是用水车灌水。决埂,就是垒开田埂放水。由此可见,清代时昆山水稻的育秧移栽、田间管理已形成一套完整的方法。

农业技术主要包括作物栽培、田间管理、品种改良、技术推广、植物保护等

移栽后的水稻

方面,并与耕作制度密切相关。

耕作制度包括单种、复种、休闲、间种、套种、混种、轮作、连作等。其中的复种,是同一块土地上在一年内连续种植超过一熟(茬)作物;间种,是在一块地上同期按一定行数的比例间隔种植两种以上的作物;套种,是在同一块地上按照一定的行、株距和占地的宽窄比例种植几种庄稼;轮作,是在同一块地上有顺序地在季节间或者一年间轮换种植多种作物。

清代和民国时期,昆山娄江以北的部分低洼圩区种植水稻大多为一年一熟(种植籼稻),冬季灌水沤田。昆南地区的半高田和高田,则大多为一年两熟。

两熟制水稻的耕种方法是:秋熟以单季稻为主体,夏熟以三麦、油菜为主体,搭配适量的绿肥(红草花)。也就是说,秋熟播种的是水稻,夏熟播种的是三麦、油菜或红花草,轮番耕种,互不干涉。

新中国成立之初,进行了以"三改"为内容的耕作制度改革。"三改"就是一熟改为两熟,籼稻改粳稻,早稻改晚稻。单季稻在4月中旬下秧,5月下旬移栽,夏至种完。早稻9月收割,晚稻10月收割。

20世纪70年代,大量种植双季稻。双季稻就是在同一块稻田里一年中种植和收获两季水稻(早稻、晚稻)。双季稻在6月中下旬到7月初插秧,10月中下旬开始收割。单季稻每亩产量比双季稻的一季高,但总量比双季稻低。

但是,双季稻的米粒粳性较足,不如单季稻熟软;种植双季稻需增加大量劳动力的投入,十分辛苦。因此80年代中期,双季稻停止耕种,恢复了以种植单季水稻和三麦、油菜为主的一年两熟制格局。

90年代起,部分田块发展成麦—瓜—稻,或麦—瓜—菜的二熟制"套种"模式。

昆山农作物的播种,传统方式主要有撒播、点播和条播三种,具体采用何种方式需根据作物的品种和生长规律等确定。

撒播,就是将种子均匀地撒在田间或者墒头(畦)上,然后用细土覆盖起来,比如水稻的育秧、麦子的播种等。

条播:排山芋

点播,就是先在田间打潭,或垄上用铁搭挖出一个个小坑,再把种子一颗一颗播入,覆盖土壤,比如种植大豆、西瓜等。

条播,就是先用铁搭在垄上套(扒挖)出浅沟,再把种子成条形均匀地播植于浅沟内,然后覆土,比如种植山芋、黄瓜等。

作物栽培涉及育秧技术、种子处理、移栽季节、移栽密度、除草、水浆管理、施肥等多个方面。

昆山的传统育秧,一般是选择灌水、排水较为方便的花草田或冬闲田作秧田,在立夏之前进行的。育秧方法为:先翻耕、整平田块,再把秧板做成栅(塇头)。每栅阔4～5尺,每个塇间要用锹开沟,以便于灌溉、治虫、除草。

种子在播入秧田前,先要进行选种处理。选种,就是选择优良品种,剔除秕谷,将饱满种子留下。

播种前,先要准备好种子。小农经济时代,作物的种子一般都由农家自留。留种的方法是:在农作物脱粒时,选择一些产量高、穗大、颗粒饱满的稻谷、麦粒留存下来,晒干后放在干燥的瓾中,来年作种子。

大集体时期,采用过下田择种的方法。即在作物成熟前从种子田或丰产田中穗(株)选,成熟时再行穗(株)选,作为下一年种子田用种。

昆山在民国时期,采用的是盐水选种,方法为:把种子放在一定浓度的盐水里,利用浮力把好种子和坏种子分离开来。

20世纪50年代,在盐水选种的基础上,产生了泥水选种的方法,即将种子放入盐水或泥水中,淘洗去除秕谷及杂粒。

种子在播种前先要浸种。浸种这项技术也是很早就有的。浸种目的是促进种子较早地发芽,并杀死留在种子中的虫卵和病毒。

古代还曾用过雪水、冰水浸种。这些雪水和冰水是在冬至的数九寒天时节用缸收藏好的。明代时使用的方法是:先用稻草或麦秆包好种子,放在清水里浸泡几天,使其发芽。

在农药使用之前,昆山常用清水、盐

小麦拌种

水、石灰水作溶液进行水稻浸种；使用农药后，水稻常用多菌灵浸种。

旧时，农家曾用草木灰给麦子拌种。农药广泛使用后，麦子用农药、菌肥等拌种。种子拌好后直接下种。农药可防止病虫害，菌肥可作种肥。

水稻的秧苗长高后，要从秧田中移栽到耕、耙好的大田里。传统移栽的方法是人工插秧，俗称"种秧"。

移栽前，要将前茬收获后的田块犁翻，日晒几天，称"晒垡"，以促进除虫、除菌、土壤的风化。晒后施有机肥料作基肥，然后上水耙田，整平田块后插秧。

种植双季稻，因为秧苗矮小，移栽时提倡铲秧。铲秧，就是用铁锹将秧苗连同泥土一起铲起，插秧时用手托住泥片分秧后栽插。

同时，为减轻劳动强度，采取抽条留苗的方法"播种"秧田。即在拔秧时，留下部分秧苗，不再翻田移栽。

稻和麦不能种得太稀，有道是："稀田多草，密田多稻。"稀了草害厉害，产量也不高。但也不能种得太密，有道是："三翻九掼，有谷不绽。"密了容易产生病虫害和倒伏。稻麦倒伏了，籽实就不能饱满。

大集体时期，水稻移栽每行插6棵。株距一般为15厘米，行距30厘米或20厘米；双季稻栽插较密，株行距为3寸×4寸，有"株三行四"之说。

俗话说："三分种，七分管。"水稻移栽后要及时加强管理，确保秧苗返青成活、有效分蘖数、迅速成长。

水稻田的管理包括除草、水浆管理和施肥等。其中水浆管理的传统灌溉、排水工具是"三车"（人力车、畜力车、风力水车）。

水稻一生都离不开水，但不同生长阶段对水的要求也不同。比如：栽秧时需浅水，移栽后保持浅水，分蘖时需薄水等。水稻在拔节孕穗期，要进行搁田，后期更要干干湿湿。

"搁田"，也称"晒田""烤田"。方法是：把田里的水排出，使土壤干燥。搁田要晒到"禾苗褪色，田面开裂，白根露面"为好。目的是改善水稻生长的环境，提高土壤养分的有效性，抑制病虫害。

搁田

传统播种三麦(小麦、大麦、元麦),最初的翻土、整地与水稻相同。但不需要育秧和移栽,只要做好塝头(畦)就可撒播麦粒了。

清代至民国时期的塝头,畦狭、沟阔,播种较稀,露子麦(麦子露在泥土外)多,产量较低。

20世纪50年代,改为宽畦狭沟,塝宽2米左右,增加了播种面积。并实行播前三耙、播后三耙,渐少了露子麦。

60年代后,采用薄片深翻的方法,精耕细作。播种后用铁搭捣烂泥块,盖没露子麦。此法一直延伸到至今播种的零星麦田。

80年代中期,为减轻劳动强度,部分农户播种小麦采用免耕直播栽培,俗称"板田麦"。部分农户则采用套播免耕,俗称"稻套麦"。

明代古籍《便明图纂》中说,江南种菜"八月下种,九、十月治畦,以石杵春穴分栽"。可见当时种油菜已分育苗、移栽两个阶段。

油菜一般在9月初至10月底开始育秧。待到油菜苗长到1~2片真叶时,便可以移栽到大田了。

油菜移栽的"旧法"为打潭移栽,即为点播。20世纪60年代,采用套肋移栽,即为条播。80年代初,部分农村采取免耕法(不犁耙土地)条栽(条播)直播油菜,俗称"板田菜"或"稻板菜"。

红花草,学名"紫英云"。昆山在民国期间已有种植。嫩草可食用,老草作绿肥。红花草沤成的草塘泥是良好的水稻基肥。

因为红花草怕水,因此一般种植在中、高田里。红花草的种植简易、用肥省,在水稻收割前一星期直接将草种均匀地撒在田中就行,生长期间只需适当追施磷肥。

红花草

随着庄稼的生长,草害和病虫害也会不断产生,从而引起农作物的大幅度减产。因此还须加强对农作物的保护。

水稻的病害,主要是稻瘟病、纹枯病、病毒病、稻曲病等;虫害,主要有螟虫、稻蓟马、稻飞虱、纵卷叶虫等。三麦的病害,有纹枯病、赤霉病、白粉病、黑穗病等;虫害,主要有麦类蚜虫、麦类粘虫等。油菜的病害,有菌核病、龙头病等;虫害,有油菜蚜虫、潜叶蝇等。

旧时,水稻的病害主要通过选种、浸种、晒种和合理密植来防治;虫害,主要用诱捕和人工捕捉的方法来防治。

人工捕捉,就是下田捕捉害虫。比如水稻的纵卷叶虫,农民曾常用筷子从叶子上将之夹去后进行消杀。诱捕害虫的方法,有点灯诱虫、糖醋诱蛾、性诱、诱卵等。虫子有喜火的习性,在田间或田岸上点上灯盏,虫子会"飞蛾扑火",自取灭亡。

据民国十五年(1926年)5月19日《申报》报道:昆山"预测灯自晚九时至十一时,平均每晚诱蛾三千多只"。

糖醋诱蛾,始于20世纪60年代,诱捕对象为粘虫和"地老虎"。即将糖醋柴把插在田中,让成虫产卵在柴把上,然后焚烧虫卵。性诱,就是对成熟的害虫用性引诱药剂诱杀,主要针对大螟。

早先,危害农作物最大的虫害是蝗虫,蝗虫俗称"蚱蜢",种类很多。蝗虫成片出现,严重时会啃光农作物的叶子,使作物颗粒无收。

康熙《淞南志》载:"雍正甲辰夏初,大旱,蝗,双洋潭左右尤甚。吏任奉命往驱,搜其穴,多者三四石。"驱搜其穴,就是将蝗虫赶进地头的深沟里去再加土掩埋,并搜出巢穴,将其灭迹。

据民国《巴溪志》记载,民国十八年(1929年),巴城各乡发生蝗虫"丛集田间,恣食菜根、麦穗",县长亲自率士兵到乡下监督农民合力捕捉。采用"戽水淹浸、灌油焚烧、举网围捉、放鸭啄食"等方法,"竭人力四五十日,始告衰杀"。

农谚云:"冬耕冻一冬,松土又治虫。"可见,冬耕不但能松土,也是消灭农作物病虫害的传统方法之一。

农谚云:"若要来年害虫少,火烧田边草。"可见,消灭病虫害还有一种传统方法是焚烧田岸边的野草。

20世纪50年代后期起,农作物的病虫害逐步由人工防治转为药剂防治。药物防治,主要使用化学药物、生物农药浸(拌)种,适时对感病作物喷洒农药,控制、杀灭害虫。

80年代,病害防治用"多菌灵""井冈霉素"等药剂。虫害防治用"六六六粉"

“二二三”“敌百虫”等药剂。

玉米地除草

水稻的草害有稗草、三棱草、野荸荠、牛毛草、鸭舌草、瓜皮草、矮慈姑等。三麦的草害有看麦娘、牛毛草、蓼草、硬草等。油菜的草害主要是看麦娘和硬草。

水稻的传统除草方式，主要是耘稻、耥稻、打稗(拔除稗草)，俗称“一耘二耥三拔草”。有道是“三耥九耘田，砻糠变白米”。耘稻和耥稻都要几次三番，把稻田里的草害消除了，才能保证养分不会流失。

以前，昆山的农民都采用人工除草和间苗(疏苗)的方法防治三麦、油菜的草害以及病害。锄草，就是用锄头除去旱田作物中的杂草。间苗，就是按照一定的株距，把多余的幼苗去掉。同时，除草也在高粱、棉花、菜田、山芋等旱地的垄间进行。锄草还有松土作用，有利于作物的生长。

防治油菜“龙头苋”(霜梅病)，曾用人工摘除“老叶”和病苋的方法，杜绝病菌的感染。至于棉花的植物保护，传统“法宝”有三：一是施有机肥料，二是人工捉虫，三是田间除草。

化学除草醚被普遍使用后，水稻不再耘稻，麦田和菜花田也不再用人工除草。但是稗草的生存能力很强，因此有的稻田依然需打稗。对于蚕豆、芝麻、玉米等作物中的杂草，也依旧用锄头或镰刀直接锄去或割去。用锄头除草还能起到松土作用，促进种作的生长。

肥料，是农作物成长的重要养分。农作物的肥料有有机肥和无机肥(化学肥料，简称“化肥”)两种。

有机肥是自然肥料，俗称“农家肥”，主要有厩肥、绿肥、泥肥、饼肥、草木灰及人粪，用作基肥、追肥和种肥。厩肥，为家畜、家禽的粪便(如鸡屎、牛粪、猪粪、羊粪、兔粪等)。厩肥具有长效、后劲足的特点，主要作基肥。饼肥，用豆饼或菜籽饼粉碎后当肥料施用，一般作追肥用。草木灰也是农家肥。农谚云：“若要豌豆肥，多施草木灰。”“黄豆没灰长不成。”草木灰中含有多种的矿物质元素，对于豆类作物的生长尤为重要。

农民在田间耕作

绿肥，以紫云英(红花草)为主，用河泥拌和腐熟，在作物移栽前施入田内，也作基肥。农谚云："种田三件宝，猪灰、河泥、红花草。"其中的猪灰，即猪粪；泥肥，就是河泥。

泥肥是来自河底的淤泥，泥肥由浅水动植物的残体、排泄物和杂质经过沉积、腐烂、分解混合而成，养分丰富。泥肥用罱网罱起后，或直接浇在麦苗上，或与稻草、绿肥、青草、猪窠等混合沤制成草塘泥。

20世纪70年代初，曾引进水花生、水葫芦、水浮莲、绿萍(俗称"三水一绿")作绿肥和猪饲料。

80年代后，始兴秸秆还田，即作物收割、脱粒后，将秸秆留在田中，由机械打断、碾压、翻入土中，使其沤制成肥，以补充土壤中的有机物质。

基肥，即底肥，是在播种或移植前施用的肥料。主要是供给植物整个生长期中所需要的养分，为作物的生长发育创造良好的土壤条件，同时有改良土壤、培肥地力的作用。

追肥，是在作物生长中加施的肥料。主要是供应作物某个时期对养分的大量需要，或者补充基肥的不足。

种肥，是与播种同时施下或与种子拌混的肥料。播种或移栽时，将肥料施于种子附近或与种子混播，能供给作物生长初期所需的养料。

农作物的栽培涉及方方面面，农民在种植时不断总结经验，改进方法，但时至今日，不少传统的方法依旧未曾被丢弃。

② 农具

农具，指农业生产中使用的工具，大多指非机械化的，也称农用工具、农业生产工具。农具的种类随社会的进步而不断发展。

相传，人们最早使用的耕作农具是耒耜，而有明确文献记载的播种用农具则是耧犁。

古籍《周易·系辞》中说："神农氏作，斫木为耜，揉木为耒。以教天下，盖取诸益。"斫木为耜，即砍削树木做成耜；揉木为耒，即使木弯曲变成耒。"耒耜"为古代的翻土农具。耒耜的形状像木叉，上有曲柄，下面是犁头，用以松土，被称是犁的前身。在西周时期已有了。

古籍《晋书·食货志》载："敦煌俗不作耧犁……隆到，乃教作耧犁，又教使灌溉。"敦煌，古代郡名，西汉时设置。隆，皇甫隆，三国时期魏国人，曾任敦煌太守，教民耧犁，又教衍溉。耧犁，也称"耧车"，前面由牲畜牵引，后面用人扶着，可以同时完成开沟和下种两项工作。

夏商、西汉时期，已出现少量青铜器农具。春秋战国时期，出现了铁制农具。汉代时，已有人力翻车（龙骨水车）。清代时，人们使用的农具最为全面，有石制农具、铁制农具、木制农具、竹制农具、草编农具等。

第一节 农具种类

我国农耕历史悠久，农具的种类十分丰富。但因为地域广阔，民族众多，各地的农具不尽相同。

昆山的传统农具中，较大的主要有犁、耙、风扇车、水车和农船，较小的主要有铁搭、锄、锹、扁担、粪桶、罱网、镰刀、稻床、连枷、笆斗、箩筐等。

部分传统农具

根据用途的不同，农具可分为整地农具、播种农具、施肥农具、中耕农具、灌溉农具、收获农具、加工农具、运输农具等。

一、整地农具

整地，即耕翻平整土地，是农作物播种或移栽前的一系列土壤耕作措施的总称，主要包括耕地、耙地、平地、起垄、作畦等。

部分农活靠耕牛完成。耕牛是用来耕地的牛。西汉著名农学家贾思勰的《齐民要术》中，就有赵过"始为牛耕"的说法。

昆山的耕牛，有水牛和黄牛两种。其中的水牛是主要的畜力，但旧时也有少量的黄牛用于农耕。

整地是播种的前提，昆山农民使用的传统整地类农具，主要是犁、耙、铁搭、丈齿、山齿等。

1.犁

犁，大约出现于商朝。早期的犁形制简陋。西周晚期至春秋时期出现铁犁，开始用牛拉犁耕田。隋唐时代，已有曲辕犁。曲辕犁首先在苏州等地推广应用。这种犁除犁铲为铁质外，其余均为木质。因犁辕略带弯曲，故而称之。

昆南大多使用旱地犁。昆北大多使用水田犁，比如正仪的"轻便犁"、蓬朗的

旱地犁

"双层犁"、玉山的"老木犁"等。

旱地犁形同曲辕犁，但结构较之略微简单。犁身总长度2米有余。其主要部件是犁铲、犁壁、犁床和犁辕，其他还有犁把、犁箭等。犁铲，俗称"犁头"，呈三角形，头尖。分上下两片，上部为犁片，下部为刀刃，刀刃坚硬而锋利。犁铲上部钩在犁壁上。犁壁，是固定在犁箭上的长方形或圆形木块。犁床，是犁的底座，和犁把、犁箭固定在一起。犁箭，是竖向穿连犁辕的木杆。犁辕，是横向弯曲的犁柄，中间用榫卯与犁箭相连，根部与犁把连接，头部穿系耕索。犁把，也称"犁梢"，是犁地时用的把手。

水田犁是一种直犁梢，上端为菱形把手，下端为犁铲；曲辕从犁梢穿过，形制古朴，用于犁水田。犁辕长110厘米许、犁梢长90厘米左右。

犁在整地中用于犁地，昆山俗称"耖田"。耖田就是翻松田块，破碎耕田中的土块，并耕出槽沟。耖田时用牛牵引。

2.耙

耙，在南北朝时期就有了，北魏《齐民要术》称之为"铁齿楱"。元代农学家《王祯农书》记载的农具有方耙、人字耙等。

耙的用途是平田。即在耕牛犁好田块后，用它平整水田，使田块利于种植水稻。这种整田的方式，称"耙田"。

民国《昆新补志》载："耙，纵横各两木串成框，宽六尺。……中用轴，有齿。上下二本装以铁刀。一人踏其上，驾牛驱之，去草以平田。"

以上所说的都是铁齿耙，也称"大耙"。昆山农民使用的耙，除了铁齿大耙，还有木制滚耙，这种耙俗称"小耙"。

大耙呈长方形，长2米许，宽40厘米许。四周为木框，前后横梁（木框）下装有36把（前后各18把）左右的铁制刀状耙齿（刀片），两边的木桯上系绳索。用大耙平地，通常用牛牵引。

小耙也呈长方形，形状比大耙略小，木框中间有一根可转动的木轴，上装20～40根木齿。有的横梁下部还有铁钉作耙齿。一侧横梁中间竖有一段长10厘米许的小木棍,用于耙田时装竹柄。竹柄的长度为3米左右。小耙用人力推使,称"推小耙"。

木制小耙

3.压牛头

牛在秒田、耙田时都要用到压牛头。压牛头,也称"牛枷",是套在牛身上的配套农具。木制,形状像弓,依牛背弯势设计。压牛头的中间用榫卯镶接,并露出一截呈"V"字状的木楔。两个头上都有凸头,以便系住绳索。

4.铁搭

铁搭是用于碎土的整地用农具,属钉耙类。元代王祯的《农书》中称:"铁搭,四齿或六齿,其齿锐而微钩,似耙非耙,劚土如搭,是名铁搭。"劚,是用砍刀、斧等工具砍削或锄的意思。根据这种解释,铁搭的名称也是有由来的,因为它削土如"搭"(搭接在一起),故而成名。

昆山的铁搭形状像钉耙,但齿没有钉耙多,一般为4个。齿有宽齿、窄齿之分。齿的根部称"肩胛",肩胛后面的脑头上装竹柄。竹柄的长度1.3米左右。

铁搭有大铁搭、小铁搭之分。大铁搭的齿长25厘米许,齿宽43厘米左右。齿的头部略呈倒三角状,俗称"鸭脚蹼"。

大铁搭可用于"拆(深翻)田",即直接把板结的土块翻转过来,也可代替耕牛犁田,还可在做麦田、豆田、菜花等作物的墒头时使用。

小铁搭有满锋铁搭、瓢齿铁搭两种。前者齿与齿之间的缝隙很小,接近于"满";后者,齿间缝隙大,俗称为"瓢"。肩宽21厘米许,齿长21厘米许,锋宽5厘米许。

瓢齿铁搭用于破碎板结的田块,俗称"坌田"。"坌"是一个会意文字,上为"分",下为"土",本义为"分土"。

满锋铁搭,也用于坌田或做墒头。当田块中的泥土较烂、较黏,墒头较小,

铁搭

在墒头上将泥块捣细时,都宜用满锋铁搭。

5.丈齿

有一种比大铁搭还大的铁搭,称"丈齿"。丈齿,有齿长的意思。丈齿的形状跟一般的铁搭相仿,齿较尖,长约28厘米。丈齿用于翻耕较硬的田块。

用丈齿拆田是一种较重的农活,一般由上壮劳力(青壮年)来完成,因此民间歌谣中有"拿起丈齿噱力尖,拆起田来苦黄脸"的唱词。歌词中的"噱力尖",形容丈齿的齿很尖,尖才能深入板结土壤的根部;"苦黄脸",是形容劳动的艰辛,用尽了力气,连脸色都发黄了。

6.垦山齿

垦山齿,也称"垦铲",是一种垦地农具。铁制,呈片状长条形。长20厘米许,齿宽8厘米许。有铁搭状的脑头,装有木柄。

垦山齿主要用于倒树、翻耕混有砖石的旱地或荒地等。垦山齿的得名缘于它的齿很硬,能垦山石。倒树,就是将树连根挖起。倒树时,垦山齿既能挖土,又能把坚韧的树根切断。

二、播种农具

我国最早使用的播种工具是耧车,发明于东汉光武帝刘秀时期,宋元时期在北方地区普遍使用。

耧车由耧架、耧斗、耧腿、耧铲等构成。耧车的腿有数条。可播大麦、小麦、大豆、高粱等。播种时,用一头牛拉着作业。

北魏时期,出现了单行播种的手工下种工具瓠种器(俗称"点葫芦")。北宋时已大量使用拔稻秧时乘坐的专用工具——秧马。

明清以后,昆山使用的插秧(移栽水稻)用辅助农具,主要有秧马秧篰、秧节掐、秧夹等。

1.秧马、秧节掐

秧马,外形似小船,头尾翘起,以木为之。拔秧的人坐于"船背",可减轻弯

秧马

腰曲背的劳作强度。秧马以前在昆北曾被广泛使用过。如今在农家和农耕馆中依然能找到它的踪影。

传统插秧都用手工栽插。但栽插时，有的水田泥土较硬，水田中常会遇到砖块、铁钉之类的杂物，容易磕破指头，人们便用"秧节掐"做辅助工具。

"节掐"是指甲的俗称，秧节掐是秧指甲的意思。秧节掐用竹子削成，粗细和长短都和大拇指相仿。头部带一个竹节，以增加其硬度。插秧时，将秧节掐套在大拇指上，能起到保护指甲的作用。

2.秧箪、秧夹

秧箪，也称"秧篮"，是用于装运水稻秧苗的箩筐。用竹篾编制而成，高32厘米许，直径52厘米左右。形状与羊箪类似，有点像竹篮的篮身，但没有"篮档"，箪身比竹篮大得多，筐眼较稀，箪口上系有绳子。

秧箪一般成双使用。水稻的秧苗从秧田中拔下后，需要移栽到水田中。如果秧田和稻田的距离较远，就要把秧苗装在秧箪里，用扁担挑往那里。

秧夹，是用竹片制成的夹子，也用于装运水稻的秧苗，成双使用。单只秧夹有两个竹夹，使用时先分开竹夹的下部，再装进秧苗，用扁担挑运。秧夹比秧箪结构简单，装秧和挑秧时都要有一定的技巧和经验，否则装上去的秧就容易在走动时掉下。

3.豆柱、豆钎、豆铲

豆柱，也称"潭柱""菜花柱"。柱头为石制，倒锥形，形如小石臼，上部直径15厘米许，上装"丁"字形的木炳当把手。把手横杆40厘米许，竖杆60厘米许。豆柱柱头的石材有的是青石，也有的是黄沙石（花岗岩的一种）。柱柄则就地取材，或用杉木段为之，或用杂树为之，上下用榫卯相接。

早先，播种豆类或菜花苗时，先要用铁搭做好塽头，再用豆柱在塽上打一个浅圆形的小潭，此时就要用到豆柱。

有时为图方便，也用不装柱头的"丁"字木柱钎插洞穴，播种豆类或油菜花，这种农具称"豆钎"。豆钎除了头部

豆柱

无"臼头石"外,跟豆柱没有较大区别。豆钎比豆柱轻巧,却不如豆柱耐用。

豆铲,下部为铁质刀片,上部装木质短柄,与豆柱、豆钎有类似的功能。可在种植蔬菜、油菜、豆类作物时用于挖掘泥土。

三、积肥农具

粪桶

1.粪桶、粪料

作物种好后,需浇水、施肥。昆山农民给农作物浇水、施肥时使用的传统农具,有粪桶、粪料等。

粪桶,由桶身和桶夹(档)组成。桶身为木质,两侧的桶板略高出桶面,上面有一个圆孔,俗称"粪桶耳朵"。粪桶的桶身为圆柱形,高36厘米许,直径32厘米左右。桶夹用毛竹片制成,呈"∩"形,分别穿入粪桶耳朵,下部用绳子固定。称其为"粪桶",是因为主要用途是在施肥时存放和运输粪便的缘故。当然,粪桶也可在农作物浇水时用于挑水,在施泥肥时用于装运水河泥。

粪桶一般成双使用,用扁担挑运。不过,有时也可两人用扁担扛(抬)着一只粪桶运泥、运粪、运水。

与粪桶配合使用的是粪料。粪料即粪勺。传统粪料是一种装有竹柄的木勺,勺的形状和大小均与厨房间用于取水的木质水勺相仿。

粪料在为农作物浇粪、浇水时使用。用粪料舀粪,俗称"咄(拟音)粪",用粪料舀水,俗称"咄水"。用粪料"咄"起河泥、粪便,泼洒在水稻等庄稼上,称"划水河泥""划粪";将粪便、河水慢慢泼在地头上的瓜、菜等作物上,称"浇粪""浇水"。

2.罱网

罱网,是一种用于在河浜中撑船罱(捞)取水河泥的网具。水河泥是施在农作物上的泥肥。罱网由2根罱竿和1个网兜组成。

网兜有两种类型:一种网兜是用粗棉线结成的,一种网兜是用竹篾编制的。前一种罱网用2块木片或铁片做夹口,使之开合自然。后一种罱网像河蚌,也分上下两爿,因编制方法与鱼篓相似,故俗称"篓头"。

罱网的网兜好像一张大的嘴巴，前面的夹口像两片嘴唇。罱网的网杆由两根粗壮的毛竹组成，两根罱杆交叉成钳子状。这样，在撑竿、收竿时网兜就可开合自如了。

根据罱竿的长短，罱网又可分为长网和短网：长网的网竿一根略粗，一根略细；粗者为主竿，细者略呈弓形，为撑竿。短网的网竿比长网短。短网用于罱较硬的河泥（用于直接盖在麦田、菜花田里），长网用于罱较薄的河泥（用于沤制草塘泥）。

3 泥桶、欠蒲

拽桶，也称"泥桶"。木制，高32厘米许，上口宽，下口略窄。上口直径35厘米左右。桶口两侧有耳朵，上面各钉1个铁拳，铁拳上穿有小铁箍。桶的下面有2个桶脚，位置与桶口的耳朵对应，上面也有铁拳和铁箍。

河泥罱进船舱后，要用拽桶作工具运送到岸上。拽桶在使用时，要在4个铁箍中分别穿系好麻绳。

欠蒲，是罱泥必用的小农具，早先都用杨树木料独雕而成，后来被改成铁墙木底，再后来又被塑料代替。

欠蒲的形状像一只狭长的小箕畚。长32厘米许，宽18厘米左右，上有较短的木柄。短木柄上还可装长竹柄，便于使用时用手拿捏。将船舱中的河泥拽到岸上去，最后舱底多多少少会残留一些泥浆，这时就要用到欠蒲清理舱底了。

欠蒲

4.搪耙

搪耙是一种扒状农具，有大有小，有多种类型。大的是轧草搪耙；中的或为圆齿，或为扁齿；小的称"狗齿搪耙"。

轧草搪耙，用于在水中拉草，有10多个铁齿，肩阔40～50厘米，齿长40厘米许。上装竹篙一样长的毛竹竿。

中搪耙，有4个铁齿，状如丈齿，大小不足丈齿的一半，上装竹柄，又如钉耙，但齿比钉耙少。耙齿上粗下细而浑圆，齿的长和宽均为40厘米左右。这种搪耙，既可在农作物脱粒时用于收拾乱柴；也可用于养猪、积肥时收拾草料，扒草塘泥等。稻、麦脱粒时,用搪耙把混在谷中的柴草扒开,可使谷物的籽实与柴草分开。晒在场地上的谷粒、麦粒,用搪耙扒开,可使谷物充分接受阳光的照射。

狗齿搪耙,因耙齿短小,形如狗的牙齿,故名。常用于在积肥时扒拉牛粪、狗屎等,也用作扒乱柴。

四、中耕农具

中耕,是指作物生育期在株行间浅层翻倒,以疏松表层土壤,一般结合除草进行。除草,即清除作物田间的杂草。除草又有旱地除草和水田除草之分。

昆山的中耕、除草类农具主要有锄头、耥耙、铁锹、竹马、耘稻凳、麦泥榔头以及镰刀等。

1.锄头

锄头,是常用的旱地除草、松土工具,在西周时期已出现,只是最初的锄是青铜锄,直到战国时期才出现铁锄。

锄头通常有两种:一为长板锄,一为扇形锄,均为铁制。长板锄,呈长方形,刀口稍宽。扇形锄,刃口呈弧形,长20厘米许。刀口较宽,17厘米许。后部较窄,6厘米许。

锄头装有木柄。扇形锄专用于锄草、疏松植株周围的土壤。长板锄除用于锄草、松土之外,还可用于开沟起垄、挖山芋等。

2.耥耙

耥耙,也名"稻耥"。由耥身和耥竿组成,专用于在水稻秧苗移栽后的中耕、除草。古籍《王祯农书》对耥的解释是:"江浙之间新制也,形如木屐,而实长尺余,阔约三寸,底列短钉二十余枚。篾其上,以贯竹柄。柄长五尺余。"书中所说的耥,长30多厘米,形状像木屐,底部有短钉20多只。上面有横梁,用于装竹柄。

昆山的耥,耥身也为屐形木块,板的长50厘米许,宽10厘米许。耥板正面一般装有5组齿耙,齿耙为弯曲的手指状铁钉(每组6根);中间开有圆孔、线板孔各1个,作出水孔。耥的背部不设横杆,耥柄(也为竹竿)是装在两个高低不一的木契上的,耥柄的长度4米左右。

"耥"字是一个由"耒"与"尚"组成的会意文字,其本义是用耒把土摊开、展平。用耥在稻田中除草，称"耥稻"。

3.耘稻马、臂笼

耘稻马，是耘稻辅助工具。因用竹制成，故也称"竹马"，在昆南广泛使用。耘稻，就是用人工除去水稻田中的杂草。

耘稻马因其主竿像马背，被夹在胯下，人跪在水田中像骑马一样，故得其名。有黄龙马、蝴蝶马两种。前者的竹

耘稻马、臂笼、竹节头

竿呈黄色，"身子"展开时有点像龙的骨骼；后者"身子"展开后，有点像蝴蝶的翅膀。

耘稻马分上下两部分。上部呈袖状，是套在两臂之上的两个"袖管"，故也称"臂笼"；下部是系在腰腿间的"马"身。也有的把竹马的身体和臂笼分开，作为两种农具的。

昆南的耘稻方式为"跪式"，竹马和臂笼能起到间隔手脚与稻叶、杂草的作用，防止手、脚与稻、草的密切接触，而损伤皮肤。

4.草裤

草裤，一种用蓑草编织成的短裤。有裤腰和裤脚，裤脚松散如裙摆。在耘稻时系在腰间。

5.指笼、耘稻凳

指笼，也称"竹节头"，是用竹篾编成的指甲套。形如一段手指头，大小也与之相符。上面有若干方格小孔。

竹节头在耘稻时使用，套在每个手指头上，可保护手指。因本地方言把手指头称为"节头管"，故有其名。

耘稻凳，是一种矮小的木凳。侧面（两只脚的中间）装有墙板。下面有抽屉，可放入烟斗、火柴等杂物。因常在耘稻时使用，故名。

耘稻歇息时，可以坐在耘稻凳上。打开上面的抽屉，便可拿出取火用具和烟具，"享受"片刻。

耘稻凳

铲板、麦泥榔头

6.铁锹

铁锹,在战国时就有了,古代被用作武器。古典名著《水浒传》中有一个名叫陶宗旺的人,双臂有千斤之力,使用的兵器就是铁锹。

农用铁锹,都装有1米来长的木柄或竹柄。大多用于农田中的开沟、掘土、排除积水,也用于铲取农作物的果实,以及燃料等什物。

根据形状,铁锹有弯锹、直锹之分。弯锹的锹身与锹柄之间成钝角,锹头略微上翘;直锹的锹身与锹柄是垂直的。根据用途,铁锹有方头锹、圆头锹、掼坯锹、开沟锹之分;不同形状的铁锹用法也不相同。

头部呈方形的方头锹和头部呈弧形的圆头锹,锹身均较宽,大多用于翻运谷子、麦子,清理河沟,拌和水泥等。掼坯锹,呈长方形,上装木柄,为直锹,锹面略平,专用于做泥坯时挖土取泥。开沟锹,有的长而窄,锹面略带凹形,用于开挖较深的菜花沟和麦沟;有的较宽,锹面平直,用于开挖较浅的垄沟。

7.麦泥榔头

榔头是一种捶打工具,有铁榔头、石榔头、木榔头之分。其中的铁榔头有大有小,主要在打铁、做木工时使用;石榔头,多为黄沙质地,头呈扁圆形,中间有孔,装有木柄,常在搓草绳、做草鞋时用于跌打柴草;木榔头用木料做成,一般呈长方体,上装木柄或竹柄,常用于搭架、造桥、建棚时敲打柱头。

有一种长柄榔头,称"麦泥榔头"。其头部为木段,长35厘米许,直径8厘米许。木段正中开孔,孔中装一根长3米左右的竹柄。头与柄呈"丁"字形。

麦泥榔头是专用于敲麦泥的榔头。敲麦泥就是将麦埆上的土进一步捣细,为麦苗松土、壅土,使之在过冬时防冻保暖。

五、灌溉农具

昆山的灌溉类农具,主要有人力水车、牛车、风车等,统称"三车"。人力水车,又有手牵水车、脚踏水车两种。

三车约始现于东汉。三国时期,又作改进。唐代时,已有脚踏或牛转的翻车。宋人画册《耕获图》上,也有4位农民在踏翻车灌溉稻田的画面。

1.龙骨水车

"三车"都用"龙骨水车"作引水装置。龙骨水车,也称"翻车""踏车""水车",是三车中的核心部分。

明代《天工开物》中,对龙骨水车作了这样的介绍:"车身长者二丈,短者半之。其内用龙骨拴串板,关水逆流而上。"大意是:水车的车身长的为两丈,短的也有一丈。车内用龙骨连接一块块串板,笼住一格格的水向上逆行。

民国《昆新补志》载:"水车,即桔槔。长二丈许,高约二尺。板夹其两旁置之。斗板、鹤膝联续之端有车轴。驾牛,或用人力,上升激水。"志书中所说的水车,就是龙骨水车。这种水车呈长方体,由水槽、齿钵、木链、斗板等组成。

水槽,是水车的外体。长3~6米,宽30厘米许。车的两头装有齿钵,车的中间是木链。斗板,是刮水而上的木质薄板,呈长方形,嵌在木链中间,每一个木链上都有一块刮板。木链,是一条木制链条,形似丹顶鹤的膝盖,故俗称"鹤膝";又如同传说中"龙"的骨架,故又称"龙骨"。龙骨水车之名,就是这样来的。

龙骨水车戽水时,通过齿钵的旋转,传动轮轴和木链旋转,带动水槽内的斗板刮水上行,沿槽筒戽水上岸。

2.人力水车

手牵水车,也称"车水车""牵车",是用手牵方式引水的车。由牵杆和水车组成。车身较短,长只有3米左右,戽水扬程(高度)不足一米。重量较轻,一个人就能搬运。

手牵水车戽水时,龙骨水车的上、下分别用一个木架或竹架固定。上部在岸上;下部也装一个齿钵,尾部搁在木架竹架上伸入水中。

脚踏水车,是采用脚踏方式引水的水车。有二人车、四人车、六人车三种。

手牵水车

可多人同时踏车戽水。水车的上部搭有一个简单的长方形车架。下部是连接龙骨水车的躺轴,躺轴上装有脚踏装置"木榔头"。

脚踏水车,同样出现在宋人画册《耕获图》上。图上的水车是二人车,上面也与昆山的水车一样搭有一个简单草棚。

3.牛车

牛车,是用牛作动力引水的畜力水车。由底座、墩心(中轴,也称"天芯")、车盘(也称"荷叶盘")、齿钵、躺轴等组成。

底座是牛车的中心。墩心竖立在底盘上,顶部有6根木杆与车盘相连。车盘一侧的齿轮嵌在齿钵上,齿钵又与躺轴相连。躺轴的另一头也装有齿钵,齿钵连着龙骨水车。车盘上横插一根两头略微超出车盘的木杆(称"横杠")。牛在牵水时,先要套上木枷,再要把牛绳系在横杠上。

为了使牛免受日晒雨淋,牛车上部一般都要用车荐搭一个草棚。为使牛在行走时脚下避免打滑,常在牛的脚下铺垫环形的牛轩。

相传,原来牛车上是没有草棚的,南北朝时期的科学家祖冲之担任娄县(今昆山县东北部)县令时,看到牛遭受日晒雨淋,病死不少,很是伤心,便发明了搭棚的办法。

4.风车

风车,约出现于明代,是一种利用风力引水灌溉农田的风力水车。昆南农民俗称其为"甩车"。

明代《天工开物》称:"郡以风帆数扇,俟风转车,风息则止,此车为救潦,欲去泽水,以便栽种。""俟风转车,风息则止"的大意是:有风时就转动起来,无风时停止转动。救潦,就是排涝,说明风车最初的作用是排水。

风车

风车由车架、上躺轴、立轴、下躺轴、传动钵头、篷竿竹、风篷、人字撑架(俗称"撑脚""马脚")等部件组成。风车的车架呈梯形状,有4只脚。车架上下装有钵头4个、篷竿竹6根、风篷6扇,人字撑架2根。

风车设置在水田较多的河滩上,一般三级以上风力便可展篷戽水,一架风车每天可灌溉20～30亩水田。

昆北有一首山歌中有几句这样唱道:"啥车长来啥车短? 牵车长来踏车短。啥车肚里乘风凉? 风车肚里乘风凉。"形象地描绘出了水车和风车的特点。

六、收获农具

收获,就是收割、获取成熟的农作物。收获时还要清场。清场,就是农作物在脱粒后清理场地,过滤谷物中的杂质。

原始农业时期,人们用石片和蚌壳等锐利器物来割取谷物穗茎。春秋、战国时,我国南方已出现用于脱粒的梿枷。

风扇车是极为古老的农具。汉代史游所著的《急就篇》中,有"碓硙扇颁舂簸扬"之说。书中说的"扇",指的就是风扇车。

明清以后,昆山的收获类农具,有镰刀、谷耖、山笆、栲栳、石碌、稻床、稻桶、稻签、担绳、汰、连枷、风扇车、奋箕、栈条等。

1.镰刀

镰刀,昆南称"划镢",昆北称"镢子",刀身呈弯月形。其左侧尖锐;右侧有甓,中装木柄。刀口有夹钢刀刃,锋利而坚韧。

镰刀的用处很广,既可用于收割庄稼、割草、除草、打柴,也可用于挖潭,播种豆类作物。

使用镰刀时,人一手握住稻、麦的秸秆或蔬菜、瓜藤、草料,一手捏刀柄,作水平拉割。镰刀用钝后,可在磨刀石上磨砺。

2.稻签

昆北的低洼圩区,稻田积水严重,在收割水稻遇上阴雨潮湿天气时,需用竹架晾稻。这种竹架,俗称"稻签"。

阴天下雨,收获的稻子堆放在田里容易发霉,农民就将稻子倒悬在架子上,让风吹干或太阳晒干。

3.连枷

连枷,俗称"铜",有时也写成"盖"(方言均读"gāi"),周庄称"枷子",是一种脱粒农具。

连枷

东汉经学家刘熙的《释名》对连枷的解释为："枷，加也。加杖于柄头，以过穗而出其谷也。"说明当时人们已用连枷脱粒谷物。

民国《昆新补志》载："打麦铜，削竹为条。长二尺许。七八条比而束之，贯其上端，以属诸柄。柄长七八尺。"

连枷由竹柄及敲杆（面）组成。敲杆由8～10根1.5厘米左右见方的竹排组成。整体长度60厘米许，宽12厘米左右。连，意为"连续"；枷，有"加"的意思。

连枷是较原始、较轻便的脱粒辅助工具，不但用来脱粒豆萁，还用来脱离油菜籽、黄豆、稻麦秸秆等作物。

4.石磙

石磙，由滚轮、木架组成。滚轮用石（青石、花岗石）做成，呈圆柱体，一头大，一头小，两头有磙眼。滚轮的外部装有一个长方形木架，木架中间有滚木穿过滚轮中心，两端的木串上系绳索。

石磙有时也出现在打谷场上。使用时，用人力或畜力（牛）拉动。通过碾压谷物，使籽实脱落。

5.稻床

稻床，是用于脱粒稻谷、麦子和油菜籽的工具，由床面、床脚组成。木架竹面，面呈方台形，边长110厘米左右。床面横向穿有20根左右的毛竹片栅条，栅条略为斜倾，形成一个倾斜的框面，使谷粒、麦粒容易脱落。

稻床有平面、斜面两种。前者有4个床脚，一面的床脚略短；后者一面有2个床脚，另一面弯曲向下，使用时将略为长出台面的木架搁在地面，替代床脚。

6.稻桶

以前私人种田时，假如家中的院子、场地狭小，有的人家就在田间脱粒，这时就要在使用稻床的同时用稻桶作辅助工具。

稻桶，用木板做成，呈四方台形体。上部敞口，底部有板。底板下面有2根等长的拖泥梁，以方便在稻田中移位。

使用稻床时,将稻床放在稻桶内。人站在正面掼稻,其余三面用木板、草帘或布篷围拦,以防止谷粒飞溅出去。

7.风扇车

风扇车,也叫"飏(扬)扇""扇车"或"扬车"。发明于汉代,是一种利用风力清选、过滤谷物的农具。

元代《王祯农书》中所绘的风扇车,是一种轮轴上装有曲柄连杆,用脚踏连杆使轮轴转动的车。

风扇车

明代《天工开物》称:"凡既碾,则风扇以去糠秕,倾入筛中团转。谷未剖破者浮出筛面,重复入碾。"大意是:稻谷用碾磨过以后,要用风车扇去碾糠和秕谷,然后再倒进筛子里绕着圈筛过,未破壳的稻谷便浮到筛面上,再倒入碾中加工。由此可见,当时的风扇车是用来过滤从碾中牵出的米粒的,而并不是用来过滤稻谷中的杂物的。

昆山的风扇车是一种闭合式的箱体风扇车。由车架、箱体、漏斗(俗称"镶子")、风扇、出谷嘴等组成。长1.6米许,高1.4米许,宽40厘米左右。车架由4个脚作支撑,用2根横木作抬杆。箱体左面为长方形出风口;右面为圆形扇室,内装风扇。风扇用6个木片制成,外面装有铁制曲柄摇手。曲柄摇手周围的圆形空洞是进风口。箱体的顶部装有漏斗,箱体与漏斗连接处有活络舌片(斗阀);左边有长方形的风道;下部为出谷嘴。这种风扇车,是专门用来过滤稻谷的,即借助手摇风扇产生的风力吹去脱粒后的稻谷中的秕谷和柴屑。

8.栲栳、山笆、斗

栲栳、山笆、斗,合称"笆斗",形状相同,大小有异。大的为栲栳,小的为斗,处于中间的是山笆,均用柳条编成。

栲栳,也称"挽子"。有大有小。大的直径60厘米许,高36厘米左右;小的直径46厘米许,直径30厘米左右。口部呈圆形,下部略小,底平中带圆。有的腰和底部托以竹夹,以起到坚固作用。

山笆,是比栲栳小的笆斗。至于名字中的"山",是否跟山水有关系,这就很难考证了。山笆的容积约是栲栳的二分之一,同样有大有小之分。大的山笆直径

山笆、栲栳、斗

42厘米许,高22厘米左右;小的山笆,直径30厘米许,高15厘米左右。

栲栳和山笆都用于装运稻谷、糙米、油菜籽等农作物的籽实。栲栳和山笆在使用时可两者搭配。山笆较小,搬动灵活;栲栳较大,搬动笨重。因此,运送粮食时,常将粮食先盛入山笆,再倒入栲栳。栲栳里放满东西后要用肩膀捐,山笆则用手掇就可以了。

斗,既作盛器,又作家用量器。常和升搭配使用,如一斗谷、三升米等。作为量器时,则十升为一斗,十斗为一石。

9.匾、筛、汏

匾,常被写作"笾",呈浅底圆盘形。同样有大有小。大匾直径1.5米许,中匾直径1米左右;小匾直径60厘米许,底深8厘米左右。大匾和中匾常作农具使用。大匾主要用于囤放谷物,囤粮时匾上常围起栈条;中匾常用于晾晒谷物。

筛,是圆盘形竹器。明代《天工开物》称:"凡筛,大者围五尺,小者半之,大者其中心偃隆而起,健夫利用。小者弦高二寸,其中平窒,妇子所需也。"周长5尺的大筛,直径在52厘米左右;"小者半之",则直径大小减半;"弦高二寸",则底深6.6厘左右。这种筛与昆山一般的筛大小相仿。

筛有米筛、糠筛、麻筛、绢筛等种类。外形与匾相似,筛底由托底和内衬两部分组成。内衬的篾间留有筛眼。

米筛,主要用于筛大米,筛眼稍小于米粒,这样筛米时就会留下米粒,把砻糠、糠和粞(碎米)等杂质过滤干净,干净的米粒就留在筛中了。

糠筛,是专用于筛米糠的筛子,主要用途是把米粒、粞和米糠分离开来,筛眼是米粒的二分之一大小。

麻筛,也称"麻布筛"。因用麻布做滤网,故名。主要用于筛米粉、芝麻,也兼用于筛油菜籽,筛眼比芝麻、油菜籽稍大。

汏,为圆盘形浅底竹器。形状和筛相似,但较之略大。直径超过2米,底深12厘米许。底部的眼子呈三角形,边长2厘米左右。"汏"字,是拟音和俗称,本义是

"淘洗",昆山人常把左右摇动这个动作,俗称为"汏"。因为这种农具是用"汏"的方式工作的,所以被称作"汏"。

汏也是一种农用滤器,用于清除谷粒、麦粒中的秸秆、杂物。用于汏滤谷子,称"汏谷";用于汏滤麦粒,称"汏麦"。为使用方便,汏的上面都横一根用毛竹做的竹竿,竹竿上穿一个小的铁拳头,汏谷、汏麦时拳头中穿系绳索。

10.栈条

栈条,用竹篾编成,形同竹席,但较之狭长。一般长4~5米,宽65厘米左右。"栈"字,在昆山话中有高高围起的意思;"条"字,是呈条形的意思。

栈条

栈条不用时卷成桶状。竖立围成圈后,可临时存放谷物、大米。下面还可放一只大匾,以保粮食的干燥、干净。谷、麦脱粒或晾晒时,也可将栈条围在场地上,以防止谷粒、麦粒的飞散、浪费和鸡鸭的糟蹋。

11.囤皮

囤皮

囤皮,用柴草编成,形状和长度与栈条相仿。因像囤积粮食的囤窖,又像兽皮一样能铺展开来,故名。长5米许,宽60厘米许,厚度不足1厘米。

囤皮可暂时围囤稻谷、麦粒、油菜籽等,但或许是因为编制起来较费工夫,所以不是所有的农家都使用。

12.斛子

斛子,俗称"镬子",呈四方梯形体。上口小,约30厘米见方;下口略大,约50厘米见方。主体部分用木板做成,两侧各横1根横木,形成4个手柄。为增加牢固程度,有的在四周还钉上箭头状的铁襻。

斛子是一种量器。始为十斗一斛,后来改为

五斗一斛,起初为外民族用具,后来流入昆山。斛子量米时,先将米倒入里面,再用木条将高起的米掠平,称"一斛子"。昆南"一斛子"的重量,一般为75市斤。

13.铲扒、拉柴耙

铲扒,也称"抄板",由长方形木板和竹竿组成。木板长30厘米许,宽20厘米左右。一般用两块杂树木板拼接而成,上装2~3米长的竹柄。

脱粒时,抄板可用来推拢谷粒、麦粒;在场地上铺晒谷物时,抄板可用来翻抄谷物,使之及时干燥。

拉柴耙,木质,装竹柄,形似搪耙。一般有4个木齿,齿长8~9厘米,齿宽30~35厘米。竹柄长在2~3米之间。

农作物在脱粒时会产生大量的乱柴,这时候就要用拉柴耙不断地将乱柴从籽实中分开出去。

七、运送农具

北方用马、骡子、驴、驮具和车辆等作为传统运送工具。昆山的农用类运送农具大的主要是农船,小型的还有扁担、担绳、土畚、籅、箩筐、扛棒等。

1.农船

农船有大有小。大船长8~10米,宽3~4米。小船长5~6米,宽2米许。农民习惯用载重量来区分船的大小,如3吨头船,5吨头船,7吨头船……吨头,就是吨位。3吨头船,是可装载3吨货物的船;5吨头船,是可装载5吨货物的船,以此类推。

5吨头农船,船体较大,但行驶时也不太笨重,出门远行和装载河泥、稻麦秸秆、粪便都较安全、牢靠。3吨头的农船较灵活,有时要到四面环水的独圩墩上去种秧,或者采瓜、运送农家肥料、外出斫草,会用到这类小船。

停泊农船的船坊

农船出外回"家",就要进入船坊、歇息过夜。船坊还能为船遮风避雨。船坊是一个棚子,高度与房屋差不多,长为一个半或两个船体的长度,宽为三四只船的宽度。木梁,用木柱或毛竹为柱子,顶部有的盖草轩,有的盖瓦片。墙都为草轩。

船坊有的搭建在江边,有的搭建在浜底。前面敞开,可使船顺畅地进入。搭建在江边的,一般前面有一个石河滩;搭建在浜底的,一般开有后门。这样就便于人进出。

2.扁担、担绳

扁担,是一种扁圆长条形的挑运货物的用具,可用来挑捆扎好的稻子、麦子、菜其(油菜花秸秆),也可挑装在桶内、筐中的粪便、河泥、泥土。

根据制作材料的不同,扁担分为木扁担和竹扁担两种。前者长170厘米许,宽8厘米左右,表面平整光滑;后者长160厘米许,宽9厘米左右,底部光滑。

木扁担的两头有用小木棒做成的扁担钮,竹扁担的两头有舌状扁担头,它们都是为防止挂物滑落而设置的。在木扁担上挂物时,需把绳索嵌在扁担钮的中间。

有一种形似月牙的两头弯翘的弯扁担,称"翘龙扁担"。称其为"翘龙扁担",或许是因为它两头飞翘像高昂的龙头的缘故。翘龙扁担的宽为10~15厘米,跨度1.3米左右。弯度低的2~3拳,称"鹅毛翘";高的达18拳以上,称"月亮翘"。拳,指拳头叠起的高度。

挑翘龙扁担流行于明清时期,挑担者一般为青壮年后生。小伙子们挑翘龙扁担,既是为了展示劳动技艺,更是为了在大姑娘面前"出风头""卖本事"。挑翘龙扁担挑担技术性较强,一不小心扁担就会翻转过来打到脸上。为防止翻转,有的在一头装上一块名叫"扁担马"的短木板。

担绳,是用麻绳或纱绳做成的绳子,两条为一对,因与扁担配合使用,故名。稻子和麦子从田间收割后,先要用担绳捆扎好,再用扁担挑运上岸。有的担绳一头还系有用坚韧的竹片或树杈制成的钩子,以便于捆紧稻麦。这种钩子俗称"担绳摘钩"。

3.土垱

土垱,是装土的农具。"垱"字,昆山方言读"dǎ"。土垱由竹篾编制而成,形如家用的竹畚箕,大小略逊于竹畚箕。每只土垱的四角都分系绳索,这种绳索被称为"土垱索"。

土垱索一般为麻绳,长度不超过肩高。有了土垱索,土垱才能手提或挑运。

土埒

土埒索的穿法为：先将绳子折成长度相仿的两股，穿过后面的小孔，再分开两头，系在边墙与口部竹夹之间的小孔中。

土埒一般成对使用，用于运土、挑草泥、运固态粪肥（如猪窠、鸡屎）等，装物后用扁担挑运。

4.落子

落子，是一种"挑子"。"落"是一种口语，有"放入""进入"等意。昆山使用的落子有三种：一种是草泥落子，一种是坯落子，一种是砖头落子。

草泥落子，形似土埒，但底平，无边墙。用木段或藤茎作框架，底部用藤篾或纱绳穿编而成，眼子较大。专用于挑草泥。

坯落子，形体较大，下面为长方形木格。每个木框上有4个矮脚。上面分装一对竹夹，竹夹上穿有短绳。也成双使用，专用于掼坯时挑运泥坯。

砖头落子，是装砖的长方形小木框，四角系麻绳。出窑、贩卖砖块时都可使用。砖块纵向并排放置，堆成数层高后，用扁担挑运。

5.羊䇝

羊䇝，为竹编的圆形箩筐。有较稀的六角形眼子。直径和深度均为35厘米左右。口上系绳子，可挑可背，常用于装运各种草料。称之为"羊䇝"，或许这种竹筐起先主要用于装喂养羊的草料的缘故。

八、加工农具

加工农具，主要是粮食加工用具。稻麦收获后，需加工为成品或半成品，才能食用或储藏。粮食加工农具从远古的杵臼、石磨盘发展而来。

到了汉代，出现了杵臼的变化形式踏碓，石磨盘则被改进为磨和砻。南北朝时期，出现了碾。明代时，有舂、水碓等。

明代《天工开物》称："凡稻去壳用砻，去膜用舂、用碾。"大意是：稻谷去掉谷壳用的是砻，去掉糠皮用的是舂或碾。

水碓，是借水力舂米的工具，是靠流水冲击水轮使之转动，从而完成舂米的。

一般在山区使用。

明清之后,昆山的传统加工类农具,主要有石臼、砻、揉臼、舂米架、磨子、碓、铡刀、榨床等。

1.石臼、木臼

臼有石臼、木臼、砖臼之分。木臼是用木头制成的,石臼用石凿成的,砖臼是用泥烧成的。三者均呈倒锥形,内为凹坑。臼与舂柱配合使用。舂柱由木杆和臼头组成。石臼的臼头呈圆形,像人的脑袋。

根据明代《天工开物》的记述,稻米筛过以后,放到石臼里舂。舂后得到的小米,磨后可得到小米粉。大麦可在发芽后,用磨碾成麦芽粉做糕点;也可放到石臼中舂,去掉外皮后用来煮成麦饭。

民国以后,在昆南地区,石臼主要被用于打制油灰,而谷粒加工大米的工具,主要是砻、揉臼、木臼和臼舂米架。

木臼的形体较大。有的上口直径1米许,下口直径4厘米左右。专用于舂米,往往与舂米架搭配使用。

2.砻

砻,形状略像磨子,但较磨子大。砻身分上下两扇,用韧木或竹箍成,每扇的高度30厘米许。砻的上下扇相对开有齿槽。上扇装有像磨盘一样的"丁"字形推拉杆,并开有下料口。砻身下部垫有木凳。

砻是较古老的用于去掉稻壳的农具,用砻打磨稻谷,称"牵砻"。牵砻的方法与牵磨相似,一般一人推拉砻柄,一人添加稻谷。

砻

3.揉臼、舂米架

用砻碾磨谷粒,磨好后的米和未碾破的谷、砻糠混杂在一起,其未碾破的糙米就要放进揉臼中敲打。

揉臼,即砖臼,也称"舂米臼",砖质,呈青黑色,形似石臼,但较之略小,厚度也较之略逊,扣之磬然有声。与其搭配的棒槌,称为"舂米柱"。舂米柱的上部装有

操臼、舂米柱

一个四方的石柱头,以起到舂米时的助力作用。下部装有铁箍,以增强柱头的硬度。

有一种舂米的简单机械,称"舂米架",也称"斗臼""舂床",由臼床(木架)、臼头石、把手、脚踏板等组成,是利用杠杆原理舂米的。

舂米架的臼床置于木臼上面,踏板头部装有杵杆,杵杆上压方形石块。用舂米架舂米,不仅减轻了舂米的劳动强度,还加快了舂米的速度。

4.磨

磨,即磨子。有大磨、小磨两种。均由磨盘、磨架、磨晃组成。磨子的磨盘为黄沙石质地,直径46厘米许,分上下两爿,中间刻有发散状纹路。磨盘的厚度16厘米左右。上下相叠在一起,下爿固定,上爿两边各有1个圆形下料口。磨盘中间有一根木质横担。横担的一头有凸纽。磨晃就是磨把。

大磨的磨晃用树干做成,长1.5米许,整体呈"丁"字形,头部又呈三角形,尾部带钩子。把磨晃的凸纽插入磨盘一侧的圆孔,就可以牵磨了。小磨是一种只在上爿装有呈倒写的"丁"字形短柄的磨盘。大磨由2~3人操作,其中1人掌磨,其余掌磨把。主要用于碾磨米粉、麦粉、黄豆、芝麻等。小磨由一人操作,可磨豆浆(制豆腐)、水磨粉等,称"推小磨"。

5.铡刀

铡刀,俗称"铰刀",由刀床、刀片、底槽组成。刀床为木凳(长凳)。底槽上装有刀条,刀口朝上。刀把一头固定在刀床上;一头装有木柄,可上下活动。刀柄中间为两根铁条。

铰刀是一种专门给牲畜切割草料的农用刀具。养猪、养牛需要用青草、水草、柴草等草料作辅助饲料时,常用铰刀

铰刀

切割草料,以利于牲口咀嚼食用。使用铰刀时,人一手将草料放在刀口上,一手握住刀柄向下用力,草料就会被齐刷刷地切断。

6.榨床

榨床,由底座、压架、榨板、压杆组成,主要用于从甘蔗中榨取汁水。底座为一只小木凳,凳子的一头稍低,并开有槽子。压架直立在槽子上面。压杆的一头装在压架上,下面装圆盘形的榨板。

把甘蔗削皮、切成小段后放在榨板下,用杠杆原理将压杆下压,汁液便会通过槽子流入放在下面的容器中。

九、杂用农具

除了上述农具外,还有一些杂用类农具需要补充,如蓑衣、箬帽、牛料桶、沿紧步、范子、担桶、洋镐、索车头、筹等。

另外,民国时期已有少量的富户拥有脚踏式轧稻机;20世纪60年代,脚踏轧稻机已被普遍使用。这里也附带简介一下。

1.蓑衣、箬帽

蓑衣,是农家、渔家常用的雨具,用蓑草、灯芯草或棕丝制成。上部如衣衫,下部如围裙。昆山农民穿的蓑衣大多是用蓑草编织的。这种蓑衣比一般的衣服厚实,能较好地挡住风雨,还可起到保暖作用,且购买和制作的成本比棕丝蓑衣便宜。

箬帽,即斗笠。"箬"字,在昆山话中读音为"ngi á"。箬帽用竹篾、箬叶(或棕皮)制成,形似宽边的草帽。

在古代文人的眼中,身披蓑衣、头戴箬帽在田间劳动或在河边垂钓,还是一种浓郁的乡情和美丽的情怀。

2.牛料桶、牛水桶

牛料桶,是养牛用具。木质,呈圆柱体,形如农家存放衣料的套桶。直径58厘米许,高56厘米左右。两侧有木耳朵(把手),用于拎掇。

箬帽、蓑衣

"牛料"中的"牛",指耕牛;"料",是喂养耕牛的饲料。耕牛在过冬时,牛料桶内放进用铡刀切短的柴草和菜饼等饲料,供牛食用。

牛喜欢喝水,在牛棚中歇息时,就要为它提供一个喝水的桶。牛水桶的模样跟牛料桶相仿,也有把手,只是体积略小,直径40厘米许,高28厘米左右。

3.沿紧步

沿紧步,木架竹齿,呈长方形。竹齿的中间分开,以便"咬住"草绳。木梗用较细的杂树做成,有点瘦骨伶仃的样子,因此也称"枪篱骨"。

沿紧步是用于编织草编类用具枪篱、车荐和枪轩的农具。"沿紧步"三个字的大体意思:编织时,添加好柴草后,要沿着竹牙的顺序一步一步地拉紧草绳。

用于编枪轩的沿紧步,长1米许,宽20厘米许。前后两段木梗上分别有10个左右的竹齿。用于编织车荐的沿紧步,长度增加一倍左右,两面的横杆上面各有20来个竹牙,共40个左右的竹牙。

4.揉刀

揉刀,是一种农用刀具。铁头,呈"∧"形,刀片长80厘米许,宽10厘米许。上装长4米左右的竹柄。

揉刀专用于在水底拉割养猪用的水草。"揉"的意思是用力推。用揉刀割草,称"揉草"。

5.范子

范子,是制作泥坯的模具。为长方形木框,可灵活装拆,木框的中间与砖块一样大小,木框两头的木段各长出5~6厘米,一头用铁丝固定,另一头嵌有一根制坯时使用的推杆。

用范子制作泥坯,称"掼坯"。泥坯可用土窑烧成青砖,也可用来盘制土窑。砖块用于建造房屋。

6.担桶

担桶,是用扁担挑运的木桶,形状像从河中取水的提桶,两侧也有木挡,但比提桶略大。也成双使用。担桶主要用于挑水、送茶和养猪时挑运喂猪的饲料。

7.索车头、退索机

索车头,是将柴草绞(摇)成绳索的工具。草绳相对较细,可以搓;索比绳粗,用手无法搓成,就得借助工具来完成。索车头由架子和摇杆组成。架子以木为之,长45厘米许,下部形状像一个"日"字。"日"字上部的横向木桯上侧面开有3个圆孔,中间装3根短的圆杆。圆杆上面各斜钉1只铁钉,用于钩住索头。

与索车头配合使用的是退索机。退索机的摇杆通常由一根横杆和一个三弯段的把手组成。横杆的中间有一个圆孔,把手的上部穿在里面,头部斜钉一只较细小的铁钉,用于钩住柴蹼。"蹼"是鸡、鸟等动物脚趾中间的薄膜,昆南农民称形似鸭脚的东西为"鸭脚蹼",称用数根柴草绞成的绳索半成品为"柴蹼"。

有的退索机摇杆上还装有一个半圆形的竹弓,这样就便于在绞索时系上绳子,将摇杆绑在腰间了。

8.筹

筹,是一种计算用具,用竹片做成,长30厘米许,宽3厘米左右。旧时的商店中常将此当作购物凭证,如到老虎灶上泡水,泡一瓶水,缴一个筹。到粮仓粜谷时,也以筹计数。掮一栲栳就拿回一根筹,结束时称一下一栲栳谷的重量,再以寿算账。农民卖坯、买砖,同样以筹计数。挑一担,取筹一根,就不会弄错了。买卖结束后,数一数多少筹,便能算出挑了多少担坯或砖。

9.脚踏轧稻机

脚踏轧稻机,由机座、踏板、机轮等部件组成。有一人用和二人用两种。底座上部靠近身体的一面有木质挡板。机轮为铁制,上有无数排齿轮。机轮用曲臂连接踏板。

脚踏轧稻机一度被生产队或农家的自留地脱粒稻谷、麦子时使用。轧稻时,用脚踩动踏板,踏板便会带动机轮飞速旋转,"轧"去谷粒、麦粒。

十、捕捞器具

捕捞器具,简称"渔具",不但为渔民使用,农民也在耕作之余广泛使用,因此也可权作农具的"泛称"。

人类最早是徒手捉鱼的。旧石器时代,人们开始利用天然的树枝钩刺和鹿角、猪齿、石头等制成原始渔具,在河流、湖泊中捕食鱼贝。后来,人们又学会了制造工具捕鱼。于是,又出现了射鱼、叉鱼和钓鱼,渔船以及各种网具也随之产生。

1.网船

渔民捕鱼大多以渔船作载体,因渔船打鱼以撒网、张网为主,船上常挂满网具,昆山人就形象地把它称为"网船"。

网船,通常是一种手摇的小船。船形比农村的三塌子、荡塌还小,长一般4～5米,宽不足2米,船身灵活。网船的中舱大多搭有小棚,有的前舱和后舱也都有棚;棚有用木板搭建的,也有用黑篷搭建的,呈半圆形。中舱棚上的篷是固定;前舱和后舱的篷是活络的,晴天可推起,遇雨则拉下。网船的头舱中,四角各有一个长方形小孔与河水相通,这样头舱就成了"活水舱"。捕到的鱼养在活水舱里,就同养在河浜里一样了。

旧时,渔民以网船为家,常年生活在船上,中舱就像是一个居室中的房间,舱中放有卧室用品,晚上把被子一摊,就可睡觉。有时候,网船的船梢上搁着一个花盆,船头上蹲着一只猫,或拴着一条小狗,船上就有了浓郁的生活气息。

2.鱼鹰船

鱼鹰船,是用鱼鹰捕鱼的渔船。船身比网船瘦小,用船桨而不用橹驾船。船桨架设在船舱中间,船上不搭棚。船舷的两侧分别设置三四个供鱼鹰站立的架子。架子有的用木杆、树杈做成,有的用竹竿做成,一般呈曲尺形。"曲尺"的短头固定在船舷上,长的一头与船舷呈直角伸向河面。鱼鹰闲暇时就站在架子上。

3.渔网

渔网由网片(也称"网衣")、网纲、浮子(浮桶、浮体、浮球)、沉子等组成。昆山的传统渔网,有塘网、扛网、围网、丝网、抄网、夹网、拖虾网、甩网、糖网、裹网、赶网、罾、地龙、扒螺蛳网等种类。

塘网、扛网由渔民专用。网形巨大,网线较粗,都用棉线织成。为防止断裂,往往还用猪血染网,使其坚固。使用时常多船作业,合作捕鱼。

杠网,也称"纲网"。由网片和车盘组成。网衣呈长方形,四边网纲上缀有许多浮球。网的大小据河面而定,最大的铺展开来可达数百米。盘车用于网的收放,设在河滩上。地上插两根木杆,木杆上绑扎一根木棍,木棍两头有圆孔,圆孔内分别插入一根用毛竹竿做的扳竿。

塘网,也称"搪网"。网眼3～4厘米见方,(呈正方形)可覆盖半个湖面。使用时也与盘车配合起网。盘车的形状或与杠网上的相同,或为车盘状。

围网,是配合鱼鹰捕鱼使用的带形网具,也称"刺网"。网形与丝网类似,网线较之略粗。以网目刺挂或网片缠络(纠缠、缠绕)为手段捕鱼。鱼鹰捕鱼时,将网围在四周,逃窜的鱼类会误撞其中。

围网

拖虾网,是用于捕捞河虾的网。呈叉袋状。网的边纲上系有3根尼龙绳(俗称"三角线")。因以"拖"为方式作业,故名。

丝网,是最常见的渔网。最初是用丝织成的,所以叫"丝网",后来改用麻线、腈纶丝等材料制网,但仍沿用旧名。丝网每串长20米许,连接起来长度可达数百米,宽1米许。始为1层,后发展至3层2面。

丝网

据所捕鱼类的不同,丝网可分为参鯈网、鲫鱼网、鲤鱼网等。丝网的网眼见方,网口有网纲,网纲上缀有浮子和沉子。网眼的大小根据所捕鱼类的大小而定,鲤鱼网的网眼5～6厘米见方,参鯈网的网眼较小。

抄虾网,因用"抄"(以推的方法舀取)为方式在河底或草丛中捕捞鱼虾和贝类,故名。也称"倒网"。由网兜和抄竿组成。网兜张开,网口成簸箕状。网兜较大,长2米有余,深1米许。抄竿长可达3米以上,一端系在网上,一端为把手,网兜的末端用一根短木撑开竹竿。木杆兼作作业时的另一根握竿。

甩网,是圆锥形发散状的网具,用较粗的网线织成。因用"甩"为方式下网捕捞鱼类,故名。网的锥顶系一根长绳作纲索,下端系小铁条作沉子。网形有大有小,在水中散开的直径30至50米不等。

夹网,由网兜和网竿组成,形状如农民积肥罱网用的罱网。因以"夹"为方式捕捞小鱼、小虾和贝类,故名。

推拢网，是一种长形网具。网上设置若干竹制的龙梢。常围在河滩上，与夹网和鱼库配合使用。

鱼库，呈圆形，直径5米许，设在河中。四周打木桩，内放树枝。鱼库像猎人为猎物设下的陷阱一样，是诱鱼钻入的"陷阱"。

罾，是由网衣和支架组成的四方形渔网，每边长3米左右。支架用2根竹竿交叉而成。顶部另绑一根支竿，系一根收放的绳索。

裹网

裹网，是以"裹"为方式捕捞小鱼、小虾的网，由网兜和网竿组成。"裹"在方言中是借助网具、棉布等用双手兜起物体的意思。裹网，就是"裹"鱼的网。裹网的网兜呈长方形。网片上下边缘系2根等长的纲，纲的四端各延长尺许；再两两合并，分别系在2根竹竿的顶端。上纲缀海绵浮子，下纲缀长方形小铁块作沉子。

裹网同样有大有小。大的网长超过2米，宽超过40厘米。小的网长1.5米许，宽30厘米左右。竹竿的长度一般超过2米。

拖网，网片形似网袋，网眼细密。网口宽2～3米，有倒须。上纲系一根竹竿作浮子，竹竿上系长绳；下纲系铁片作沉子。专用于捕插虾（一种小虾米）和银鱼。

地龙，也称"百脚网"。因形状像蜈蚣，而蜈蚣俗称"百脚"，故有其名。又因其形状像蚯蚓，而蚯蚓又名"地龙"，故有其名。

传统的地龙是一种长方形箱体渔网。网箱一节节相连接，每节长约0.5米，连接起来长可达数十米。网箱的骨架是用竹片扎成的，外面包上网片，中间开有若干口子。口子内部设苏门（倒口），以防进入网内的鱼类出逃。

地龙拦在河底，根据不同的季节可捕捞鱼、虾、蟹等水鲜。地龙的梢（尾）部有一个设有苏门的鱼兜，称"龙梢"。鱼进入龙梢后，就只能束手就擒了。

如今看到的地龙，箱体有呈方框形的，也有呈圆筒状的。但网箱的骨架已改用铁丝做成，网衣也由棉线网改成了尼龙网。

赶网，由网片、网竿和赶棒组成，因用"赶"的方式捕鱼，故而得名。网底呈长方形，长约1.2米，底宽约50厘米。网衣围在曲竹的四角，三面封住，高30厘米许，用以拦住鱼虾出逃。网的正面敞口,便于鱼虾进入网中。网竿用两根等长的曲竹搭成交叉状,网口的中部也系一根竹竿。竹竿在顶部交汇在一起,交汇处用绳子或袋子扎住。

赶网

赶网的赶棒大多由竹竿、赶板组成,呈"丁"字形。竹竿长80厘米许,赶板用三角形铁架固定在竿子上。也有就地取材用树杈做成的,树枝的头部带一个杈,这样横上一根竹竿,就能省去铁架。

糇网,是用推拉方式捕捞螺蛳、蚌、蚬子等贝类水鲜的网,由簸箕状网兜、撑架和网竿组成。网线较粗,形状似扒螺蛳网,但无扒竿。

扒螺蛳网,也是一种捕捞螺蛳、蚌、蚬子之类的网具。除了网兜、撑架、网竿外,还有扒竿。网口撑成簸箕状。扒竿呈"丁"字形,用竹竿做成。与糇网略为不同的是,这种网是以"扒"为方式进行捕捞的。

捕鱼还有一些附属用品,虽然形状很不起眼,但也属于网渔具,鱼兜和网袋便属此类。

鱼兜,即鱼袋,也称"网袋",呈圆兜形。肩部和底部都箍有竹片或铁丝。腰部较狭窄,并设有苏门(倒口)。网口穿有细绳,可以收放,以防止鱼虾逃出。渔人常将鱼兜挂在渔船的船舷上,浸入水中,用于存放刚捕捞到的鲜活鱼虾;农人则喜欢将鱼兜挂在自家的河滩上,放入河内,存养少量鱼虾。

有一种专用于捞鱼的网袋,昆南俗称之为"挏兜"。"挏"字,在方言中读"hāi",有"捞取"的意思;"挏兜",就是用以捞取鱼虾的网兜。挏兜的上口呈圆形,并箍有竹圈。有的竹圈呈交叉状,兼作网柄。网口呈圆形的往往上穿短竿,以方便捞鱼。

4.鱼钩

鱼钩,昆山称"钓头"。一个完整的钓头由钓钩、钓线等组成,有的还装上浮子、沉子、钓竿。鱼钩大多为铁质,也有用竹制的。根部系在钓线上,头部部分有倒钩。倒钩的作用是钩住鱼饵,防止鱼饵脱落。用鱼钩捕鱼,以钓饵诱捕或钩拉为主要方式。昆山的鱼钩,有滚钩、金钩、麦钩、黄鳝钩等种类。

滚钩,是呈弯钩状的钢质鱼钩,有大拇指一般大小。每个钩头系在1尺左右长的短线上,短线上有一根系着浮子的总纲。以棒为单位,每棒为1000把左右。不穿鱼饵,直接放在水中或用"扯钩"的方式,钩捕所经过的鱼类。

金钩,是钢制的弯钩状鱼钩,有小拇指大小。钩的系法与滚钩相仿,每棒为数十至百余把。用于捕捞鲤鱼、甲鱼、鳗鱼、汪眼鱼等鱼类。

麦钩,是竹制的钓具。张开时呈"∧"字形。钓头先分系在短线上,然后相隔一段距离将钓线系在总纲上。总纲的长度数十至数百米。

麦钩

麦钩,分大小两种。大钩称"鲤鱼钩",以捕鲤鱼为主;小钩称"鲫鱼钩",以捕鲫鱼、参鲦为主。

黄鳝钩,是钓黄鳝的钓头。钓钩呈长条形,用坚韧的铁丝制成,头部呈钩状。有的上部套一个竹制小柄,以便于拿捏。

5.笼罩

笼罩,是利用捕捞对象喜欢钻穴或藏匿草中的习性制成的引诱其潜入而被捉的笼状或罩状渔具。昆山的笼罩类鱼具,主要是鳝笼、虾笼、笑笼和鱼罩。

鳝笼,是捕捞黄鳝的笼状渔具,由两个圆柱形箩头相接而成,呈曲尺形。每段长30~50厘米,直径10厘米许。笼的一头用罩子封口,另一头口设苏门(倒齿),以防止黄鳝进入笼后逃出。

虾笼,是捕捞河虾的笼状渔具。状如鳝笼,结构类同,也呈曲尺形,但体形较之略小。笼身一头稍长,约35厘米;一头略短,约30厘米。直径均8厘米许。使用时也像黄鳝笼一样,常用绳子串连。不过虾笼是捕虾的,只能布设在河道中的草丛里。

传统的鳝笼和虾笼,都用竹篾制成。如今人们依然使用它们捕捞黄鳝和河虾,但大多是废物利用,用包装带编成。

笑笼,是在插秧时节,遇到了暴雨,张在稻田与河道交接处的水沟里捕捞鲫鱼等鱼类的笼状渔具。用竹篾或竹片制成。形状像萝卜状的鱼篓,但体形较之稍大。笼长80厘米许。孔大多呈六角形,较稀疏。头部较粗,直径30厘米许。尾部较细,直径16厘米许。入口处有"苏门"(倒齿),以阻止进笼的鱼逃出。

笑笼

古书上说,笑笼因捕捞之法奇巧,常令渔者一笑而收笼取鱼,故名。但昆南的农民则称,笑笼是因为捕捞的是"笑籽"的鱼而得名的。当地人将鱼的产卵说成"卸籽",而"卸"与"笑"谐音,况且鲫鱼钻入竹笼后尾巴不停地摇动,鱼多了,鱼尾与竹笼摩擦后发出的声音如同"笑"声,因此大家把这种鱼称作"笑鱼"。

鱼罩,是以笼罩为方式捕捞鱼虾的竹笼。状似圆形竹筐,下口略大,上口略小。高1.5米左右,中部直径1米许。笼体大多用竹篾编制而成,笼底敞口。笼口围上网片,并留有口子,以便下罩后伸手摸鱼。

还有一种简单的鱼罩,仅用竹片扎一个框架,再将框架用网片包起来,防止入罩的鱼逃出。

逐网,用竹片编制而成,呈笼状,直缝,俗称"笼子网"。长50厘米许。头部较粗,直径50厘米许;尾部略细,直径2厘米许。因用逐(驱赶)的方式捕捞鱼虾,故名。

逐网与逐竿配合使用。逐竿是一根竹竿或木杆,头部装有一个喇叭状的圆形逐头,俗称"喇叭头"。喇叭头有铁制的,也有木制的。

6.叉夹

用叉和夹捕鱼的渔具,称"叉夹具"。叉带有锋利的长刺,捕捞时可瞄准捕获对象,射入其体内。夹以潜于泥沙中鱼类为对象,采用夹持的方式将之捕获。昆山的叉夹类渔具主要是鱼叉和黄鳝夹。

鱼叉,是投射捕捞器具。用铁制成,用时装上三四米长的竹竿,系上一根投出去后可回拉的线绳。一般的鱼叉有5个刺,叉齿平行排列,齿距均匀。但也有的呈环形的鱼叉,多齿多圈。

鱼叉有大、中、小之分。最大的鱼叉长可达20厘米,宽可达10厘米。小的鱼叉长仅4~6厘米,宽3~4厘米。使用鱼叉的大小也要根据所叉鱼的大小而定,大鱼叉用于叉鲤鱼、青鱼、黑鱼、鳜鱼等，小鱼叉用于叉鲫鱼、参鲦、塘鳢鱼等。

黄鳝夹，是捕捞黄鳝的夹子。用两片等长的毛竹片制成。夹子略呈火钳状，但中间和头部都不弯曲。长约50厘米，宽约3厘米。

7.簖

簖，在《现代汉语词典》中的解释为："拦河插在水里的竹栅，用来阻挡鱼、虾、螃蟹，以便捕捉。"唐代文学家陆龟蒙《甫里集》中称："沪，吴人今谓之簖。""沪"，就是捕鱼的竹栅（即簖）。由此可见，人们很早就用簖捕捞鱼蟹了

昆山的簖有"硬簖"和"软簖"两种类型。"硬簖"设在河道口，用编好的硬竹栅封住河口，中间安插能"俯仰"的便于船只进出的竹帘。两边的栅栏前(外)后(内)均呈两个"八"字形向外斜插。栅栏的底部的设一个"库"；库的外侧设设一个"篝"，用于收获鱼蟹。"软簖"设在湖泊中间，用竹栅拦插而成。竹栅曲折数段，每两段间设一个"库"。"库"是用竹帘围成的鱼库，"篝"是用作篾编成的口部有苏门的鱼篓。

簖是一种固定的捕鱼场所，不但在河中插竹栅，还要在竹栅边搭一个用竹木、草轩建成的棚子，用来挡风遮阳，存放鱼蟹，甚至熬夜、食宿。

8.鱼篓、蟹篓

鱼篓，是存放鱼虾的篓子，用竹篾直缝编织而成，篓壁无孔。形似萝卜的，称"萝卜篓"；形似元宝的，称"元宝篓"。元宝篓上部较小，下部较宽，相接处形同人扛起的肩膀，因此被俗称为"扛肩胛篓"。

鱼篓一般在流动捕鱼(如裹网、赶网、罩鱼等)时使用，网到的鱼就放在鱼篓中。为防止鱼逃出，有的鱼篓口部还有一个带有倒齿的漏斗状盖子。盖子可插入篓口，称"落苏"。

蟹篓

蟹篓，是装蟹的篓，用竹篾编成。有多种形状，大小也不等。一般类似小的竹筐，孔呈六角形，较稀。下部稍大，上部略小。上有盖子，捕蟹时可随身携带，将捕捞到的蟹装入篓中。

如今，传统农具和渔具在不断消失，遗留下来的"旧物"也所剩无几，有的已被"珍藏"在农耕馆里。

第二节 农具打制

传统农具中最多的是木制农具和竹制农具,其次是铁制农具和石制农具,因此农具的打制涉及木业、竹业、铁业以及石器打造等多个领域。

明清时期,昆山乡镇的木业分为椿栳、造船、制橹、寿器、圆作5大类型。除了寿器外,其他都跟农具修造有关系。

椿栳业以生产谷砻、水车、犁、耙、耥等农具为主,造船业和制橹业是打造船只及其配件的行业,圆作是打造木桶的行业。同时,农村中手艺好的木匠、竹匠也常打造农具,镇上和乡村有不少铁铺同样修造各种农具。

农具使用时容易损坏。俗话说:"铜钿用在刀口上。"损坏的农具农民也是舍不得扔掉的,往往修理一下后继续使用。

一、农船修造

旧时,昆山的农船制造业主要在昆南地区。比如:清代至民国时期,锦溪有3家修造农船的船厂和2家木橹店,它们是专门为农民修造农船、渔民修造渔船和打造船上用具的。民国时期,南港(昆山甪直)乡的新龙、南港等村有多家造船厂,也全凭手工制造木质农船、渔船。

1.打船

打船,就是打造船只,对昆山来说就是打造木船。船体由船头、中舱和船艄组成。船舱有头舱(俗称"头夹节")、中舱、艄舱(俗称"艄夹节")之分。打船需按部就班,头尾兼顾。

打船首先要备料。农船的船板大多用浮力大、能载重、轻巧灵敏而又坚固耐用的杉木、樟木和杂树为料,厚度1

新打的木船

寸左右。打造渔船的用料更为考究,大部分用黄桦、柏树作船身和船板。昆南的民间山歌中有"新打快船柏木香"的唱词,说明快船是用柏树打造的。

打船是一件大事。料备齐后,要择定吉日开工。开工前,要高放鞭炮,用三牲(羊头、猪头、鸡头)敬神,以图开工大吉。打船时,一般由1~2个师傅把关(称"大师傅");由3~6名木匠做下手。大家各司其职,分工合作。

打船先要放样,即按照船体的大小和式样打出草图,确定船只的长短,按折头(比例)算出各个部位的尺寸。船头、中舱、船艄的长度大体均匀,仅船头略长2~3寸。以6米小船为例:中舱长为6尺。以中舱为基准,按"四六折"比算,舱口宽为4尺。

明代《天工开物》称:"凡造船先从底起,底面傍靠樯,上承栈,下亲地面。"大意是:造船先造船底。有了船底作基础,才能上梁头和栈板(侧板)。昆山的打船师傅也是按照老祖宗传下的技艺打造农船的,其顺序大致是:先打船底,再打船身,然后打制船板和船身上的部位。

打造船底要从"定心板"开始。定心板,是船舱中最中间的一块板,既是确定船身大小的板,也是船底两侧船板的参照物。定心板打好,就能定定心心打船了。打造"定心板"要选好吉日良辰。当天,主人家要放高升,给大师傅发红包,摆上酒宴,请客吃饭,以示庆贺。

船底以定心板为中线,由两侧拼装。船底拼好后要装上梁脚。梁脚,是横向钉在船底的底梁,也是横梁的底部基础。横梁,也称"梁隔板",装在梁脚之上,既是隔开船舱的横板,又是两侧栈板的依托。横梁有2~3块:小船中舱前后各1块,用来分隔3个舱面;大船有艄夹节,就要增加一块横梁。

有了梁脚和横梁,两侧的栈板就有了依靠。因此接下来就是上栈板。栈板上好后,船的骨架就基本形成了。传统木工,板与板之间的拼合一般都用两头削尖的竹钉。但船板的拼合,不用竹钉,而用两头尖的铁钉,这样才坚固牢靠。

船的骨骼形成后,就要装上挡浪板、欠口、面貌、拦担头、龙骨、上下饭潭、水橡、艄舵盘、平几、替舱等部件。

其中的挡浪板,是装在船头前、船艄后的用于挡住浪头的横板。船头上的称"前挡浪",船艄上的称"后挡浪"。

面貌,原意指人的容貌、相貌,也泛指事物的外观。船体的面貌,是船头和船艄上面用铁钉钉死的不可移动的船板。

平几,是横铺在船前舱、前夹节、后夹节和船艄上的长方形的可以灵活扳出或装上的木板。

水椽,设置在头舱和艄舱中间,上面开有半圆形的凹槽,两头搁在龙骨(头舱和艄舱两侧的凹形木板)上。水椽处于两块平几的接缝之下,像房屋上的椽子承载瓦片一样承载着平几,一旦平几上有水,便可通过水椽流到船外。

艄舵盘,是船艄末尾的横板,右侧装有铁制的人头状的用于搁橹的"橹人头",正中开有放舵的圆孔。

替舱,是搁在船舱中抬高舱面的木板,木板搁在设置于船舱前后横梁的木架上,因有替代船舱承受重量的作用,故而名之。

船坯打好后,要用刨头刨光。还要断漏、防腐和配上一些零件。断漏,就是用斜凿将打制好的油板、油灰填满船体的每一道板缝。防腐,就是在船体内外抹上柏油或桐油。

2.配件

船体打好后,还得配上木橹、跳板、篙子、锚缆、护木、洞几等零件,有的船还要搭一个或几个船棚。

橹,是搅动河水驱动船只行进的工具,由橹梭、橹脏和橹板组成。橹板在下部,状如鱼尾,用于划水,推动船只前行。橹脏在中间,用于控制橹板。橹梭在上部,是挂住橹绑的部分。

橹绑,是用几股绳子绞编成的粗索,或用麻绳绞成,或用草绳绞成。头部有铁箍,称"橹花",套在橹梭上;尾部有铁钩,称"橹绑摘子"。橹脏下部一个圆形的小孔,称"垫脐"。将垫脐搁在艄舵盘上的橹人头上,套上橹绷,船就可摇动了。

跳板,是纵向搁放在船舱上的长条船板,停船时可搁在船与岸之间或船与船之间,供人行走。跳板最短的3~4米,最长的超过10米,宽度为20~40厘米,每条船上一般配有2块。为增强硬度,有的还在中间打上铁襻;为提拿方

农船上的木橹

便,有的一头还装上穿在铁拳头里的半环形铁拉手。

早先的船是不用橹、桨行驶的,而是用篙子撑来推动前行的。篙子用竹竿或木棒制成,用于在船启动时撑开船头,船在行驶中防止船身与岸滩碰撞,船在靠岸时抵住河岸防止船头撞岸。起初篙子上没有篙头,后来为增加篙子的寿命和用途,就全部用竹竿做篙子,并装上了铁制的篙头。

昆山农船上的篙子一般3～5米长。根据篙头的形状,可分为尖头篙、"丫"字篙、挽缆篙三种。其中的挽缆篙,是一种篙头有弯钩(倒钩)的篙子,兼用于钩住岸上的树木、往来的船只等物,使船移动。

锚缆,是锚和缆的合称。锚有铁锚和木锚两种。明代《天工开物》称:"凡铁锚所以沉水系舟。"可见,人们常用将铁锚沉入水中来停泊船只。缆绳是缆船的绳索。

铁锚的头像巨大的铁爪,用铁链做缆绳。木锚的头部是一段长方形木段,木段上钉一个大的铁钉作爬头,用麻绳或纱绳做缆绳。铁锚常配在大船上。铁锚一泊,再大的风浪,船只都纹丝不动。

古代的粮船上常置五六个铁锚,最大的铁锚有五六百斤重。昆山农村的大船上往往一个铁锚就够了。锚的形状也不大,重量一般不会超过50斤。木锚常配在小船上,停船时钉在河岸上或将缆绳绕在树干、芦苇上。

护木,是紧贴在船舷两边的两根木头或毛竹,直径12厘米左右。能在船与船、船与岸发生碰撞时,起护卫船舷的作用。

洞几,有的也写成"桶几",用木板做成,是插在船舷两侧的防浪拦水的配件。因上部有"洞",故而称之。

停泊在河滩上的木船

大的船只,还要配上舵、樯子、船篷、樯夹板、戗板等部件,以备在出远门时借风扯篷驶风。

其中的舵,形状像斩肉的斧头。由舵叶、舵杆组成,以木为之。驶风时放入船尾的艄舵盘(圆孔)中,用于把握船只的行驶方向。

舵叶,由舵板和舵梁组成。舵梁紧

贴在舵板的一面,是一根上方下圆、上粗下细的弧形木杆。上部有一个方孔,用于插入舵杆。

驶风船上的舵

船篷,呈长方形。明代《天工开物》称:"凡船篷,其质乃析篾成片织就,夹维竹条,逐块折叠,以俟悬挂。"大意是:船篷大多用竹子劈成篾片编织,中间还要夹进一根根带有绳索的竹条,这样就可逐块折叠,只等悬挂在桅杆上了。

但是清代以后,昆山出现的篷帆都是用白布做成的"白帆"。篷有大篷、撑篷之分。大篷是扯在樯子上的篷,撑篷是用杆子撑起来的篷。

大篷有大有小,大的长10多米,宽3米许。篷的上下缝有多道用布拼成的斜角边纲,顶部和底部均系有较粗的竹竿,中间每隔一段距离系一根较细的竹竿。这些竹竿总称为"篷杆竹"。

大篷中间的篷杆竹两头打孔,用线绳固定在篷两面的边纲上;每根篷竿竹都单独穿在篷布上相对应的褡襻内。篷的侧边系上若干根棉绳,称"撩脚绳"。撩脚绳汇总到一根棉绳上,下部固定在船帮上的铁拳头上。

樯子用杉木做成。头部装有一个铁葫芦(滑轮),葫芦中穿着棉绳,棉绳的一头系在篷上端的篷竿竹上。篷不用时,卷成一捆。驶风扯篷时,放开捆扎的绳子,拉动穿在葫芦中绳子,篷会渐渐上升。

撑篷是在小港、小河中驶风时用的小布篷。长4米许,宽2米左右。边纲和篷的中间都有搭襻,用于穿桅杆和撑竿。桅杆和撑杆都用竹竿做成。桅杆直立篷的一边,撑杆呈锐角状斜向朝上支起。

戗板,是比平几大的船板,长2.5米许,宽65厘米左右,用硬木板做成。戗板挂在船舷上,或用于在船只遇到横风时阻挡水流的冲击力,或在驶风时调节行驶方向。戗板的头部中间开有一个圆孔,圆孔内插入戗销及戗链。使用时,将戗链上的钩子钩在上帆潭下面的"蜂窠"(铁圈)上,以免脱落。

3.修船

木船每年都要修理一次。农村修船的地点一般设在空旷的场地上,修船时间

修船

大多选择在夏天农闲时。

修船的第一步就是拔船，即将农船从水中"捞"起。拔船大多要用上壮劳力，有船的人家要做团子、粯糕，叫上乡邻前来相帮。

船拔好后，要船底朝天用高脚凳子垫好，待晾晒干后才能修理。农村负责修船的师傅有一两个就行了。他们大多是乡间木匠，有时一个木匠带一个有经验的老农当下手。

修船，就是把船只损坏的部位修理一下。大致方法是：用榔头敲打船身，检查出腐烂、漏水的地方，把坏的船板更换；或把坏的地方凿去，嵌上麻板或油灰。油灰用白油(或桐油)和石灰放在石臼里打制而成。麻板用麻丝加石灰和白油打制而成。

船修好后，要抹上白油或桐油防腐，油要放在镬子里煨热后涂抹。抹油一般要抹多遍，直到抹得船身发亮为止。

最简单的修船，仅仅抹一下油而已。船吃足了油，就不会漏水了。修好的木船，抹完油后，晾晒一星期左右就可拔下水去了。

如今，锦溪的虬泽村上还有专门打船的木匠，每年还要为渔民打造渔船，为昆南乃至青浦、吴江等地的旅游公司修理船只。

二、三车打造

农船是昆南最大的农具，除此之外木质农具还有犁、耙、风扇车、三车(人力水车、畜力水车、风力水车)等。

打造农具所用的材料也很要紧。打制三车要用"老木"为材料。树木锯下后，要晾晒半年，再在水中浸泡1至2年，捞起晾晒数月才能使用。目的是使打制的农具不走动(坚固)。

三车的各个部分之间均用木轴和齿钵连接。木轴有竖统轴和横统轴等。横统轴常"躺"在地上，故俗称"躺轴"。衡量三车好坏的标准，主要是物体的坚固和各个部位的连接和顺。

1.龙骨水车

龙骨水车是三车中的主要引水装置，打造得不好，不但会漏水，还会使木链和斗板发生断裂。

龙骨水车的头部装有一个较大的钵头，尾端装一个较小的钵头。水槽中间设一条行道板，把水槽分为上下两层。

龙骨水车中有许多木链，以寓意"天罡""地煞"总和的108个为最佳。木链呈"丫"式，大多用桑树做成，用木销环环相接。

水车中的斗板是一种长方形薄板，板的中间锯出方形"凹"孔，一块块嵌在木链相接处，数量与木链相当。

从昆南山歌《踏水歌》中"手把车桩踏莲花，杨树斗板杉木车"的唱词，可知晓龙骨水车的水槽是用保水性较好的杉木做成的，斗板是用木质较硬的杨树做成的。

2.钵头

钵头，也称"拨度"，既是龙骨水车木链之间的传动枢纽，也是"三车"竖统轴和横统轴之间的连接装置。

拨度的主体为木轮，外圆内方，中间开方孔，形状像铜钿。外部装木齿。轮外镶有若干木齿，俗称"沿拧"（拟音）。

制作钵头时，先做木轮。木轮用独结（整块）木段做成，一般以榉树、柏树等木质较硬的树木为材料。木轮外的木齿大多为单数，较小的有9齿、11齿等，较大有21齿、23齿等。木齿在轮圈外侧开孔后，打入轮圈。

民间俗语中有"楝树链头杨树板，野榆秒齿香樟钵"的说法，说明木链也可用楝树制成；钵头的内轮可用香樟木做成，上面的木齿可用野榆树做成。

3.手牵水车

手牵水车的结构比较简单，只要做2个牵杆，在龙骨水车的头部装1根木轴。木轴中间装一1个齿拨，轴上两端各装1个"偏心"摇臂与牵杆连接，牵杆外各套个盖头与龙骨水车相连就行了。

水车上的钵头

4.脚踏水车

脚踏水车要做一个车架。车架用于牵水时当把手。二人车的车架由1根横杆(上部)、2根立柱(两边)组成的。四人车的中间增加1根立柱。

车架下面的躺轴,两头做成转轴,搁置在底座的凹孔中;中间装一个钵头,连接龙骨水车头部的木链;躺轴的左右两侧分别装有脚踏装置"木榔头"。木榔头呈榔头形状,成对设置。二人车为2对,四人车为4对。每对木榔头由3个小榔头组成,其木柄错位装在躺轴上。

5.牛车

牛车上最复杂的部件是"荷叶盘"。它是牛车底盘上面的齿盘,因形状有点像

牛车

荷叶,故名。盘的直径2米左右,上面的木齿大多为96只。木齿穿过车盘,外冒约12厘米,内冒些微。

打造荷叶盘,用榉树、榆树等硬木为材料。因周长较大,一般由4至6段错位相接。木齿与车盘用榫卯(明榫)相接。

6.风车

风车是一个从上至下由钵头和转轴组成的连动系统。其中转轴由躺轴、立轴、下躺轴制成,传动钵头共有4个。

制作时,也先要做好各个部件,再就地拼装。钵头装在转轴上,钵头与钵头之间用齿相嵌。钵头和转轴间须打磨得滑润自如。

风车的篷是用白作布做成。白作布是一种较粗厚的白色棉织物。每根竹竿穿在等距离的6个搭襻中,搭襻要用手工缝制。

三、零星制造

农民使用的一些小型农具,有的直接从市场上购买,有的须自己动手制作。有的农具买回来的是零件,要自己组装。有的农具损坏了要修理。

修理农具时,铁制的找铁匠,竹制的找竹匠,木制的找木匠。一些简单的小农具的修理,农民也都自己解决。

1.犁、耙

犁和耙的打造,要多个行业合作。犁架和耙架都由木匠用锯、凿、刨等方式制作而成。先做零件,再拼装。犁头要靠铁匠打制。至于将犁头装到木架上去,老农会自己解决。

犁架和耙架大多以榉树、榆树制作架子。犁头和耙刀,均要用好铁打成。用于"推小耙"的木耙,框为长方形木框,中间为木制转轴,轴上装有木齿或竹齿。因此既要做木架,又要做木齿或竹齿。

2.扁担

制作木扁担,用硬杂木做材料。制作时,先用刨子刨成中间略宽、两头略小的木段,再在两个头上分别钻出前后排列的相距指宽的两个小孔,在孔中敲入两根小木棒做成扁担钮,最后抹上柏油或桐油。

翘龙扁担

制作竹扁担用毛竹做材料,先取一段2米长的粗毛竹,一劈为二,把边削光,再将两头的两个侧面分别削出防止绳索滑落的"扁担头"就行了。

翘龙扁担的制作需取木质轻韧、富有弹性、不易变形的白心乌绒树为材料。有做坯、熏烤、拼接等工序。熏烤,就是将木段烤出弯势。拼接,就是将三段原料(中间最长,两头略短)拼接起来。拼接时要打上钉襻。考究一点的还要用铜皮或锡皮包头。做好后,也要像家具一样用桐油或白油将扁担揩得锃光发亮。

3.耘稻马、臂笼

昆南的每个农家都有耘稻用的竹马。有时劳动力多,要准备几只竹马。竹马不需要购买,都是就地取材自己制作的。

耘稻马的脊梁用一根较粗的竹竿或木段作材料,"马头"要略翘。"马"的身体用较细的竹片作材料。拼装前,先要在脊梁中间开若干个方形的口子,削好20根(两边各10根)左右的竹片,切好一段一段的小竹筒。拼装时:先将一根根竹片嵌在脊梁中,再用麻线穿连起来。竹片的两边也要穿连起来,竹片与竹片之间夹数节小竹筒。

与耘稻马配合使用的臂笼,竖竿也用竹片做成。拼装时,除了根部和中部偏上部位要用麻线夹着小竹筒穿连起来外,还要在每个臂笼上的一侧设置一个用竹片做的两头略尖的竹襻,这样就可像钮扣一样把戴在臂上的臂笼"钮"起来。

4.铁搭

镰刀、铁搭之类的铁制农具,尽管很小,但也要靠铁匠制作。铁匠在制作时,热作、

铁匠在打制铁搭

冷作缺一不可。刀刃上还要嵌钢或包钢,使之锋利、坚硬。打好后还要用锉刀锉光。

铁搭断了齿,农人也舍不得扔掉,就到铁匠铺里接齿。铁匠将铁搭和齿一同放进火炉,待烧得通红后取出,将它们放在铁墩上捶打,锻接起来。

打好的铁搭要装上一个竹柄。用于装铁搭的竹柄要用带有竹根(俗称"脑头")的竹竿作材料。如果发现竹柄有弯曲的地方,就要将其绑在树干上,用火熏烤拉直。

将竹柄装入铁搭时,要准备一些木片(俗称"木增")。木增用较硬的树质(如榉树、槐树)做成。木增嵌在脑头与铁搭的空隙中,以增加铁搭的牢固程度。具体做法为:先将竹柄的脑头放进铁搭根部的脑头中,再在竹柄脑头四周塞入木增,用斧头或竹刀敲实。

5.连枷

传统制作连枷主要是做竹排敲杆,可分为备绷带、做竹片、拼面、穿轴、上柄等步骤。绷带用两块宽3厘米许、长6厘米许的湿牛皮做成,牛皮的两边穿孔。竹片为8~10片,大拇指一般粗细。轴是一根小的木棍。

制作时,先将竹片分别在头部钻孔,再将竹片拼合成竹排,用湿牛皮箍住竹排的上下两头。然后在竹排头部的孔中穿上小木轴,将木轴的一头穿在竹柄上。待湿牛皮晾干,绷带就收紧了,敲杆中的竹片就紧密了。这样,使用时敲杆就显得很坚固。

6.栲栳、山笆、斗

栲栳、山笆、斗都是用柳条编成的。制作时,柳条要用麻线穿编起来。先从底

部编起,再边穿编边将柳条向上弯压成壁,然后将口部内外用毛竹片箍成圆圈,用藤条扎紧。为增强牢固程度,有的还在墙上连底箍上毛竹片当"托夹"。编好后抹上桐油,使其光亮。

7.渔网

渔民和农民使用的渔具也经常自己制作。比如丝网、裹网、罾、赶网,既要编织渔网,有的还要制作沉子和浮子,加上网竿。

结网要用"箐"和"箐板"作工具,箐和箐板都用竹片做成。箐的大小基本固定,青板的大小根据网眼的大小确定。箐的头呈箭状,头部开一个镂空的长方形小孔,孔像一个竖着的"曰"字,中间有一根小棒,小棒的上部切去一段,形成开口。尾部中间削成凹形。箐板,是一根长方形的竹片。长15厘米许,宽度就是网眼的宽度。因此结不同的网,要削制不同的箐板。结网前,将网线纵向绕在箐上,网线一头通过箐头部的小棒嵌进箐中间的开口,另一头嵌在箐尾部的凹进处。这样,结网时线短了,就可随时放长。

结网时,要备一根总纲。先将网线从箐上引出线头,系在总纲上。再左手垫上箐板,右手握箐,将网线从底部兜过箐板返回到上面,让网线往左侧绕一个圈,箐从总纲的上面反穿过来,再向下穿入网线的圈内,然后放开手中的箐,将穿入一半的箐从线圈中抽出拉紧,一个网眼就形成了。接着,继续将箐向右侧移动,结出一个个网眼。当箐板上排满网线时,将箐板抽出,再垫在总纲下继续编织。当达到需要的长度时,编织第二行。第二行的编织,以第一行为基准。把青板垫在第一行网眼的下面,箐也在第一行网眼中穿过。

8.罱网

罱网的网竿是从市场上买来的毛竹。但毛竹是直的,网竿的头部是弯曲的,这就需要将毛竹绑在树干上,用火熏烤,使之弯曲。

网兜罱网的网衣也不需购买,是用扎鞋底的鞋底线(棉线)像渔网一样结(编织)成的,只是渔网的网眼较大,罱网的网眼较小而已,因为网眼大了泥就会漏掉。

网衣结好后,要穿上边纲。在上下网口分别装上一个铁架。铁架下部装两块长形铁板或木板,板的正中连接倒"丫"状的铁臂。铁臂的头部有铁圈,两个铁臂分别装在两根网竿上。网的两侧还要分穿较粗的绳子,系在网竿上。

至于竹篓子做成的罱网,那个竹篾编成的篓子就得请竹匠或者业余竹编的能手代劳了。不过装到网竿上还得自己动手。

9.地龙

传统制作地龙，先用竹片做出若干方形的框，框架，再将一个个竹框用线连接起来，在四周围上线网。这样，一个个小竹框形成了若干个小网箱。若干个小网箱连在一起，就成了"龙"状。为了便于鱼虾的进入，每个小网箱的侧面都开设一个口子，口子上装外宽内窄的喇叭形苏门。网的末梢设有一个鱼兜，用于收取鱼虾。

10.麦钓

麦钓一般也自己制作。用弹性好的青竹篾青做材料。为了增强钓头的韧性，使其不易断裂，制作前要将竹片用水煎煮。制作时，先要将竹片削成竹签状，再将"竹签"的两头削尖，然后将中间内侧削薄，以便易于弯曲。

11.鱼钩

铁制的鱼钩一般由专门的铁匠制作。不过有时农民图方便，将缝衣、扎鞋底用的铁针(俗称"引线")在灯盏上熏烤，用钳子也能弯出钓汪眼之类的鱼钩。

制作黄鳝钩较简单，只要选好一段较坚韧的铁丝，将铁丝的一头用锉刀锉尖，将尖头弯成钩状即可。当然，钓钩的内侧还得锉出一个倒钩，这样既可防止穿在钓上的鱼饵滑落，也能阻止钓到的黄鳝脱钩而逃。

12.黄鳝夹

制作黄鳝夹，用毛竹片中的篾青作材料。这样做出的夹子才坚韧。制作时，先按需要的尺寸，将竹片用作刀劈成等长的两根，削光后在每片竹片的下端约1/3处用锯子等距离错位锯出长20厘米、深1厘米的数个齿痕。最后在口子上部用钻打出一个小孔，在小孔中穿一根铁钉。铁钉的头部要弯曲，以防夹子松散。

黄鳝夹

13.鱼叉

鱼叉一般由铁匠铺制作。但农人也常自己制作，往往找来几根较粗的铁丝，先将铁丝的头部用锉刀锉尖，再用钳子弯出肩膀，然后排列好，根部用细的铁丝扎牢，插在竹柄中间。

3 农活

农活，是农业生产中的各项工作。相传三皇之首的伏羲已开始结绳为网，用来捕鸟打猎，教会了人们渔猎的方法，并教人种植五谷、豢养家畜。

先秦时期，民间流传的《击壤歌》中，用"日出而作，日入而息，凿井而饮，耕田而食"描述了乡村闾里的农耕生活情景。当时的农活已有耕地、耙田、插秧、灌溉、筑场、耘田、收割、挑禾、上架、脱粒、簸扬、春米、入仓、堆秸等分工。

隋唐时期，随着江南塘浦圩田制的完备和江东田器(铁制犁、耙和礰碡等工具)的发展，昆山充实了稻田耕作中的翻土、碎土、压草、混合泥浆等耕作程序。

宋、元、明、清时期，昆山又逐步将这种耕作方法加以发展完善，从而提高了耕作的精细度。

耕作方法直接左右了农事的安排。当然，所属地域的不同，农活的种类也不尽相同；时代的不同，农活的种类也有变化。另外，农事的安排还与气候、节气紧密相连。

第一节 四季农事

　　春季是农作物的播种、萌芽季节,夏季是农作物的生长季节,秋季是农作物的收获季节,冬季是农闲及收藏粮食的时节。

　　春播、夏耘、秋收、冬藏是大自然的规律。传统农活也按照季节的变换而变化,农民常依据二十四个节气来安排农事,昆山也不例外。

一、春季农事

1.立春农事

　　立春,时值农历正月上旬。"立",是"开始"的意思,立春是春季的开始。人们还将立春当日一直到立夏前这段时间,称为"春天"。立春,俗称"打春",一年的农活也拉开了序幕。

　　农谚中有"春打六九头,耕牛满地走"的说法。以前,此日农民要在天未明时到自己的耕田里对着正南方向的"农祥星"翻土。希望风调雨顺,获得好的收成。

　　立春过后,是春耕、播种、作物生长的良好时期。农谚云:"打过春,脚头奔。"立春一过,春耕就要开始。农民就要脚不点地地在田间奔走、忙碌不停。

耕牛

2.雨水农事

　　雨水,时值农历正月下旬。雨水后,冬季干冷的天气即将结束,气温回升,湿度增大,雨量增多。

　　谚语云:"春雨贵如油。"万物离不开雨水,春天的雨水对于农作物来说比油还要珍贵。此时,如果天气干旱,农民为土壤的保墒就要对田间作物及时浇灌,以满

071

足小麦、蚕豆生长和油菜抽苔所需的水分。

雨水节气过后，开始植树，嫁接果树。农人便要在屋前屋后栽种榉树、榆树、槐树以及桃树、梨树等果树。

3.惊蛰农事

惊蛰，时值农历二月上旬。惊蛰过后，天气转暖，渐有春雷。"惊蛰"的本义是：此日是上天以打雷惊醒蛰居动物的日子。

农谚云："到了惊蛰节，锄头不停歇。""惊蛰响雷米如泥，抓紧耕翻稻坂田。"惊蛰过后，人们开始翻耕、整理隔年留出的稻田和旱地，为育秧、播种作准备。

惊蛰过后，农作物上的病菌和害虫也像冬眠的动物一样纷纷"苏醒"，防病虫害也是重要的农事。

4.春分农事

春分，时值农历二月下旬。春分到了，岸柳吐青，莺飞草长。小麦拔节，油菜吐露花蕾，一派暮春景象。

农谚云："三月沟底白，莎草变成麦。""一寸的麦，怕一尺的水。"如果三月少雨水，则麦子会有好收成；反之雨水多，则不利于麦子生长。如果遇上连绵不断的雨水，农人就要给麦田、菜花田疏通沟渠。

农谚云："种田种到老，勿忘河泥稻。"河泥，河底的烂泥。春分一过，罱泥积肥又要开始了。

5.清明农事

清明，时值农历三月上旬，在仲春与暮春之交。农谚云："清明断雪，谷雨断霜。"到了清明，气温变暖，降雨增多。

农谚云："清明浸种，谷雨下秧。"清明过后，稻谷开始浸种；谷雨到了，水稻开始育秧。

农谚云："清明前后，点瓜种豆。""植树造林，莫过清明。"此时正是栽种瓜秧、大豆和植树的大好时机。

农谚云："清明养蚕，四十五天见茧。"清明节前后，开始孵化蚕卵。到了小满，蚕开始"上山"结茧。

6.谷雨农事

谷雨，时值农历三月下旬。谷雨到了，寒潮天气基本结束，气温回升加快，有利于谷类作物的生长。

农谚云:"谷雨前后,种瓜点豆。""谷雨种山芋,时间正当时。"谷雨时节,高粱、玉米、花生开始播种,山芋苗也可适时栽秧。

农谚云:"谷雨种棉花,要多三根桠。""谷雨花,笑呵呵。"谷雨时节,棉花也该播种了。

农谚云:"谷雨麦怀胎,立夏麦见芒。"此时,小麦进入拔节孕穗期,对水分和养分需求明显增加,因此要给小麦浇孕穗水,并结合下雨适当追肥。

二、夏季农事

1.立夏农事

立夏,时值农历四月上旬,是夏天的开始。炎暑将临,雷雨增多,农作物进入旺盛生长期。黄瓜、生瓜、小瓜、豇豆、长豆、番茄、茄子、丝瓜等瓜果陆续播种。

农谚云:"小麦不怕鬼和神,只怕四月初八夜逢雨。"四月是小麦、油菜生长的关键时期,连绵的阴雨会引起农作物病害的流行。因此,防病、治病依然是主要农事。

农谚云:"寒露下种,冬至见叶,立夏见荚。""吃着青蚕豆,一日忙一日。"蚕豆在隔年寒露时下种,到了立夏就可吃豆了。吃了豆就一天比一天忙起来。

四月还未进入夏收农忙季节,但中耕锄草不能松懈。除草还能抗旱防渍,对促进棉花、玉米、高粱、花生等作物苗期的生长十分有利。

农谚云:"立夏好日头,秧勒塘里浮。""立夏日落雨,秧在河水里。"到了立夏,谷雨时播下的稻种已长出秧苗,但是秧苗还嫩,不能遭受烈日的暴晒,因此要灌水保苗。

2.小满农事

小满,时值农历四月下旬。小满的含义是:夏熟作物的籽粒开始灌浆饱满,但还未成熟,只是小满,还未大满。小满过后,会出现高温天气。

农谚云:"小满里的热头,慢娘的拳头。"日头,太阳。慢娘,后娘。小满时节,光照强烈,闷热难受。天热了,麦子

立夏前的蚕豆

和油菜更易受虫害的侵袭,同时易受雷雨大风袭击。治虫、防灾显得尤为重要。

农谚云:"小满勿晒土,等于犯错误。"因为小满时阳光强烈,所以要抓住时机翻耕土地,让土壤晒垡。

农谚云:"秧要日头麻要雨,蚕要温和麦要寒。"小满时节,水稻秧苗、芝麻、麦子共同生长,既要管好水稻秧苗,又要管麦、管麻。

3.芒种农事

芒种,时值农历五月上旬。气温显著升高,雨量逐渐充沛,龙卷风、大风、暴雨、干旱等现象也时有出现。

"芒种"的本义是:有芒的麦子快收,有芒的稻子可种。有种先得忙收,收是种的前提,种是收的后继。芒种至夏至,既是夏熟作物的收获期,又是秋熟作物播种、移栽、苗期管理期,常被称作夏收、夏种、夏管的"三夏"大忙,昆山俗称"水黄梅"。

农谚云:"小满开镰,芒种割完。"小满之后,可以开始收割大麦。芒种一到就要收割小麦了。

农谚云:"芒种芒种,样样要种,一样勿种,就要落空。"此时,除了水稻外,玉米、西瓜等作物都要及时播种。

农谚云:"小满插秧个把家,芒种插秧遍天下。"小满时,只有个别家庭插秧;到了芒种,就家家插秧了。

农谚云:"雨打黄梅头,斫麦像贼偷。"斫麦,即割麦。麦子的成熟很快,要抢时间收割,不能耽搁。如果黄梅雨水来得早,农人就得像偷麦一样抢时间割麦。

4.夏至农事

夏至,时值农历五月下旬。此时,光照充足,气温高走,雨水增多,作物生长很快。但杂草、害虫也迅速滋长蔓延,此时需加强田间管理。

农谚云:"稻上场,麦上甏,种脱黄秧抢麦场。"农活再忙也要巧作安排。麦子收割后堆在场上,到水稻移栽后要马上脱粒麦子。

农谚云:"黄秧涸一涸,到老勿发棵。"发棵,即分蘖、发育。夏至时节,水稻秧苗种下不久,稻田不能断水。逢上干旱年份,要日夜不停地给水稻戽水,有时不仅要靠"三车"戽水,甚至还要用人工挑水浇灌。

农谚云:"夏至田里拔稞草,秋里可以吃一饱。"稻秧逐渐长大后,要将水稻田里的杂草一茬茬地除去,这样秋粮才能获得丰收。

农谚云："头时棉花二时豆,三时正好种赤豆。"夏至过后,也是种植大豆和赤豆的绝佳时间。另外,夏至时节仍处于黄梅季节,依然要防潮防湿,防止脱粒后的麦子、菜籽等果实发芽、霉烂。

农民在夏季脱粒豆萁

5.小暑农事

小暑,时值农历六月上旬,天气开始炎热,小暑为小热,大暑为大热。但小暑还没到最热的程度。

农谚云："三分种,七分管。"水稻种植之后,需要加强各种田间管理,如水浆的管理、肥料的追加等。

农谚云："人勤地出宝,人赖地出草,耘耥除草很重要。""水黄梅"过后,出现了短暂时间的"闲档",此时耘稻、耥稻、打稗、割草、积肥成为主要农活。

农谚云："知了哇哇叫,种瓜客人坐大轿。"六月中旬,知了的叫声越来越响,农民种下的西瓜也在此时收获了。

6.大暑农事

大暑,正值农历六月下旬,是一年中最热的节气。气温高,雨水多,有台风、暴雨天气出现,因此旱、涝、风等灾害也最为频繁,防涝、抗灾为当务之急。

农谚云："大暑不浇田,到老呒(无)好稻。"浇田,就是给稻田浇粪。此时,水稻生长快,需要充足的养分,施肥很重要。

农谚云："干干湿湿,浅水勤灌。"大暑天气炎热,水分蒸发快,因此稻田要浅水勤灌,促使谷粒饱满,增加千粒重。

暑天旱涝不定,但农作物正处于苗壮成长阶段,因此间苗、追肥、治虫,也应多管齐下。

三、秋季农事

1.立秋农事

立秋,时值农历七月上旬,是秋季的第一个节气。立秋时节,是农作物秋收的前期和开始。此时,早稻开始收割,晚稻开花结实,玉米抽雄吐丝,大豆结荚。

农民在秋天收获南瓜

农谚云："秋前勿搁稻，秋后喊懊捞。"搁稻，即搁田，又称"烤田"。懊捞，即后悔。到了水稻分蘖末期，要排水搁田，至田土微裂为止。

农谚云："立秋弗动稬，处暑弗耙泥。""过秋打稗，粜米卖柴。"动稬就是稬稻。立秋后，水稻已长高，茎秆变硬，无法再稬稻，也不宜拔草，以免伤害稻秆。

农谚云："雨打七月半，低田斫稻用竹竿。"用竹竿，是用竹竿捞稻子的意思。假如七月中旬晚稻遇到了连日阴雨，要赶紧在稻田四周开沟排水。

农谚云："七月半，种大蒜。"大蒜和小葱都是农家烧菜的必备之物。七月中旬，是播种大蒜的时节，农家常要在场角排（种）大蒜。

2.处暑农事

处暑，正值农历七月下旬。处暑的本义是：夏天暑热正式终止，但夏天的暑气仍然未减。此时，旱地上种植着的多种蔬菜和杂粮须晚秋追肥、灌溉，防治害虫、风灾。空闲时进行积肥、储肥等劳动。

农谚云："处暑若还天勿雨，纵然结实也眈收。"如果缺乏雨水，结出的稻谷会因缺乏水浆而出现秕谷。因此要给稻田适当补水。

农谚云："处暑萝卜，白露菜。"处暑时，要赶紧播种萝卜；白露时，要赶紧播种青菜、白菜。适时播种，才能各有所得。

3.白露农事

白露，时值农历八月上旬。白露的本义是：天气渐转凉，会在清晨时分发现地面和叶子上有许多凝结的露珠。

白露时节，水稻最喜欢露水。谚语云："白露天晴，稻如山。"

农谚云："白露白迷迷，秋分稻秀齐。"白迷迷，指水稻开始扬花。秀，指水稻吐穗。这时水稻最怕的是雨水和风灾。

农谚云："八月田鸡叫，稻梢朝上翘。"到了中秋时节，晚稻正抽穗扬花，而玉米、高粱、山芋、芝麻、大豆、绿豆等作物可适时收获了。

4.秋分农事

秋分,时值农历八月下旬,是秋季的一半,天气转入凉爽。此时,是秋收、秋耕、秋种的大忙季节,昆山俗称"旱黄梅"。

正在扬花的水稻

农谚云:"秋分斫早稻,霜降斫黄粳。"此时的主要农事,是收获和播种。早稻要收割、脱粒,三麦、蚕豆进入播种期。

农谚云:"稻老要养,麦熟要抢。"麦熟时要抢在晴天收割,而水稻成熟了要养在田里,待谷穗熟透饱满才能收割。

5.寒露农事

寒露,时值农历九月上旬。寒露的气温比白露时更低,地面的露水更冷,快要凝结成霜了。此时的主要农事是继续搞好秋熟作物的收割、脱粒,夏熟作物的播种,同时对麦田、菜花及时开沟。

农谚云:"秋分斫早稻,寒露斫晚稻。"秋分和寒露都是斫稻的季节。早稻收割完后,晚稻的收割接踵而来。

农谚云:"十三雨漾漾,稻箩顶浪(上)出青秧。"稻谷收割后,要抢在天晴时赶紧脱粒。遭受连绵不断的秋雨后,谷粒会发霉变质。

农谚云:"秋分稻上场,寒露前落草。"上场,是把稻收到场上;落草,红花草落种(下种)。

农民在霜降时割稻

6.霜降农事

霜降,时值农历九月下旬。天气渐冷,初霜出现。此时的主要农事,是对收获水稻脱粒、扬场后晾晒,同时播种麦子、栽插油菜花。

农谚云:"寒露吭青稻,霜降一齐倒。"白露时,水稻的谷穗刚刚形成。到了秋分,稻谷就抽穗齐整了。寒露时,稻子都成熟了;霜降一到,水稻则全部收割了。

农谚云:"寒露蚕豆,霜降麦。""寒露种麦还早,霜降一到开头炮。"寒露时要播种蚕豆,霜降一到就要下麦。

农谚云:"霜降见霜,米粒陈仓。"霜降是大米入仓的时节,农人忙于脱粒、加工和贮藏粮食。

四、冬季农事

1.立冬农事

立冬,时值农历十月上旬,是冬季的开始。立冬后,天气逐渐寒冷,并有寒潮和大幅度降温出现。

农谚云:"麦立冬,一根葱。"此时,麦苗已有葱的长短,油菜的移栽基本结束。农作物进入越冬期。冬修水利、冬季积肥,成主要农事。

农谚云:"人冷盖被,麦冷盖泥。"立冬后,要给刚出土的麦子壅土保暖,此时要给麦子浇盖水河泥和敲麦泥。

农谚云:"冬至前犁金,冬至后犁锈。"冬至前翻耕闲置的农田,对作物的生长十分有益;到了冬至后再翻耕,效果就差了。

2.小雪农事

小雪,时值农历十月下旬,气温下降,甚至降到0℃以下,但大地尚未过于寒冷。虽开始降雪,但雪量不大。

农谚云:"油菜栽培,不过小雪。"油菜花移栽最晚在小雪之前,如果过了小雪还在移栽,那么秧苗就容易被冻死,难以成活了。

农谚云:"三麦一条沟,从种开到收。""麦有三条沟,水多也丰收。"此时,三麦和油菜花正在幼苗时期,开沟排水显得尤为重要。

3.大雪农事

大雪,时值农历十一月上旬。有时会出现冰天雪地的情况。此时的农活,除了罱泥、敲麦泥等,还有斫(割)草、草编,以及沤制草搪泥等。

农谚云:"冬雪一条被,春雪一把刀。"冬天下雪,盖在麦子、油菜花上能起到保暖作用。冬天下雪还能杀死留在稻茬、土壤里的病菌、虫卵。

农谚云:"麦勿踏,春勿发。"麦子在冬天时宜踩踏,这样有利于它在春天的发育生长。

4.冬至农事

冬至,时值农历十一月下旬。与夏至相对。冬至之后开始入"九",每九天为一个"九","三九"前后为严寒天气,农作物生长缓慢。

大雪后的油菜田

农谚云:"冬耕冻一冬,松土又治虫。""冬勿耕,春勿望。"冬天还要对闲置的准备春耕的田块,抓紧翻耕。

此时,已进入寒冬季节,每逢雨雪天气,农民就在家中做一些杂活,如扎囤窠、做蒲鞋、纺纱、织布等。猪舍、牛舍、羊棚也要抽空修理。

5.小寒农事

小寒,时值农历十二月上旬。小寒与冬季"三九"相交,进入小寒也意味着进入一年中最冷的时候。

此时,农民依旧忙于对小麦、油菜等作物追施冬肥,做好防寒防冻、积肥造肥和整理沟渠等农活。

农谚云:"春粪一勺,勿及腊里一滴。"腊月给农作物浇粪,就是给作物备足了后劲,比春天施肥更加有效。

6.大寒农事

大寒,时值农历十二月下旬,是二十四节气中最后一个节气。风大,低温,河水结冰,有时下大雪,地面积雪不化。

进入冬至以后,土地冻僵,基本上不再进行田间耕作,但敲麦泥、打轩等农活,纺纱、织布等副业,天再冷也不会停息。

另外,从昆南地区民间流传的《十二月歌谣》(张浦镇姜志南等收集)中,也可大致看出一年四季的农活开展情况——

春天:"正月里,搓绳、结网篱。"(网篱,即渔网和篱笆)"二月里,开船罱河泥。""三月里,看台花鼓戏。"(花鼓戏,泛指看"春台戏")

夏天:"四月里,毛竹扁担挑河泥。""五月里,种秧正在黄梅里。""六月里,耘稻

挑河泥用的落子

山歌唱得嗲哩哩。"（嗲哩哩，声音中带有撒娇的语气）

秋天："七月里，修船买麻皮。"（修船，修理农船。麻皮，用于打制修船用的麻板）"八月里，稻萝上得一崭齐。"（稻萝，稻堆；一崭齐，整齐）"九月里，大熟小熟全舒齐。"（大熟，指秋熟作物；小熟，指夏熟作物；舒齐，正好做完）

冬天："十月里，撩起脚管舂白米。"（农历十月，白米上市）"十一月里，进城粜白米。"（粜，出卖）"十二月里，背条棉被吃粗米。"（背条棉被，指留在家里避寒）

农事的安排还跟气候、天气的变化密切有关，比如天气晴朗，适合做什么农活；天气下雨，适合做什么农活。这从气候、天气谚语中，也能获取相关信息——

农历三月二十七、二十八两日南风主旱。农谚云："念七念八吹得庙门开，螺蛳蚌壳哭哀哀。""念七念八"为"廿七廿八"的谐音。"吹得庙门开"指南风大。螺蛳和蚌都露出河床开了口，说明天气干旱。

清明日主雨。农谚云："雨打墓头田，高低种好田。"清明日宜雨。因旧时田中有坟墓，故称"墓头田"。此日遇雨天，则不管是高田，还是低田，都利于春播。

农历五月二十一日雨主水。农谚云："二十分龙廿一雨，破车搁在衖堂里；二十分龙廿一鲎，拔起黄秧种菉豆。""衖堂"即弄堂。"鲎"即虹。此日如果下雨，那么降雨量充沛，就不需用水车引水了；如果是天上出现虹，那么会出现干旱。

小暑日忌雷。农谚云："小暑一声雷，倒转做黄霉。"梅雨季节过后，如果小暑又重新出现闷热潮湿的雷雨、阵雨天气，则梅雨季节又会倒转过来。

农历六月三十日雷雨，主夏凉。农谚云："六月三十起个布撩阵，七十二个阵头到立秋。"阵头，雷阵雨。布撩阵，时间不长的阵雨。七十二，表示次数很多。如果此日有雷雨，那么直至立秋，雷阵雨将连续不断。

立秋日宜早。农谚云："朝立秋，凉飕飕；夜立秋，热到头。"如果是早上立秋，整个秋天的天气大多凉爽；如果是晚上立秋，整个秋天的天气则比较炎热。

农历十一月有雾，主风。谚语云："三朝迷露刮西风。"三朝，连续三天早上。

迷露,起雾。如果连续三天的早上有迷雾,则随后必然会刮起西风。

除了根据风云等情况预测天气、水旱外,农民还可根据气候的变化,来预测作物的丰收或歉收——

年初一宜阴。农谚云:"岁朝乌六秃,不论高低一齐熟。"岁朝,指年初一;乌六秃,指阴天。年初一若是阴天,无论高田还是低田中的庄稼,都会一起成熟。

谷日(正月初八),可卜其涝。农谚云:"参星在东则水,在西则旱;惟在月西北角,则大熟。"晚上如果北斗星在月的东侧,那么这一年将受涝;如果北斗星在月的正西,那么这一年将受旱。当北斗星在月的西北角时,才会是丰年。

农历二月十二日(花朝节),天气晴则百谷无损。农谚云:"有利无利,只看三个十二。"三个十二,即正月十二、二月十二、三月十二。如果这三个"十二"天气晴朗,那么这一年将有利于果子、谷物的生长。

农历三月三日,听蛙声占水旱。谚语云:"午前鸣,高田熟;午后鸣,低田熟。"此日,青蛙如果在中午前鸣叫,那么日后雨水多,会影响夏熟低田的收成;青蛙如果在午后鸣叫,那么晴天多,就连低田也有好的收成。

惊蛰日宜打雷。农谚云:"惊蛰闻雷,米似泥。"此日,天上打雷,是"天人合一"的征兆。米似泥,即米像泥土一样多,指将迎来丰收之年。

农历十一月十七日,为弥陀佛诞,宜吹东南风。农谚云:"吹我面,米不贱;吹我背,米不贵。"弥陀佛在寺庙中坐西朝东,故东南风为吹面,西北风为吹背。米贱,丰收的意思;米贵,歉收的意思。

昆山与农事有关的谚语举不胜举,这里仅列举一二,以点带面地说明一下四季农事而已。

第二节 耕耘收获

昆山的传统农活中,庄稼的耕耘和收获占的比例最大。此类农活按照劳动性质,可分为耕地、耙地、播种、中耕、除草、灌溉、收获、产品加工、运输等类型。

一、耕田耙田

这里所指的"耕田",并不是指用于耕作的土地,而是指用犁或铁搭翻地,准备播种;耙田,是指用耙碎土平地。

1.整田

农作物在翻耕前后、播种或移栽之前,往往先要将农田平整一番,称"整田"。旱地平整了才能种上旱地作物,水田平整了才能在耕耙后种植庄稼。有道是:"低田挑高一尺,白米多收一石。"特别是地势偏低的农田,能整高的就要整高。

整田,就是根据作物种植需要平整田块的高低。时间大多为冬季和开春,一般在地块翻耕后进行。整田时,先用铁搭垒土,再用土箕装土,用扁担挑土。或把土从高田挑到低田,或把土从同一块田的高处挑往低处。整田不需要技术,只要有体力就行,男女老少都可参加。

2.锄田

锄田

作物播种前的田块有的因轮休而荒芜着,有的刚收割完泥土板结着,这时候就需要将其翻耕。凡是留作水稻秧田的"白田",都要在下秧前翻耕,最好是在隔年的冬季翻耕,这样能使稻茬腐烂在稻田里,以增强肥效。

明代《天工开物》称:"吴郡力田者,以锄代耜,不藉牛力。"意思是:吴地的农民不用牛耕地,而用锄头耕地。昆山的农民是用丈齿和铁搭翻地的。较干硬的田块,用丈齿翻地;较湿黏的田块,用铁搭翻土。用铁搭翻耕田块,翻起的土块较少,入土较浅,俗称"锄田"(锄,方言读"shí",与"莳"同音)。

锄田,适用于零星的田块。这些田块常用作种植旱地作物或瓜果、蔬菜,不需要翻得很深,只要"锄"一下就行了。锄田也称"垄田",常用中、小铁搭作工具。锄田时,将铁搭举起,向下使力。这个动作被称作"垄"。当铁搭落地,铁齿嵌入泥中后,将铁搭柄往内一拉,土块就被翻转了过来。

用丈齿翻田,入土较深,翻起的泥块大,俗称"拆田"。"拆"字,有"拆开"的意思。拆田就是将板结的土壤拆开,让泥块在阳光下充分曝晒。晒土既是为了杀灭土壤中的病菌和虫卵,也是为了松土。泥土被晒了一段时间后,土块松散,耙田时也容易多了。有道是:"深耕晒垡,来年必发。"秋冬时节耕翻好的田块,在阳光下曝晒,有利于来年种植的庄稼种子发芽和根系生长。

拆田需花大力气,十分劳累,一般适合于男壮劳力。旧时长工为富人家拆田,"东家"(田亩的主人)要叫佣人把"上昼酒"和"下昼酒"送到田头。"上昼酒"和"下昼酒"不是酒,是充饥的点心,一般有米糕、塌饼、团子、面衣等。

3.耖田

用犁将收割后等待播种的板田作翻耕,俗称"耖田"。耖田可用犁作工具,用人作动力进行;也可用人掌犁,由人和牛合力进行。三麦、油菜和水稻在播种前都要拉犁耖地。

明代《天工开物》称:"凡牛力穷者,两人以扛悬耜,项背相望而起土。两人竟日仅敌一牛之力。"由此可见,以前有的农家缺少畜力,曾由两个人在犁上绑一根杠子,一前一后拉犁翻耕。

昆山历史上的农业生产很发达,早在魏晋南北朝时期就已经进入用牛拉犁耖地耙地、牵车引水的阶段。

耖田时,牛走在前面,压牛头(木枷)套在牛背上,牛拉着犁站在田里。农人一手把持犁柄,一手握草鞭(系在

耖田

竹竿上的草绳），跟在后面驱赶牛前行。当牛行进缓慢时，农人就甩动鞭子吆喝一声。"知趣"的耕牛往往未等挨上鞭子便会加快脚步。

当然，农人是很爱惜耕牛的，一般不轻易挥动鞭子；即使用鞭子敲打几下牛屁股，也不会使劲，仅仅是"警示"一下而已。不过，有时为防止牛在秒田时被田岸上的青草"诱惑"，分散注意力，影响犁田的质量，也会在牛嘴上套竹笼子。

有道是："耕地耕得深，黄土变成金。"耕地要将土地深翻。即使是用铁搭和丈齿翻地，也要做到薄片深翻。

4.拆犁横

用牛犁田，在犁头入土和拐弯的地方以及农田的四角，总会留下一些犁不到的死角，这时候人就要用铁搭弥补一下。因为这些地方常出现在田块的前后两头（俗称"两横头"），因此这种"弥补"秒田的农活被称为"拆犁横"。

5.落莳田

水田拆好犁横后，接下来就是耙田。但耙田前要先灌水将田浸泡一段时间，使泥土吃足水分，以利于耙田时粉碎土块。犁翻起的土往往呈垄上，有的地方高低不平，因此还得把这些"垄"去掉，使整块水田平整在同一水平面上。那就要进行"落莳田"了。

落莳田用瓢齿铁搭作工具，方法是：人站在水田中，将一垄一垄高起的泥块一铁搭一铁搭地拉进沟中，以利于耙田。

6.耙田

农田在拆、锄、犁好后不能直接播种。如果是旱田，要做成塃头；如果是水田，要把土块耙细、耙平，这样才能种植庄稼。将田耙平，称"耙田"。耙田用耙作工

耙田

具，用人、牛作劳力，在将田块翻晒、灌水、落好莳田、水稻播种前进行。

耙田用牛作动力时，牛拉着装有刀片的大耙在前面行走，后面跟着的农人要将双脚前后分开踏在耙面上。人站在耙上的目的是增加压力，使泥土平整。但是，驾牛耙田的农人须具有一定的经验，并且胆大心细。否则，很容易

从耙面上滑落下来,造成腿脚的伤害。

小农经济时代,贫困的农户家里没有牛,一般用小耙作工具耙田。小耙就是中间装有滚轮、滚轮上安插木齿的木耙。小耙用人力而不用牛力作动力。用小耙耙田,人需推着耙在田间行走,故俗称"推小耙"。明代《天工开物》中有"若耕后牛穷,制成磨耙,两人肩手磨轧"的记载。这种耙地的方式和昆山的推小耙大同小异。

7.捋被岸

插秧前,还得做一项很"细小"的农活,那就是"捋被岸"。被岸是拥在田岸侧面的"护岸",用烂泥筑成。捋被岸的方法是:先用铁搭沿田岸把烂泥扒到岸边捣烂,再将田岸下的烂泥用手掌捧到岸的侧面,用掌根压紧,将泥土捋平。农民之所以将这种护岸称为"被岸",是因为它像一条棉被一样护在岸的两边,能起到防止田埂漏水的作用。

二、育种播种

育种,就是培育作物的幼苗,包括购种、选种、浸种、育秧等;播种,就是栽培作物,包括松地、移栽、间苗等。

1.下秧

水稻和油菜的栽培都要经过育苗和移栽两个阶段,麦子不需要育苗,可直接撒播在耕作、整理好的农田中。水稻育苗称"下秧",油菜育苗称"下菜秧"。

稻种育种前先要浸种。浸种的传统方法大多是:先将稻谷浸泡在清水(早先)、盐水(后来)中,待4～5天后,捞出放进草包;再待3～4天谷种会发热、发芽。这时就可落谷了。

传统方式的育苗,先要做好墒头。水稻秧苗的墒头叫"秧板",种植油菜的墒头称"菜花墒头",种植麦子的墒头叫"麦墒头"。做墒头,就是在犁好或锄(垄)好的田中开挖沟渠,做成一条一条长方形的畦,作物就种植在墒头上。开沟时挖出的泥土,要先均匀地覆盖在墒

水稻秧田

麦田墒头

面上,再将这些泥块捣碎,与墒头上的泥块混为一体。

旧时做秧板的方法是:在地块浅耕整平后,用帘子在面上压踏,使草茎压下。泥浆上浮,用门板拖平。

新中国成立后,秧板出现了多种做法,比较常见的是:先把田块翻耕。翻耕秧田俗称"锄秧田",即用铁搭带水浅耕。锄好后还要"倒秧田",即用铁搭再锄一遍田,把土捣细。秧田倒好后施肥、上水,把表面的泥块捣烂,用木板拖压平整。

落谷也称"下秧"。此时浸好种的稻谷已发芽,人站在秧沟里直接把谷粒一把一把均匀地撒在秧坂上就行了。谷粒下好后,还要撒上草木灰。草木灰既可作自然肥料,又可遮盖谷粒防止鸟雀的啄食。秧龄满30天,即可拔起移栽了。

油菜育苗时,菜秧的墒头在旱地或边角地上做成。也是先要把锄好的田做成畦,再把泥块捣细。墒头做好后,在墒面撒下菜籽。菜籽要撒得疏密均匀。太密了秧苗会长得细瘦无力;太疏了秧苗长得少,移栽时会造成缺秧。

2.下麦

下麦,就是播种麦子。下麦也要先做墒头。麦墒头与做菜花移栽的墒头相仿。不同的是,麦墒的墒面泥土要用铁搭捣细,种菜花的墒面则不需碎土。当然,起底肥(基肥)是必不可少的。菜花秧苗生长时需要水分,因此还要根据苗情经常浇水。

明代《天工开物》中记述的种麦方法是:用手指拈着种子点播,接着用脚跟把土踩紧。称土压紧了,麦种才能发芽。

昆山下麦的传统方法是:将麦子装在山笆或筲箕中,山笆用绳子套在脖子上,挂在胸前;筲箕挽在臂弯里。人在麦墒上向前行走,一边走一边用手抓起麦粒均匀地撒播在麦墒上。麦粒下(撒播)好后,用铁搭把墒面上的泥土捣一捣,让泥土盖住露子麦(露在上面的麦粒)。

后来出现了"稻套麦"。播种方法是:先将麦种播于稻田,到稻子收割时,麦苗已长出,只需追肥、除草、开沟复土。稻套麦的优点是:播种早、出苗好、积温高、有效分蘖多。当然,播种后要加大开沟的密度,并勤于除草。

还有一种"坂田麦",与"稻套麦"同期出现,播种方法是:在水稻收割后,不经翻耕,直接在稻板上施化肥、喷洒除草醚,播种麦子。然后开沟,用泥土覆盖露子麦。

3.种秧

水稻的移栽,历来采用人工拔秧、人工栽插的方法。拔秧,就是将进入移栽期的水稻秧苗拔下来。将拔起的秧苗运往大田中移栽,俗称"种秧"或"莳秧"。

一个墒头上的秧,俗称"一栅秧"。昆南农民将"栅"读作"sào"。拔秧是站在栅头上完成的,须弯腰进行。为减轻劳累,有时也可坐在秧马(见前)上。拔秧和种秧一般都由妇女完成。拔秧时,一边将栅头上的秧连根拔下,一边剔除苗中的杂草,一边洗去秧苗根部的泥土。秧积成一叠后,要用稻草扎成秧把。

种秧也称"插秧"。种秧要抢时间。秧苗过了育秧期就会变老而拔节,即使再插到田里,结谷也很少。因此,农妇常起个大早去拔秧,拔好秧后再去大田里插秧。

水稻秧苗株距和行距的尺寸,随时代的变化而变化。旧法种秧每行插6棵,株距行距15厘米×30厘米。双季稻的植株为"株三行四",株距3寸、行距4寸。种秧时,人站立水田中倒退着行进。一手分秧,一手栽插。一行插完后再换行栽插。初学种秧的人看看前面的人是怎样种的,照着样子就会了,因此昆南有了"勿会种秧看上汏(行)"的俗语。

种秧时,男子大多负责挑秧。挑秧用秧夹、土块、秧箸作装载器具,用扁担挑运。如果秧田与大田距离较远,则要先将秧苗挑到农船上,再翻到大田中。秧要四处撒开,称"甩(方言读"huāi")秧"。挑秧的男子还兼带甩秧的任务。

旧时,插秧不用绳子来限定,凭的全是目测和经验。一般是行距小,株距大,棵株大。大集体时期,为使种在田里的稻秧整齐划一,发明了经绳。经绳就是种秧前在耙好的水田中按照规定的尺寸,将绳子一根一根地分布于田中,限定宽狭。起初经绳所用的绳子为草绳,后来改用携带轻便、经久耐用的尼龙绳。

农民在种秧

草绳不用时要拓(两手伸开的长度为一拓)成圆圈;尼龙绳则绕在一种有摇柄可摇动的扞子上。

经绳一般由两人操作。先把绳子放(或插)在水田一侧的田埂上,由一人拽着绳头从田岸上或田中走向另一头,另一人看管好绳圈。当绳子贯通水田后,两人分别用竹竿量好尺寸,各自捏住绳子的一头,把绳子拉直,然后将绳头插在田埂上。经绳不需上壮劳力,一般分配给刚学农话的十三四岁"潮头男"(男孩)做。但经绳也需要手脚泼脱(行动迅速),不然就会跟不上种秧,耽误种秧。

水稻秧苗移栽后,并不是万事大吉了。有时候遇到了台风、暴雨,一些秧苗会被连根拔起,佘在水面,枯黄而死,这时候就要补秧。农谚云:"缺一苗,补一苗,多收一小瓢。"补苗是减少灾害损失的一个重要环节。补秧的方法很简单,就是把残缺的秧苗重新补种一下。但步骤不能缺,也需先到秧田中拔秧,再把秧苗运到水田里。

4.裱菜秧

昆山农民将移栽油菜花菜秧,俗称为"裱菜秧"。本地方言中的"裱",是一棵一棵种植的意思。油菜移栽的旧法为打潭移栽,方法是:先用人力(垄地)或蓄力(牛耕)翻耕田块、做好塥头,再用菜花柱在塥上打潭,然后把菜秧放入穴中,加上基肥,压上泥块按实。但是,用打潭移栽菜秧速度缓慢,加上容易使泥土板结,不利于菜花的生长,有的甚至导致死苗。

后来采用的套肋移栽,方法是:先在塥面(塥宽1.7~2米,沟宽33厘米许)上套肋(用铁搭横向垄出一条条小沟),肋套好后把菜秧隔一定距离放在肋中,然后加上基肥,压上土块按实。

再后来出现的免耕移栽,方法是:水稻收获后不耕翻,直接在稻板上用铁锹撬开一条缝,在两角施肥,菜秧种在中间,种好后一脚把缝踏密。不过,免耕菜秧种好后,还是要开沟成塥的。沟泥要均匀地放在行间,待冬季冰松后,用铁搭敲碎,为菜秧壅根。

5.种棉花

棉花种在旱地里。播种时,先要把地块翻好,做成塥头,再在地上挖出一个个小洞,在每个小洞里面放上几颗棉花种子,然后用泥土将洞填上。以前棉花在昆山广泛播种。如今有的农户依然在自留地和边角地上种植零星的棉花。

6.种花草

花草,即红花草,在霜降时下种,常用撒播的方法套种在稻田中。这时稻子已经成熟,但还没有收割。水稻收割后,草苗长出。到了第二年的农历二、三月,就可吃"青头"(嫩的茎叶)。

7.排山芋

山芋是用条播的方式种植的,种山芋俗称"排山芋"。方言中的"排",有种植和排布的意思。山芋种植前,要把地整平,把土块打碎、捣细,使土壤疏松。播种也分育苗和移栽两个阶段。

育苗的方法是:把隔年挖出的山芋冷藏好,育苗前埋在泥土里,等到长成壮苗后再移栽。

移栽就是排山芋,大多在夏季种植(秋季收获)。一般采用蔓栽的方法。蔓栽,就是在长成的山芋苗上剪下藤蔓再次种植。移栽时先要起垄。起垄就是将旱地垄松后做成垄。把山芋苗用"排"到垄上,易于旱地排水和山芋吸收养分。

8.下芝麻

种植芝麻也在夏季,以撒播为主,俗称"下芝麻"。下芝麻有的起畦,有的作垄,有的直接散播在麦田中。其中起畦、作垄的方法是:先把地翻耕,把土块捣碎、杂草清除,再用潮湿的草木灰拌匀种子,撒播开来,覆上浅土。

三、耥稻耘稻

作物播种之后的除草有旱地除草、水田除草两种。前者主要在旱地作物播种后的清除杂草,后者就是在水田中耥稻、耘稻、拔草等。

水稻育苗时,秧苗中有不少杂草,需要在秧苗移栽前基本"剔除",那就在秧板上拔草;在秧苗被拔出后,再拔草。

在稻田中除草,最早是手里挂着木棍进行的,方法是:用脚把泥培在稻禾根上,将长在田里的杂草踩进泥里,使它不能生长。但是水田中的稗草、苦菜、水蓼等草,用脚力是很难除掉的,于是人们发明了耥稻、耘稻。

1.耥稻

耥稻用耥耙作工具,一般只需要一次。耥稻既是为了除草、松土,又是为耘稻做准备。如果田块较硬,那么经过耥的推拉泥就软多了。

耥稻用的耥耙

耥稻在秧苗种下后15天左右进行。这时候秧苗有的还没返青,叶子发黄,称"黄秧",因此有"耥勿杀黄秧"的说法。

耥稻时,人赤脚站在水田中,用双手握住耥耙的长竿,把耥耙的头部伸入稻田,人向前行走。耥耙在水稻根部的泥土中作水平推拉,把杂草连根拉起。

2. 耘稻

耥稻过后,再过四五天时间就可耘稻了。耘稻有"头统、二统、三统"的说法,意思是每块田中都要耘3次(多为2次)稻。俗话又说:"三耥九耘田,砻糠变白米。"水稻经过多次耘耥才能清除杂草,并促使稻根分蘖发育。

明代《天工开物》中,已有相关耘稻的文字记述。不过根据配图所示,当时的耘稻方式为"下蹲式",是站着行走、略蹲着身子进行的。昆北农民耘稻,采用的也是这种"下蹲"方式,这样做减少了泥土和稻叶与大腿的接触,比较干净、轻松。

昆南农民耘稻,采用的大多是下跪方式,即双腿跪于田中,一边拖着腿向前行进,一边用手抠去稻棵四周的杂草,兼带拔去"窝藏"在稻棵中的稗草。靠近田埂时,就把拔下的杂草扔在田埂上;到了田的中间,离田埂远了,就把杂草摁在身边的泥里,使其自然腐烂。

下跪式耘稻常用耘稻马、臂笼、草裤作辅助工具。耘稻前,要将"马"身系在胯下,在手臂上套上臂笼,或穿上草裤。这样既束住了下挂的衣襟,又保护了腿部、手臂上的皮肉,使之不受稻叶划伤。

下跪式耘稻,虽然辛苦,但大腿在稻窠中拖行,有利于除去稻棵周边的杂草,同时给作物松土雍根,促进了水稻的发棵(生长发育)。

耘稻一般在盛夏时进行,耘稻者往往会汗流浃背;待到午间,酷热难当,口渴无比。因此歇息时,耘稻的人不得不跑到就近的河边,没头没脑地在身上泼一通河水、喝一肚子河水,有的干脆"扑通"一下跳入河中,享受河水给予的片刻清凉。

大集体时期,用农药杀除水稻虫害,有的农药毒性较大,把田鸡(青蛙)、蛇、黄鳝、泥鳅等一同杀死了,其尸体在田中腐烂。耘稻时腥臭难当,令人恶心。解除耘稻劳累的方式,除了洗澡、喝水还有唱田山歌。耘稻时,唱一首《耘稻歌》,能使劳作着的人增添干劲,获得快乐,有时还会引得歌声遍野。

四、拔草锄草

稗草的生命力十分顽强,光靠耘稻和耥稻也不能清除干净,这样就需用人工下田拔除。旱地里的杂草也要经常清除,这样才利于作物的生长。

1.拔草

稗草和稻子外形极为相似,并且夹在稻棵中间。不过水稻的茎秆比较毛糙;稗子的茎秆比较光滑,在阳光下一闪闪地发亮。这也是初涉农活的人识别水稻和稗草的好方法。

稗草与水稻一起生长、发育,吸收稻田里的养分,是一种恶性杂草,并且一茬又一茬地长出。因此,水稻在生长过程中,农人要不断将稗草拔掉。农人对稗草很是厌恶,把拔除稗草称为"打稗"。

打稗时,人需进入稻田。在逐行走时要仔细辨别,一旦发现混杂在稻棵间的稗草,就弯腰将它拔起,积到一把后绕成草把,扔在田埂上。由于稗草不太容易鉴别,即使是经验丰富的老农也会有所"漏落"(遗漏);加上拔断的稗草,根还在,它会迅速生长。因此打稗要反复多次,直至水稻进入扬花期。

打稗时,如果稻田中无水就得特别小心了。乡村里多的是毒性很强的蝮蛇(俗称"黄梢地鞭"),这种蛇喜欢盘(缠绕)在周边无水的稻棵上,人接近时会本能地发起袭击。旧时,乡村里医术落后,被蝮蛇咬伤后很难医治,有的还因为蛇毒"走黄"(传遍全身)而失去了生命。

打稗是一项很辛苦的农活,尽管不需花大的气力,但时值盛夏,天气酷热,即使头戴草帽也难能御热。手臂也会受稻叶的触碰,发红发痒,甚至长出疹子。

不过,稗草也可用来作饲养牛羊的草料。其果实稗草籽也是农民所需要的。农人常把结有籽的稗草拔下后,拿回家中,将籽用手抹下,晒干了,装进枕头里,做成稗草枕头。稗草枕头无毒无害,还带有一股淡淡的清香,落枕时柔软

打稗

舒适,农民挺喜欢睡。直至如今,有的农家还保留着睡秤草枕头的习惯。

2.锄草

清除玉米田、山芋田、瓜(西瓜、南瓜)田、蔬菜(茄子、番茄)田中的杂草,可以用手拔,也可以用锄头除。锄草时,要用宽面锄作工具,在勒头或棵叶间进行。

旱地条播的麦田,麦苗生出后,一般要锄草3~4次,可直接在田间用锄头将野草锄掉。大田撒播的麦田,用开沟压土的方法除草。

玉米、山芋长高后,如要清除垄中及周边的杂草,则宜用镰刀刈割(俗称"斫草"),或徒手拔草。

五、积肥施肥

有道是:"三分种,七分管。"种是基础,管是根本。其中,积肥和施肥是田间管理的两个重要环节。

积肥的方式多种多样,主要有罱泥、轧草、扒草、脱草根、搪草泥以及讨粪、捉垃圾、扫鸡屎等。

作物的生长需要大量的养分,因此在生长过程中要多次追肥。将肥料施于土壤中或植物的周边,既可提供植物所需的养分,还可保持和提高土壤的肥力。

昆山的传统施肥方式,主要有浇粪、划粪、猪窠、垩草泥、划罱泥等。

1.罱泥

农民将用罱网在河底掏取淤泥的过程,称"罱泥"。罱泥是旧时农村主要的积肥方式之一。罱泥用农船作装运工具,在冬天或春天农闲时进行。

民国《巴溪志》中对罱泥也有记载,称:"巴溪之水,质厚味甘,沃土甚肥。田家于农隙时,驾舟罱泥,壅土培田,较其他肥料为胜。"所谓的农隙,就是农闲时间。泥肥因为"较其他肥料为胜",所以要用来"壅土培田"。培田,是在作物的根部堆土,保护作物的意思。

罱泥使用的罱网有长网、短网两种。一般由3人配合;其中2人执网罱泥(多为上壮男子),1人撑篙(俗称"挟

罱泥

泥船")。罱泥的人站在船舷的同一侧,且靠近船舱。站在船头的称"小倍",左侧面对河面,用左手握撑竿。站在船艄的称"大倍",右侧面对河面,用右手握撑竿。

罱泥船舱中偏后搁一条跳板,挟泥船的人(多为副劳力)站着跳板上,一人撑篙,控制船只的行动。若用短网罱泥,挟泥船的人只要用搪耙垫住岸堤,或用橹控制船只的稳定就行。

罱泥的基本动作是:先把网兜伸到河底,分开竿子张开网兜在河底取泥。待网兜内灌满泥浆后,把撑竿夹紧,使网兜闭合。把整个网兜提出水面,移入船舱。只要撑竿一松,"哗"的一声,河泥便全吐入船舱。

用长竿网罱泥和用短竿网罱泥的动作是有一定区别的,所罱河泥的软硬和用途也都是有区别的。前者把网兜放到河中后,要一手握着主竿,一手把着撑竿,分开竿子,使网兜张开抵在河底,将撑竿用力向前推进,使河泥进入网兜。后者将网兜放入河中后,要把两根网竿分开,两手均匀用力,将罱网顶入河底夹泥。

每条罱泥船一天可罱4舱泥。即上昼(上午)2舱,下昼(下午)2舱。一船罱完后,拷(卸)掉再罱。要是下午附近的村上做春台戏,就上昼罱泥,下昼开跳(摇快船)去看戏。

在客观上,罱泥又起到了疏浚河道的作用,将河道底部的淤泥清除了,河道就更为通畅了。罱泥是一项重活,都由身强力壮的男劳力承担。罱泥的人往往弄得满身泥巴。冬天的早晨在寒风中罱泥,网竿上时时会"涂"上一层薄冰,刺痛手指。

罱泥虽辛苦,但同样也是愉快的事情,因为常有活蹦乱跳的河鲜,会随网中的泥水被罱进舱内——虾、蟹、田螺、河蚌、鳗鱼、黄鳝、鲫鱼、黑鱼样样都有。当完成了一天的罱泥任务,手中提着丰盛的河鲜走在田间小道时,罱泥人会遭来许多羡慕的目光。晚上,将烧好的鱼虾摆上桌子,再拷些老酒,咪上几口,白天的辛劳便会烟消云散,生活就变得有滋有味了。罱河也是衡量农村男人能力的一项标准。会罱泥的人,走路带风,说话大声,也讨女人喜欢!

2.拽泥

带水的河泥,可通过"拽泥",送到构筑在麦田或菜花田一角的泥塘内。或者留在泥塘里,待板结后使用。

拽泥用的拽桶

河泥塘用泥土垒成,呈不规则长方形。面积1分田左右,高20厘米许。一般筑在河滩边,这样拽泥时就方便了。等到河泥被挑走后,塘中要补种麦子或油菜。

与河泥塘搭配的是泥塘下滩的"泥塘子"。泥塘子是一个粪坑样大小的泥坑。因河中的泥船位置较低,而河泥塘往往处于较高的位置,泥塘子起到了河泥运送的过渡作用。

拽泥须两人搭档,先要从船舱中将泥拽到泥塘子中,再要把泥塘子里的河泥送入农田中用土垒成的泥塘内。将河泥从船舱中拷到泥塘子里,由两位罱泥的人负责。将泥塘子里的河泥拷到农田中的泥塘里,由挟泥船的人搭配一个妇女负责。有的地面较高,河道和农田落差较大,泥塘子就要修筑上下两只。拽泥的人也要增配一档,一高一低同时进行。

拽泥时,两个人分别站在泥塘两侧,双手各执绳索一端。先放下泥桶滔泥,再提起泥桶。将下面的绳索往上一拎,泥就会顺势倒入泥塘。拽泥不但需要有气力,还要用力均匀、配合默契。

3.搪草泥

沤制草泥,称"搪草泥"。搪草泥就是把河泥与柴草秸秆、紫英云、杂草在泥潭中沤制腐熟,做成有机肥料。搪草泥先要在农田边开挖一个草泥潭,然后把草料与河泥一层隔一层填入潭中,直到填满为止。

草泥潭有圆形和正方形两种,直径或周长根据地方的大小而定,深度一般为1.5米左右。如果太深了,起肥时搪耙就够不着。开挖草泥潭时,先用铁搭垄去表土,再用直锹掘土、弯锹铲土。一般情况开挖一个草泥潭,得花上一个劳动日。

4.轧草、扒草

轧草和扒草也是积肥的办法。轧草也称"拉草""拖草",常在大的湖泊(比如澄湖、淀山湖、阳澄湖)中进行。

轧草用轧草搪耙作工具,轧草时船进入湖泊后,扯起风帆驶风。人站在船头,将轧草搪耙搁在船的两侧顺着船舷放下搪耙,使耙齿朝前深入河底。驶风船在水中飞快地行走,搪耙也在飞快地拉草。当搪耙上积满草后,将搪耙从水中提起,拖泥带水地放入船舱中,再把搪耙放到水里。直至水草将船舱装满为止。

用驶风船轧草速度快,收效高。但是人要控制受到很大阻力的搪耙并不容易,因此要事先在船舷上绑扎好两段坚硬的树木作"guá头",把搪耙搁在上面。"guá"是一个拟音,有卡住之意。在昆山民间称"guá"字的写法为:"门"字里面一个"牛"字。牛在门中卡住了,进不去又出不来,就是"guá"牢了。

如果不用驶风船,只是摇着船,在一般的湖荡中,用大的搪耙在河滩扒拉水草,则称"扒草"。但扒草速度较慢,草质也稍差。

轧草和扒草一般在农历七八月间的闲档进行,所获取的草料要放在旱地上晾晒。晒干后把草绕成草团,当作肥料一把一把地按进稻窠里。

5.脱草根

脱草根也跟肥料有关。草根是指冬天长在田岸上的老草,脱草根用扇形锄作工具。"脱",在昆山话中有"锄"的意思。草根脱下后要积成一堆,放在旱地上晾晒。晒干后点火焚烧,将里面的病虫害烧死,再用铁搭将泥块捣细,连泥带草根拌入大粪或猪粪、牛粪,等到冬季播种油菜时作基肥。

脱草根

6.讨粪

昆山离苏州较近,以前常要到苏州城里去讨粪。讨,是"讨要"的意思。粪便是城里人的累赘之物,却是"农家宝"。大粪用大船装载。当天农人要起个大早赶到规定的地方去排队。前来讨粪的人很多,苏州的大粪船也会起个大早,用喇叭吆喝着,按次序打开粪管把粪便灌入一条一条的农船。

粪便灌满了,农人就摇着船返回到村里。当然,如果觉得时间还充裕,也不妨到苏州的街巷里去转一圈,即使不买什么,饱饱眼福,心里也舒坦。

7.捉垃圾、扫鸡屎

捉垃圾一般开船去上海。由于路途较远,至少要去三四天,所以船上除了三四个正劳力外,还有一个老年人负责烧饭。垃圾是不需要讨的,只要到分布在小巷口的一只一只垃圾箱里去扒就行了。扒在粪桶里,挑到船上,垃圾就归自己所有,就能满载而归了。

垃圾"捉"回来后,不能直接盖在作物(主要是麦苗)上,还要挑拣一下,并用竹汰筛一遍,去除较大的杂质,以免污染农田,称"拣垃圾"。

以前,鸡鸭放养在外,场头、河堤上多的是牛粪、鸡屎、鸭屎、狗屎。农民就用扫帚将它们扫到小粪箕里,当作农家肥料,统称"扫鸡屎"。

8.出粪

粪肥是主要的有机肥料。给作物浇泼人粪,先要出粪。出粪,就是把农家坑缸(茅厕)中积聚的粪便掏出去,运到庄稼地里。粪便可装进粪桶,挑进农船,到达田野中后挑上田岸、挑进田中,用粪料均匀地泼在作物上。如果将粪浇在自留田或屋前屋后的园子里,距离较近,浇泼的面积较少,那就不必用农船,直接装进粪桶挑运就行了。

浇粪

9.浇粪、划粪

施粪肥的方式有浇粪和泼粪两种。浇粪和泼粪是有区别的,采用哪种方式要根据具体的作物而定。浇粪,是针对旱地上的小棵作物而言的,用浇为动作。泼粪,俗称"划粪",是针对稻田、麦田而言的。

给油菜花施粪水,要一棵一棵小心翼翼地由上往下淋,这就是"浇",要浇在菜秧的根部;如果用"划"就大大浪费了肥料,且效果不大。对于地头上的瓜秧、茄窠等,也用浇。而对大片菜秧,则不用浇,而用划;划比较省事、省力。

给水稻划粪,粪船到达田间后,农人要用粪桶将大粪挑上田埂,用粪料舀起粪便,向庄稼使劲泼洒,这就是"划"。有时农田比较宽阔,农人就要将粪桶挑到田中,在塍间泼洒。划粪的人要站在上风头,不然粪水会被风吹到身上。

10.出猪窠、壅猪窠

农民将猪养在猪圈中,猪的粪便被俗称为"猪窠"。猪窠囤积多了就要运出去,施在作物上,称"出猪窠"。出猪窠要先将猪拦栅打开,用搪耙将猪粪扒入土垃,再装到船上或直接挑运到田间。

猪粪被挑到田里后,就要亚猪窠。亚猪窠,就是把一堆堆的猪窠用手均匀地撒开来,使肥力遍布整块农田。

11.挑草泥、亚草泥

草泥潭里的草泥被沤熟后,要从泥潭中用搪耙扒出,用土垃或落子挑运到水田里,再施在田中,称"挑草泥"。挑担大多是男子做的农活,挑草泥也是如此。为防止下水时被玻璃、石子等杂物划伤光着的脚底,挑草泥时常穿上草鞋或下田袜。

草泥做水稻的基础料。在秧苗移栽前,田块耕翻、放水后,才把草泥从草泥潭中挖出,挑到田中,倒在埭头上。挑在水田埭头上的草泥,还要分散亚到每一个角落。这种农活称"亚草泥",也称"乿草泥"。

亚,在昆山话中有用手抓起的意思;乿,在昆山话中有扔出去的意思。亚草泥像亚猪窠一样,人要站在田中,用手一把一把地抓起草泥,散播出去。当田块经过落苧田、耙田后,四散开来的草泥会混入泥土之中。

12.挑河泥

带水的河泥,或直接用粪料舀入粪桶中,挑到麦田中浇在麦苗上,覆盖在三麦、油菜田里,作盖籽肥,起防冻保暖作用;或用于沤作草塘泥。

如果将水河泥留在泥塘中,则要把泥扒平,隔5～6天泥稍干后,用竹篙划成块状,然后挑到麦田或菜花田里的埭头上。挑河泥时,先用搪耙把泥块垃到草泥落子里,再挑到麦埭或菜花埭上。

草泥落子上有一个附件,呈环形,俗称"跌倒环"。用1.5米许的细竹片做成。两头系在落子两边的绳索上,以起到弹簧作用。当落子放下时,跌倒环自动张开;在挑起时,跌倒环随绳索一起绷紧。出担时,跌倒环随扁担往上弹起、张开,只要将落子上的绳索用手一提,草泥就会轻松出担。

13.敲麦泥

被挑到麦田或菜花田中的块状河

挑担积肥

泥,要等到麦子、油菜花收割后,用铁搭全(分散)开,使其在新一轮的农田翻耕时混入泥土,以增加土壤的肥力。浇在麦田里、板结在麦苗上的水河泥,到了春头腊底还得敲碎。这就要进行"敲麦泥"了。

敲麦泥,用麦泥榔头作工具,在敲碎河泥的同时,也要把麦塍上的泥捣鼓一下,使泥土壅在麦苗的四周。有道是:"人冷盖被,麦冷盖泥。""麦泥多敲敲,胜过上肥料。"敲麦泥有壅土、保暖作用,为的是保护麦苗过冬。

六、灌水排水

农作物生长过程中要不停地灌水、排水。给农作物灌水、排水的内容包括牵水、开沟、放水、搁田等,属传统农活中的水浆管理类项目。

1.三车灌水

传统灌水的主要方法是牵水,即给农田送水灌溉。旧时用三车作工具。三车的下部均为龙骨水车,各个部分之间均用木轴和齿钵连接。

如果农田数量不多或在浅水池和小水沟旁,只要安放几尺长的手摇牵就可牵水了。手摇车一天的工夫能戽水5到6亩地。如果农田数量较多或面临大的河流、湖泊,则有的要安置脚踏牵水车和风车戽水。

用手牵车牵水,由两人操作。将两个牵杆分别套在水车外侧,连结拨头的木轴左右,两人手握牵杆,推拉车轮。这样就可直接使轴承上的钵头传动龙骨水车,刮水入槽,引水入田。

用脚踏水车牵水,人手把车架,踩在车轴两侧的木榔头上,不停地踏,转动车轴,传动龙骨水车。踩踏时要步调一致、动作默契。常常是夫妻搭档,劳动时有说有笑,互相关照。

昆南山歌中的《踏水歌》中,有"东方日出一点沙,小姐妮打扮去踏水车""手把车桩踏莲花""香汗珍珠嵌下巴"的歌词。这足见农耕劳动牵水时的浪漫。

用牛车牵水时,牛被拴在车盘的横杠上。牛行走时,受到车盘的牵制,只能拉着车盘旋转,俗称"打曲水"。牛在打曲水时拉动了车盘,车盘带动齿钵,齿钵又带动躺轴的转动,躺轴再带动龙骨水车中的斗板……为防止牛贪吃四周的青草,影响拉车,牛牵水时,人们常用竹笼套住牛嘴巴,使牛排除杂念专心地劳作。

人力也能推动牛车引水。牵水时在牛车盘四周装4~6根横杠,用4~6人顺时针推动牛车盘。

风车在刮风时才能旋转。风篷受到风力的推动盘旋起来，传动立轴、钵头、躺轴，进而传动龙骨水车。风车在戽水时，要先放开系在车架上的风篷，展开篷叶，再根据风向和风力的大小转动支架（马脚），调整风篷的受力角度。

牵水

但是，如果遇到雷雨或风暴到来，或者风力超过6级，风车就有风篷被卷走，篷竿竹断裂，甚至翻车的危险。每当此时，风车就会被迅速制动。制动风车的方法是：把篷叶收拢，用绳子扎在篷竿竹上。

2.开沟排水

将河水用三车引入农田，有时候要用到水沟，那就得在田岸的四周开沟了。麦田、油菜花田栽培后都要排水，水稻板田或受涝后，也需排水。农田排水主要靠沟垄，也需要开沟起垄。

水沟有排水沟和夹水沟之分。排水沟是庄稼地附近水沟，既可进水，也可排水。夹水沟是庄稼田之间的水沟。麦田中的沟，也称"麦沟"；菜花田中的沟，也称"菜花沟"。

开沟用铁锹作工具，在相邻的两个墒头中间开挖。如果是开挖深沟，则使用锹身较长的开沟锹。开麦沟或菜花沟时，先把两侧的泥土掘松，再挖中间。挖出的泥块要盖在墒头的边缘，或壅在作物的周围。

开沟

水稻一生都离不开水，但不同生长阶段对水的要求也不同。秧田要经常放水护苗。水稻移栽后水更是必不可少。农田中的水少了要灌溉，但水多了也要通过沟渠排放到河道里，排水的过程称"放水"。如果要使高田中水流向低田，就在田埂上壅一个"缺"（缺口）；不需放水时，就把缺口堵上，堵住水源。

20世纪60年代后,建立电管站,开凿渠道,设置倒虹吸,用机械化灌溉作物,并设立了专门的放水员。渠道,是由人工开凿的灌溉水道,有干渠(总渠)、支渠之分。电管站中送出的水通过水渠可进入每一块农田。要使干渠中的水流入支渠,就拔开闸板。

放水,不单纯是灌水,还包括排水。下雨了,放水员就会身披蓑衣或塑料雨衣,在雨中奔波忙碌,为稻田开"缺",将多出的水排放进河中。因此,一把铁锹和一个趔趄在田埂上的略弯背影,是放水员留给人们最深的印象。

山芋、番茄、茄子、黄瓜、丝瓜、南瓜、青菜、韭菜、萝卜、豆苗等旱地作物,一般不用灌溉,只要浇水就行了。天气干燥时,农民就到河边用粪桶挑水、用粪料舀水或用提桶提水、用水勺舀水浇灌种植的作物。当离水源较近时,也可直接用粪料取水浇灌。

如今,牛车和风车已不再被用来戽水,而是成为一种被设置在农耕文化园和生态公园中的田园风光。

七、收粮储粮

收粮,即收获粮食,包括收割、脱粒水稻、麦子等五谷杂粮,分夏收、秋收两个时节。储粮,就是加工、储藏粮食。

昆山的收粮类农活,主要有斫麦、斫稻、拔菜花、收麦、捆稻、挑稻、揉菜花、采棉花等。

收获时节是农民最繁忙的时候。农民经常天还未放亮(甚至半夜)出工,黄昏时才收工,俗称"豁早起""磨黄昏"。

涉及农作物脱粒、清场的传统农活,有打铜、掼稻、掼麦、掠乱柴、扬乱柴、叠柴、汏谷、汏麦、扬谷、扬麦、扇谷、掮谷、掮麦等。

储粮就是储藏粮食。储粮前要先加工粮食。农民加工大米和小麦传统的方法主要是砻谷、舂米和磨粉。后来有了轧(辗)米厂、面粉厂,才逐渐变为用机器打米、碾粉了。

1.斫麦、斫稻、拔菜花

"斫"字的本义是用刀、斧砍,但昆山则将用镰刀割植物的秸秆、藤蔓等,俗称为"斫"。斫麦,就是用镰刀将成熟的麦子从麦田中割下来;斫稻,就是用镰刀将成熟的稻子从稻田中割下来。

斫麦时,农人站在麦埯上,面对麦子,一手握镰刀,一手握麦秆,以半个埯头为宽度,边割边向前行进。斫下的麦子要放在身后。因为天气炎热,麦秸秆容易被曝晒断裂,所以要斫一段捆一段,迅速把麦秸捆扎成小个(把)。捆扎方法是:取几根刚割下的麦秆,先按在

斫麦

麦个后部约四分之一处,扣住麦个,迅速翻转过来,提到膝盖上,将麦秆打结、收紧。

斫麦时节,天气炎热,农人常头戴草帽。有时还肩上搭着一条毛巾,当作擦汗和用冷水揩面的工具。同时,还会带上一把泡上沫子茶或者大麦茶的茶壶,放在田埂上,口渴了歇一歇,灌上几口。

斫稻以一行(6棵)为宽度,方法与割麦相似,也是人站在稻田中,面对稻子,边割前行。斫稻时,双脚略微分开,弯下腰背,一手握镰刀,一手握稻秆。握稻秆的方式或为顺手拿捏,或为反手拿捏。握住稻子,镰刀顺势斫割,稻秆就被斫下了。斫下的稻子或反手放在身后,或顺手放在埯头右侧。斫完一行,返回到开斫的那一头继续斫稻。

传统收割油菜的方式,与斫麦、斫稻的截然不同:不用镰刀斫,而直接用手拔取,称"拔菜花"。其原因有二:一是菜花的秸秆粗壮有力,镰刀斫比较费力;二是油菜花成熟后,埯头上的泥土较疏松,容易拔掉。因成熟的菜花秸秆比较干燥,果实容易开裂。故拔菜花时动作不能粗暴,否则会浪费菜籽,影响收成。

2.收麦、收稻

麦子、水稻、油菜花等作物斫下或拔下后,就要抓紧时间,抢在晴朗天气收回、脱粒、扬场、晾晒、储存。

收麦分为捆麦、扣麦、挑麦三个阶段;同样地,收稻,也分捆稻、扣稻、挑稻三个阶段。

收麦,就是把斫下的麦子收到家中或空着的场地上。麦秆很干燥,麦粒容易脱落。因此,麦子斫下后要及时收回。往往是上午割麦、下午收麦。麦秸秆在斫

挑上场担

麦时已捆成麦个,因此挑运前只要将麦个堆叠起来用绳子扣(捆)成大捆就行了。

稻子斫下后,要把稻捆扎成小个放在田中,称"捆稻"。同麦子不同的是,稻子要放在田里晾晒一段时间,再捆成小个。捆稻要常陈年稻草,以免因捆扎的稻秆断裂,使稻个散去。民间有"稻柴捆稻娘抱囡"的趣语。

扣稻,同样是把捆成小个的稻聚集到一起捆扎起来,两大捆为一担。一担稻的重量有时一百多斤。扣稻的活相对较轻,大多由妇女做。用于扣扎稻的绳索,或为草绳,或为麻绳,统称"担绳"。有时用一头系有担绳摘钩的担绳,这样捆扎时就容易把绳收紧。

挑麦、挑稻,就是把扣好的麦子、稻子收走,大多由男子做。如果用扁担把稻子挑运到家中的院子里或工场上,堆叠起来,准备脱粒,称"上场担"。

如果麦田、稻田离家或脱粒的工场较远,则一般先将麦子、稻子挑到农船上,堆成高高的稻堆,再摇船运回。把麦子、稻子挑到船上时,要按照船舱的大小堆成方而高的麦堆、稻堆。堆麦、堆稻需要一定的窍门,不然麦堆、稻堆叠高了也会垮塌下来。

当然,收稻还要看时间和秸秆的干湿情况。如果秸秆较湿,可在田中晒几天;如果秸秆是干的,而天临近下雨,那就要抢收了。如果来不及运回,还可先把稻个在田中垒成堆(称"打稻堆"),等到田间收割全部完成后,再择晴日装运。

将麦船、稻船摇回家中至少要两人搭档,一人在船尾掌橹,一人在船头撑篙。掌橹的人需要一定的技术和经验。因为稻堆高了,眼睛看不到船头,船容易撞到岸上。特别是遇上大风天气,风兜住了麦堆、稻堆,推力很大,如果不将船摇在上风头,则船很快会被风浪打到水滩,动弹不得。

收回的稻、麦要堆叠起来,称"叠稻箩"。在集体工场上,为节省空间,柴堆与稻堆、麦堆都叠得很高大。因此,到了一定的高度就要穿(搁)上竹跳板。竹跳板面狭条长,走在上面犹如在山体的栈道上行走,上下晃荡、"叽叽嘎嘎"地响,颇有"惊险"之感。

3.采棉花、斫花草

棉花开花后不久,转成深红色,然后花叶凋谢,留下绿色小型的蒴果,称为"棉铃"。棉铃成熟时裂开,露出柔软的纤维(棉花)。这时候就要将棉铃中的棉花剥出来。采摘棉花,简称"采棉花"。采棉花一般是妇女做的活。

采棉花时,妇女常胸带布兜,一手拎起布兜,一手采摘;一边行走,一边把棉花放进布兜中。棉花放满一兜后要倒入山笆、栲栳内。再装入麻袋,搬到农船上运走。

棉花运回家后,把棉籽从中间用手剥出后,就成了棉絮。棉絮可作棉被、棉袄的芯子,也可用来纺纱织布。棉花秆子,用作燃料。棉籽是一种油料,但农民常将它们加工成养牛的饲料,一般不用来榨油。

秋天种好的红花草,要到隔年夏季收割。收割花草,称"斫花草",方式是用镰刀贴地拉割。刚割下的花草茎,可与泥肥一起沤作草搪泥。花草茎被晒干后,或作过冬时的牛草,或轧成草糠喂养肥猪。脱粒出来的花草籽,留作下一茬种植的种子。

4.打铜

农作物从农田里收回后要抓紧脱粒。脱粒,就是将籽实从秸秆上分离出来,获得谷子、麦粒、油菜籽、豆粒。尤其是秸秆较湿的稻子、麦子,更要迅速脱粒,不然秸秆在稻堆中发热发酵,麦粒和谷粒就会发芽、变质。

用连枷脱粒,俗称"打铜"。即用连枷鞭打脱粒农作物的籽实。常用于脱粒稻、麦、豆子、油菜花和麦秸秆、稻秸秆上残留的谷物。民国《昆新补志》中也记载了用铜脱粒的方法,称:"打麦铜……执其柄,连转之,由内抛外,以打豆、麦及稻草。"以脱粒豆子为例,打铜的方法是:先将豆其放在院场上,再依次鞭打,辅以脚踏、手揉。然后收起秸秆,扬清豆壳,即得干净的豆粒。

5.掼稻、掼麦

掼稻、掼麦,就是用稻床脱粒稻子或麦子。方法是:将稻、麦秸秆高高举起,往稻床上用力掼打,使稻麦的籽实脱落。

用连枷脱粒农作物

103

掼稻、掼麦一般在自家的院子、屋前的场地或较空旷的地方进行，有时也借用亲眷和乡邻家的场地。为防止谷粒的四散，在较小的场地上脱粒时，往往要在场地四周垫一层篷布或草轩。为防止鸡鸭糟蹋粮食，有时还要围上一圈栈条。

6.轧稻、轧麦

20世纪60年代后，始用简单机械轧（方言读"gà"）稻机脱粒稻谷或麦粒。先用脚踏轧稻机，后用带有马达的轧稻机。轧稻时，人用手捏住稻个或麦个的头部，将稻子或麦子放上齿轮，谷粒或麦粒就会在转动的齿轮间飞出。

麦子脱粒时天气炎热，稻子脱粒时有时寒风袭人，为防暑或御寒，农民一般都要在轧稻机上部搭一个长方形的简易布棚子。为避免使谷粒飞得太远，脱粒时往往还要在轧稻机前面拦一块与机器等长的木板。

用稻床、轧稻机脱粒稻、麦时，都要同时进行掠乱柴、铲谷（麦）、扬乱柴、扫地等清理场地工作。乱柴，是从秸秆上脱落下来的柴屑。掠乱柴，就是把混在籽实中的柴屑用搪耙分离开来，堆到一边。掠乱柴的人还要不时把积在轧稻机下面的谷粒、麦粒用搪耙扒出，用煤锹（一种近似方形的常用于铲煤屑的弯锹）铲出，均匀地撒到场地上。

在打谷、打麦场上，挑、搬稻麦的人往往还兼带负责搬柴，把轧稻的人扔下的柴搬运到空地上。如果是家用小轧稻机，一般2人上机轧稻麦，1人包揽搬稻麦、捆柴和掠乱柴。人手较少时，轧稻麦之外的杂活也可由轧稻麦者兼带。

7.汰谷、汰麦

谷粒和麦粒从秸秆上脱粒下来后，还要进行清理，将其中的杂物去除，那就需要汰谷（麦）、扬谷（麦）、扇谷（麦）了。

汰麦

汰谷、汰麦是扬场的前一阶段，用竹汰、畚箕作工具。早先是端在手中操作的。后来借三角架作辅助，即将竹汰用绳子吊（悬挂）在三角竹架上。明代《天工开物》插图中已出现这种方式。

如果是1人汰谷时，则先要把竹汰放在地上，将谷粒放入汰中，再端起汰，一手握住汰横在中间的竹竿，一手捏住汰

104

的边框,来回筛动。两人汏谷时,一人把场地上的谷子用铁锹铲入汏中,或装入畚箕倾倒于汏中,另一人握住汏口前后、左右推拉。同时要腾出手来不间断地掠去积存在汏中的乱柴。随着汏的不停筛动,存留在汏中的秸秆、乱柴、泥块会越来越多,这时就得将汏暂停下来,把全部杂质从汏中倒出。

汏麦的方法与汏谷基本一样。略微不同的是,麦秸秆较为干燥,容易断裂,因此汏出的麦秸头(留有麦子的秸秆)会稍多一些。扬尘也较多,麦芒还常把人刺得浑身发痒。

8.扬乱柴

乱柴中混有不少谷粒、麦粒和谷穗、麦穗,那就要扬乱柴。扬乱柴的方法是:用手将乱柴高高捧起,再慢慢漏下,借用风力分离柴屑和谷粒、麦粒及谷穗、麦穗。

先前扬乱柴借助自然风力,后来改用电风扇扇风。在风的作用下,分量较重的谷麦穗、粒落在脚下,柴屑飘到了稍远处。

但乱柴去除后,谷(麦)粒中还留有一些细小的泥块,那就再要装入畚箕,在风口颠簸着倒下,去除泥块。

9.扇谷

扇谷,是谷粒扬场的后一阶段,即用风扇车滤去谷粒中的秕谷和杂物。扇谷时,先要将栲栳或山笆中的谷子倒入风扇车上部的"镬子"内,在出谷嘴布好栲栳。一手把持摇杆,一手把持镬子底部的栅板。稍稍打开栅板,让谷粒漏入风箱,同时摇动摇手。这样秕谷就会从风箱口扬出,绽谷会从出谷嘴流进栲栳。

扬净的谷粒积满一栲栳后,要迅速掮走,堆在空场上。再在出谷嘴添上空栲栳。把装满谷粒的栲栳扛上肩膀运走,称"掮谷",由于分量较重,上肩时一般要有人帮忙(称"拔肩")。拔肩者双手把住栲栳的一边,掮谷者把住另一边,喊一声"来",一齐用力往上提起,栲栳就能掮(扛)到肩头了。

10.揉菜籽、拍芝麻

脱粒油菜籽,俗称"揉菜籽"。"揉"字,在昆山话中读音为"nóu",有耐心团弄的意思。油菜籽脱粒的旧法,一般要把菜萁捆扎后挑回家中,再在自家院子场地上摊开,用连枷鞭打,或用手搓揉。后来为节省时间和减少浪费,对于成片种植的油菜花,就直接在菜花田中脱粒了,这就是"揉菜花"。

揉菜花的方法为:先在田中铺上油布或帆布,再把菜萁搬到上面,通过揉压、

揉菜花

脚踏和用连枷鞭打,使菜籽脱粒。然后用竹汰筛滤,借田间的风把菜壳扬干净,把洁净后的菜籽装进麻袋。

揉菜花这种方式一直延续到了现在。如今在昆南农村,菜花收割时节还能经常看到菜花田中夫妻搭档揉菜花的情景。

芝麻在收割时,用镰刀斫秸秆。从田间收回来的芝麻,要摊放在场上晒干。脱粒时,如果芝麻种得较多,要用连枷鞭打;如果种得比较少,举起秸秆在地上拍就可以了。

11.晒谷、晒麦

谷、麦在扬场后还要晒谷、晒麦。晒谷(麦)就是将谷(麦)扒开摊在场上分散开来,在阳光下晾晒。晒谷(麦)时要用抄板不断翻动,使谷粒、麦粒充分受热,去除水分。晒谷(麦)往往要经过多天。农家晒谷(麦)时,为防止鸡鸭糟蹋粮食,要在谷(麦)的周围围上栈条、枪轩等。如果遇上雷雨、阵雨,晒好的谷(麦)也要迅速抢收、遮盖。

晾晒的谷(麦)到了晚上就要收到客堂或仓库中,或者堆放在场上,明天继续晾晒。如果堆在场上,就要用抄板、扫帚等工具将谷(麦)堆成"金"字状,再盖上尼龙布和柴草、草轩之类,以免晚上遭遇露水或雨林。

12.牵砻、舂米、轧米

以前,农家每年都要舂米、储粮。光绪《周庄镇志》载:"入腊后,舂一岁之粮,藏之藁囤,曰'冬舂米'。"入腊,进入腊月。藁囤,是用柴火编制的米囤。冬天舂米,装入米囤中,可以备作一年的口粮。

舂米前先要砻谷。砻谷就是用砻去除稻谷的外壳。砻在使用前,先要在砻鼻钩的后端吊2根等长的绳子,用砻鼻钩前端的铁条勾住砻把一端的圆孔。砻一般也由两人操作,称"牵砻"。砻谷时,一人按顺时针方向推拉砻杆,砻的上扇随之转动;一人将稻谷加入砻中,称"拗砻"。稻谷被加入上扇砻的槽形中后,经过碾磨便会徐徐脱壳,连米带糠流到下方的砻盘中。

从砻中出来的糙米,还得经过揉臼(砖臼)或舂米架舂打,才能获得白米。用揉臼舂米时,要把糙米放入臼中,手握揉柱不停地打入臼内。用舂米架打米时,先将经过砻加工的糙米放入木臼,人手把扶手,用脚踏踏板,一踏一松,踏板翘起后落下,杵杆正好敲打在石臼中。舂好的米,米粒、米糠、砻糠(谷子的壳)混在一起,因此要用筛子筛去米糠和砻糠。

舂米架

用机器打米,称"轧米",约始于20世纪50年代。主要由集体工厂经营。80年代后,出现了个体(私营)流动轧米船。这些轧米船,把机器装在机帆船上,或夫妻搭档,或亲属搭档。一人操纵机器,一人负责处理白米和米糠。

13.粜谷、粜麦、粜菜籽

旧时,农民收获的粮食还得交租,富裕人家多余的粮食要出售给米行和粮油贩子。人们将出售稻谷、麦粒、油菜籽,分别称为"粜谷""粜麦""粜菜籽",将出售大米称为"粜米"。 农户将谷物出粜时,价格由粮店老板、粮油贩子决定,用叶圣陶小说《多收了三五斗》中的话来说,叫作"同行公议"。

新中国成立后,土地国有化。出售稻谷、麦粒、油菜籽是生产队每年都必须按任务向国家交售的"公粮"。每个镇上一般都建有粮库。生产队的公粮和余粮都要粜给粮库。粮库再把粮食放入粮仓,用粮囤储存。

生产队出粜稻谷、麦、油菜籽时,都用农船装载,等到收粮员验好后,用栲栳掮在肩上送入仓库。因为生产队较多,船只往往停满粮库的船埠头,成为一大独特景观。

14.分米、分柴

大集体时期,收获的稻谷一部分出售给国家,一部分轧成大米,分给农户,充当一年之粮。分粮要按照人口和年龄计算,主要是分配白米,俗称"分米",往往按照米的品种、轧米总量的多少分数次进行。

分米时,米装在船舱里。用栲栳装满米,称好分量后要掮到每户人家。农家先打开大门用大匾摊在客堂中存米,积到一定高度后盘好栈条。晚上农民收工后,才把分得的白米装进大大小小的囤窠里。

107

柴谷时的搁谷

分到的白米是一年的口粮，即使时间久了，出了米虫，也要省吃俭用。为防止发热和霉变，有的人家要在囤窠中放入用竹篾编制成的气笼，以便通风出气。

15.叠柴箩

分麦柴、稻柴、菜萁，分别称作"分柴"和"分菜萁"。柴草和菜萁是农户一年的燃料，分到各家后，一时烧不完，就要堆叠起来。

叠柴箩，就是将稻柴、麦柴、菜萁等叠成柴堆。这些柴堆分别被称作"稻柴箩""麦柴箩""菜萁箩"。有的下部为圆形，上部为锥形；有的下部为长方形，顶部为三角形，从整体上看很像一间草屋。

叠柴时，柴草从底部放起，一层隔一层横竖交叉，叠到一定的高度后，两边或四边开始收小。最后是盖顶，称"结顶"。叠柴堆也要有技术和经验。假如叠得不好，柴堆里会漏进雨水，柴草就容易受潮，甚至烂掉，影响火力。

柴堆一般都堆在场角，农人要用稻柴和麦柴烧饭、烧菜时，不需要拆柴箩，也不从顶部拿，而是从侧面拔几个下来就行。当然，随时要用的柴也可不堆成柴堆，随意地堆放的猪棚里。

有一首歌唱道："我们坐在高高的谷堆上面，听妈妈讲那过去的事情……"其实，昆山农村的谷堆是不高的，高的是大集体时生产队里叠的柴箩或稻箩（稻堆）。那种柴箩或稻箩要用很长的跳板才能爬得上去。坐在上面四望，看得见满地的庄稼；抬头仰望蓝天，觉得白云就环绕在额前。

第三节 副业劳动

除了农业生产外,农民还开展多种副业生产劳动,比如家禽、家畜的饲养,菜蔬的种植,捉鱼、摸蟹,草编、竹编,掼坯、烧窑等。

一、禽畜饲养

昆山农村历来饲养的家禽主要是鸡、鸭、鹅,家畜主要有猪、羊、兔、猫、狗等,有的人家还养牛。

1.家禽饲养

农家素来就有养鸡、养鸭、养鹅的习惯,鸡鸭成群,热热闹闹,这才有了一个农家的样子。有道是:"多养几只鸡,不愁着新衣。"家庭饲养鸡、鸭、鹅用处很多,既可吃蛋,也可积肥,还可在逢年过节鸡杀宰鸭,改善一下生活。鸡蛋、鸭蛋、鹅蛋也可用来换取油盐酱醋等生活用品,或拿到集市上出售赚几个铜钿,或用来作探望亲戚、病人的礼品。

养鸡、鸭、鹅所用的崽,一般在串村走巷、挑箩把担的小贩手中购买,但鸡崽也可自己用鸡蛋让老母鸡孵出。用老母鸡孵鸡崽,要选择有卵(俗称"虱")的鸡蛋做种蛋,筛选鸡蛋有没有"虱"的土法,是把蛋放在阳光下照射。

孵鸡时,要选用一种"讨孵"(想孵鸡)的母鸡来完成。识别老母鸡是否能"讨孵"的方法,是看它是否经常在墙角打转,并发出"咯咯咯"的叫声。选好母鸡后,要为母鸡在家门口的界沿角落里搭一个简单的鸡窠,铺上稻草,再把母鸡放进鸡窠,在它的身子下面放入鸡蛋。

母鸡孵一窝鸡所用的鸡蛋10~15个。放少了不划算,放多了效果差。经过20天左右,鸡蛋就能破壳钻出小鸡来。顺利的时候,小鸡的"出生率"在8到9成。不顺利的时候,母鸡孵到一半不肯孵鸡了,逃出鸡窝再也不肯回窝。那样的话,一窝鸡蛋都会变成"混蛋"。

鸡崽和长大后的鸡食料是有区别的。鸡崽吃的是米或粞(碎的米粒)。鸡长

昆南农家的鸡棚

大后一般吃稻谷和麦粒，有时也吃一些青草。

每户农家养鸡数量少则几只，多则十几只。因此都要搭建一个鸡棚，让鸡们晚间居住在里面。传统的鸡棚较低矮，用泥堆墙或用砖砌墙，用草轩或土瓦盖顶。前面开一个门口，用一块可从上到下闸下的木板做"鸡棚板"（门）。

旧时的鸡棚一般分两层。下层是鸡的住宅；上层铺设稻草，是鸡下蛋的地方。当然不孵鸡时，也可在界沿角落里铺一些稻草作鸡下蛋的窝。鸡想要下蛋时就会自己钻进鸡棚、鸡窝中，下完蛋后会满面通红地自动报喜，发出"咯嗒，咯嗒"的叫声。

水泥出现后的鸡棚是平顶的，也用砖砌成。大多一面紧靠房屋的墙壁，这样可省去一垛墙壁。侧面开有若干小的气孔，以利于空气的流通。顶部盖一块水泥板，这样就既可在上面磨镰刀，也能在上面洗衣服。

小鸡可圈在栈条里，也可养在鸡笼里。鸡笼是用竹篾编制而成的竹笼，形状像一只大的竹篮，但口部留有小口。养鸡时，鸡笼常放在客堂或界沿角落里，为防止鸡屎从鸡笼中漏出，底部要铺上一些较硬的纸片。

鸭子在昆山被俗称为"鸭连连"。鸭的习性和鸡不同，它喜欢在水中游玩，寻食螺蛳、小鱼之类，因此很小的时候就会下水。但是，河中的食物往往满足不了鸭连连的胃口，因此它们也是要经常上岸回"家"进食的。

农家给鸭子吃的食料大多是谷子，谷子要和着水才能被吃下，因此要放进添有清水的鸭食盆里。鸭子吃到了秕谷还算马马虎虎，如果吃到了砻糠（稻壳的壳），那就白高兴一场了。因此有了"鸭吃砻糠空欢喜"的俗语。

家养的鸭子数量少时，可和鸡合住在同一个棚子里；数量多时，也要另外砌一个鸭棚。鸭棚的结构和鸡棚大同小异。

鸭子比鸡野性得多。黄昏时，牛羊牧归了，鸭子却有时不肯归巢，此时人们就会来到河滩上，口中叫着"鸭连连连……鸭连连连……"把它们呼上岸来，拦回家中，称"拦鸭连连"。

养鹅和养鸭的方法基本相同。鹅也喜欢下水。鹅的个子大，食量也大，一般的农家养的数量不会太多。鹅的食料主要也是稻谷和麦粒。但鹅还喜欢吃水芹（昆南俗称"阿拉芹"），因此养鹅的人家要常到水沟里割了水芹喂鹅。

民国时期，昆南也有少数有技术的农户饲养成群的鹅鸭，每群100～200只，用船游牧，靠产蛋收入。新中国成立后，用船放养鹅鸭的情景，曾一度屡见不鲜。

2.家畜饲养

农家素来不养奶牛，饲养的是耕牛，大多为水牛，此外还有少量黄牛。饲养耕牛用来代替人力，解决耕地、灌溉等繁重劳力。

旧时只有富裕的人家养得起耕牛，贫困人家是不养耕牛的，因此耕牛的数量并不多，每个自然村多则10头，少则2~3头。新中国成立初期成立农业合作化后，耕牛为集体所有。农家不再饲养耕牛。每个生产小队集体饲养的耕牛至少有2头。

耕牛的"家"叫牛棚，牛棚是一种竹木构架的草棚，大多以泥土（下部）草轩（上部）作墙壁，也用草轩盖顶。构筑牛棚，称"搭牛棚"。有道是："老牛入了冬，独怕西北风。"因此牛棚上的草轩要围得厚密，防止老牛被冻死。

晚间和农闲时，耕牛被饲养在牛棚里。耕牛与耕牛之间喜欢用角争斗，因此饲养两条以上的耕牛时，牛棚中间要用木杆隔开。

牛在牛棚外闲着时，被系在树桩、牛桩（木桩）或牛头石上。牛头石是一块用于拴牛的石头，重量一般都超过50斤。牛头石或为石锁状，绳子系在"锁"把上；或为长方形扁石，一半埋在地下，一半露在地上用于拴牛，石的头部有一个圆孔，用于穿牛管绳。

耕牛以自然生长的青草、豆饼、柴草为饲料。牛在闲着或耕作歇息时常被牵到田埂、河滩吃青草。夏天时，天气炎热，农人常将牛牵入河中，俗称"放水"，让牛降暑去热。或者为牛挖一个泥潭（俗称"牛坑潭"），让牛泡在泥水里。

旧时，有钱的人家饲养耕牛，有的用"看牛囡"看护。看牛囡最小的只有八九

牛头石

岁,他们整天和牛在一起,晚上也要跟牛睡在一起,半夜里还要给牛添草、添水。

有道是:"秋草备得好,腊月老牛笑。"过冬时,牛常吃干草和豆饼。因此秋天里要腾出空来斫牛草。牛草的种类不少,浆麦草、水牛茎、苜蓿、红花草等牛都喜欢吃。牛草晒干后要堆起来,以备牛冬天食用。当然,为弥补干草、豆饼的不足,有时还以稻草为饲料。不过,稻草要用水浸软后,用铰刀铰成三四寸长,才能放在牛料桶里,加入豆饼,让牛咀嚼。

光绪年间《周庄镇志·物产》称:"乡间豢养母猪,产有二三十子,屠肆所宰不过六七十斤,肉嫩皮薄,远胜他处。"豢养,即喂养。养母猪可不断地生产猪崽,猪崽可卖钱。养肉猪可吃肉。"觔肉嫩皮""远胜他乡"说明猪肉的质量好。

旧时养猪都用米糠、秕谷、麦麸和草为饲料。米糠来自于加工大米时留下的辅料,麦麸是麦粒加工成面粉时留下的麦皮。米糠呈浅黄色,细腻,味略苦,营养丰富。米糠用开水冲泡后,再用木棍或竹片一拌,就成了糊状的猪食。米糠泡猪食时,用猪食桶(专用的提桶)作盛器。猪一日三餐都先装在猪食桶里,再把桶拎到猪圈里,倾倒在盛猪食的石槽里。

猪石槽大多用黄沙石制成,呈长方形,长50～60厘米,中间为"凹"状,是一种用石料凿成的专供猪使用的"餐具"。石槽也是一种泛称,农民有时也用木板钉成一只猪食槽,或使用砖制的猪食槽,但也都被称作"石槽"。猪一见猪食就会迫不及待地上前把嘴巴拱进石槽,晃着耳朵闷头大吃。有时还会发出"喷喷喷"的响声。

新中国成立后,开始用柴糠、草糠等作猪的辅助饲料。柴糠是用清白的柴草轧成的糠,草糠是把青草晒干后轧成的糠。20世纪70年代后,还用从河浜中打捞的水花生、水葫芦、水浮莲等水生植物打成的草浆作猪食的辅料。

喂猪用的石槽

养猪首先要搭好猪棚。猪棚和牛棚不同。牛棚较高大,猪棚比较矮小;牛棚的门敞开着,猪棚的门是关着的。猪棚也用木头或竹竿做梁柱,但梁柱较牛棚细。猪棚的墙一般也和牛棚一样,下端用泥土堆成,上部围以草轩,顶部大多也盖草轩。猪棚的门不太讲究,一般用杂树木板或者竹片钉成。门上也会配上铁质的拳头和裤钮,需要时用锁锁住。

20世纪70年代后,农家搭建的猪棚也有用瓦盖顶、用砖砌墙的,但墙的上端往往仍围上草轩。一个猪棚往往兼作多用。其中一部分用作养猪,称"猪圈"。圈内铺稻草或麦柴猪圈的三边靠墙,外侧拦竹木钉成的栅栏,称"猪拦栅"("栅"字,昆山方言读"sà")。农人喂猪时,经过猪拦栅把猪食放进里面,因此猪拦栅不能过高。但是猪拦栅也不能过低,过低了猪就能跳出来,逃到圈外,拱坏菜园里的种作(播种的作物)。猪棚的另一部分可用作堆叠柴草,稻柴、麦柴、菜其都可放入其中,一些农具和杂物同样可放入里面。

农谚云:"猪吃百样草,只要用心找。"猪吃的草料大多是用斫草、捲草、揉草等方式获取的。

斫草,就是用镰刀割青草,有时也被写成"捉草"。河滩上,田岸边,水渠两侧……青草到处都有。麦苗、油菜花生长时,麦沟里、菜花沟里的草特别嫩,用来喂猪,猪能吃得膘肥体壮。

妇女在劳动歇息时或者收工后,提着篮子、背着羊箪斫一篮或一箪青草,是轻而易举的事情。农村里的孩子从小就热爱劳动,把斫猪草当作了一种家务劳动,放学后也常提着篮子或箩头到野外去斫猪草。猪草斫多了一时用不完,就被摊在场上晾晒。日积月累,晒干的猪草可垒成草堆,那样就可打成草糠,作为猪冬天的饲料。

斫猪草

捲草,就是用捲竿捲取长在河底的水兰草和一种被俗称作"蹦蹦枪"的水草。水兰草长在水底,是一种青色条状的水草,很水嫩,轻轻一掐就会断掉,昆南俗称其为"边子叶草"。蹦蹦枪漂浮在水面,状似莼菜。

捲草

捲竿用两根等长的竹竿做成,竹竿的颈部用绳子扎住。张开捲竿,便可入水夹草;卷紧捲竿,就能拉草出水。捲草可在岸滩上进行;也可撑一条小船,在河中边漂泊边进行。捲草这种活较为轻松闲散,男女老少都能做。

揉草的"揉"字,本义为用力推,揉草就是用揉刀在水中割草,主要割的也是水兰草。揉草同样可在河岸上或摇船进行。揉刀入水触及河底后,人握着竹柄作水平推拉,被割断的水草就会余出水面。等到水草累积到一定数量时,可用草拉耙把草捞到岸上或船上。草拉耙用一根根带钩子的铁丝扎成,上面装有竹柄。

摇船在水中揉草,割下的草往往会被风打到下风头的河滩头。遇上风大时,揉草前要相距一段距离在下风头拦上竹篙或用麦柴编织的柴龙,让竹篙或柴龙拦住水草,防止水草漂散开来。

水草可直接用来喂猪,也可混在米糠里拌成猪食,也可打成草浆或晒干后打成草糠喂猪。

以前农户养猪的目的主要是为了积肥,即使用来出售,也赚不了多少铜钿。民间流传着"养了三年蚀本猪,亚好田脚不得知"的农谚。当然饲养猪娘(猪婆)的人家,猪娘落(生下)了一窠小猪仔,还是可拿到集市上去换取几个铜钿的。

旧时所养的猪很少做阉割,母猪到了生育期就会终日吼叫,俗称"叫窠"。新中国成立后,建立了兽医站,为使肉猪更好地生长,派出兽医,定期下乡给猪阉割(俗称"铣猪猡")。

有的人家养猪是为结婚喜庆和逢年过节准备的。儿子女儿要结婚,提前几个月买一头猪崽养着,到时候杀了猪就不需买肉了。经济条件尚可的人家,入秋后也会合伙养一头猪,到春节就将猪杀了,几家亲戚分而食之。

大集体时期,生产队集体养猪,猪棚集中建立在工场上,配有饲养员。饲养员负责饲养耕牛和猪。饲养员喂猪用老虎灶烧水,挑着担桶喂猪。老虎灶砌在烧水棚里,棚里还搭有简单的木板床铺,供饲养员晚上睡觉。

光绪年间《周庄镇志·物产》载:羊"近地所豢,俱毛白而有角者,俗名'山羊'。春生之羔,至秋可宰。其毛亦可为笔"。旧时,昆山农家饲养的羊主要是山羊。20世纪60年代,从外地引进了绵羊(俗称"湖羊")。山羊的角较细,很长,向两侧开张。山羊好斗,脾气急躁,乡下人称"羊拔犟"。湖羊角短,耳大下垂,毛白,尾巴上翘,性情温柔。

有道是:"养羊勿折本,只花一根绳。"山羊大多是放养的。早晨农家常把山羊从家中牵出去,将牵羊的绳子扦插在田岸、河滩上,晚上才将它牵回来。当然,农人平时也要抽空为羊割一些青草,以备下雨天供羊食用;并把草料晒干,以备羊过冬时食用。

农家养的山羊

养山羊以食肉为主。锦溪的朱浜、祝甸二村,旧时每逢春节家家要杀山羊。杀了羊先要祭祀,然后烧煮后分食。这一风俗沿用至今。

农家饲养湖羊,有时放养,有时圈养。圈养就是把羊养在羊棚里。羊棚搭建简单,顶部盖轩,四周拦木栏。养湖羊主要用来剪羊毛。羊毛剪了一拨又一拨。羊毛剪下后就卖给前来收购的商人。当然,绵羊老了也会被宰杀食用。

旧时农家养少量白兔,也以圈养为主,兔子喜欢吃青草、青菜。新中国成立后,为发展家庭副业,有的曾养过长毛兔,剪毛出售。

二、蔬果种植

蔬果,是蔬菜和瓜果的简称,它们是农村食粮和经济的重要补充。果蔬种植也是农业劳动的一部分。

1.蔬菜种植

光绪年间《昆新合志·物产》中记载的蔬菜,有油菜、菘、韭、葱、蒜、辣茄、莴苣、苋菜、芫荽、香芋、薯芋、茨菇、荸荠、茭白、芥菜、菠菜、扁蒲、萝卜、甜菜等。

其中的"菘",就是大白菜。志书称:"菘,即白菜,俗呼'大菜'。味甘美。"芫荽,就是香菜。扁蒲,昆南称"地蒲"。

薯芋,就是山药。志书称:"沙土培之者佳,避宋(唐)讳,呼为'山药'。"意思是:薯芋是为避讳唐朝代宗皇帝之名李豫而改名"山药"的。

韭,即韭菜。志书称:"韭,出圆明村者佳,夏杪摘茎,名韭花。隆冬抽芽,如鹅黄色,质脆味鲜。"韭菜夏末秋初可吃嫩茎,冬天可吃韭芽。圆明村(今在玉山镇范围内)出产的韭菜曾名噪一时。

清代《陈墓镇志·物产》中记载的蔬菜,有藏菜、苔菜、野菜、芥菜、春菜、菘、马齿、菠菜、蓬蒿菜、萝卜、落苏、莴苣、香菜等。

其中的"落苏",即茄子。芥菜,有黄农芥、鸡脚芥、白芥三种。菘有紫菘、白菜、夏菘三种。

莴苣,即莴苣笋。志书称:"莴苣,一名'千金菜'。高丽国使者入贡,隋人求得其种,酬以千金,故名。"莴苣笋的种子是从高丽国(古代的朝鲜)传入的,因此在当时价格不菲。"莴苣"的"苣"(jìu)字,和昆山方言中的"贵"读音相同,"苣"就是价格贵的意思。

农家种植各种蔬菜方法大致相同,同中有异。或先育苗、后移栽,或直接播种而不作移栽。种子或上街购买,或自己隔年留种。

播种前,一般先要用铁搭翻好田块,将泥土整平、捣细,然后撒播上种子。但也有免耕而不翻耕的。播种时,要施好底肥,再浇上清水。蔬菜出苗后,还要不断地浇水、施肥,以满足其生长的需要。

藏菜、白菜、茄子、莴苣之类,长大后个子较大,要留出生长的间隙,因此菜苗稍大后要移栽。移栽时,先用铲子挖坑或用铁搭套(垄)出小垄(肋头),再施上积肥,然后将菜秧放入,压好泥土。

小青菜、菠菜、蓬蒿菜之类,因长大后个子不大,长得也比较密,因此采用直播的方法,把种子撒在塇上就行了。

茨菇,也称"慈姑"。种植在水田里,在夏秋之间植苗。也像种植水稻一样分育苗、移栽两个阶段。整个生育期不仅要保持浅水,还要进行除草、剥叶等田间管理。

芋艿、茭白、荸荠的种植,称"排"。分别称为排芋艿、排茭白、排荸荠。排,就是条播;排,还有排成行列之意。

农家种的山芋

芋艿有水芋、旱芋两种。水芋适于水中生长,可排在水田、低洼地或水沟里。旱芋排在旱地上,但也要保持充足的水分。

芋艿在夏天种植,用隔年留下的芋头作种子。苗长出后,要多追肥。到了秋天,便可收获。收获芋艿称"挖芋艿",

方法是：将芋头和茎根挖起，再用刀切除茎，去净须根，洗净，晾干。

清洗荸荠

茭白是用分株方法栽种的，一般排在水滩上。春天杨柳报青（返青）时，茭白也报青，这时从隔年的茭白茎中掰出几株茎来，便可作新的秧苗。排茭白先要挖坑。坑挖好后，在坑中放入鸡屎之类的农家肥，将根放入坑中，压上泥土，茭白就排好了。待到茭笋丰满后，掰下来便可食用。

荸荠，旧称"地栗"。清代《陈墓镇志·物产》载："地栗，生水田中，色皮红者味美，黑者次之。"荸荠或排在池沼中，或排在水田里。民国时期，正仪、南港、锦溪等地的农民都在水田或利用沟、滩洼地种植过荸荠。

荸荠的种植也分育秧、移栽两个阶段。育秧在旱地上进行，将地翻好、捣细后，将球茎（种子）一个一个地按入泥中，签子（芽头）朝上。待苗长高后，就可移栽了。

如果在大田中栽种植荸荠，则先要将田深耕、细耙、整平、清除杂草、施好基肥。排荸荠，就是将培育的小苗分开栽种，株行距均为30×40厘米左右。种好后，田中要经常保持浅水，并多次追肥。

荸荠在"水黄梅"播种，霜降后收获。收获荸荠时，或用铁搭垒泥，将泥块翻转过来后用手把荸荠挖出来；或将荸荠直接从泥中挖出，俗称"摸荸荠"。荸荠收获后，要放在筛子或网袋中，由两人抬着，在河水中反复清洗，除去板结在身上的泥土。

有时，农田中也会长出一种野生的荸荠。这种荸荠个子较小，自然生长在水田中，经年不断。锄地时，经常能在不经意中获得。

光绪年间《昆新合志·物产》中记载的豆类植物，有黄豆、白豆、青豆、玛瑙豆、紫豆、黑豆、绿豆、豇豆、赤豆、豌豆、蔬豆、蚕豆、刀豆等。其中对豌豆的解说为："豌豆，其苗柔宛，故名。又名'小寒豆'，又名'野蚕豆'。粒小圆如珠，百谷中最先登者。"

昆南称蚕豆为"豆"或"青豆"，称大豆为"黄豆"，称豌豆为"寒豆"，称豇豆为"长豆"，称白扁豆为"羊眼豆"。

盛豆

据清代《陈墓镇志·物产》记载,蚕豆,因在割稻时种植,在养蚕时成熟而名;大豆也名"毛豆";刀豆,因形似刀荚而名。豇豆有两种,一名"裙带豆",一名"十八豇"。

在昆山农村,黄豆、蚕豆、黑豆、赤豆、寒豆等豆一般都种植在野外,常选择旱地、田埂、河滩等地种植。种豆的方法以点播为主,因此俗称为"盛"或"裱"。如"盛毛豆""盛寒豆""裱赤豆""裱寒豆"等。盛,读"shéng"。"盛"是把东西放进去的意思,如"盛饭";盛毛豆、寒豆,就是把毛豆、寒豆种子放入打好的潭、扒打好的穴中。"裱"是将种子一颗一颗地放入潭或穴中。因此毛豆、寒豆的种子不是撒播的,而是点播的。

这些豆可盛在整块旱地上,也可盛或裱在零零星星的边角地里。有时先要将土地耕作、整理一下,或做一个墒头。播种时,一般先要打潭或扒穴。打潭用潭柱作工具,扒穴用铁搭作工具。潭或穴打或扒好后,就可将豆种植盛(裱)进去。有时为了保证每个潭或穴中种子都能发芽、长出豆苗来,对于一些有瑕疵的豆种可在同一穴中放入两颗种子。

豆种放入土中后,要放入猪粪、鸡屎、草木灰等肥料,再用泥块将潭或穴填满,以防鸟兽将种子啄掉、衔走,然后浇上河水。也有的时候,农人直接用铁搭垄开一块泥土,在泥坑的两头各放进两粒豆种,再翻转泥块,踩上一脚。

盛(裱)豆还可采用流水作业。先把整排或整墒的潭打好、把穴扒好,然后在潭和穴中逐个播种,种好后一齐施肥、压泥。像毛豆、赤豆之类的小豆,如果地面较烂,也可直接用手指插播,即用两个手指捏住一颗种子,插入泥土,留种子于泥中。对刚收割后的稻田同样可不作翻耕,在稻茬中用手指捅进三四粒种豆。

乡间还有一种种豆的方法称"植边"。植边因种植在田岸的边上而得名。其法为:将黄豆、赤豆等豆种点播在水稻田埂或捋好的"被岸"上。

刀豆和羊眼豆,因可作蔬菜,一般也像丝瓜一样种在场角或住宅前后的菜园里。因为它们长有藤蔓,因此也可种植在篱笆边上,或专门搭一个篱笆状的绳墙。

长豆一般种在野外,也像黄瓜一样分播成左右两排,搭一个简易的竹竿骨架、草绳穿绕的棚架。有的长豆棚只有一个立面,像一堵墙一样竖着。长豆苗长大后,瓜藤就爬在草绳上。长出的长豆一根根挂在棚子上。采摘时可直接用手把长豆从藤上拉下来,也可用剪刀将长豆剪下来。

搭在河滩的长豆棚

还有一些蔬菜本来是野生的,如马齿、野菜等。以前并不种植。但近年也被菜农种植了,并在菜市上销售。

马齿,也称"马苋",俗称"马兰头",一到春天,马兰头返青疯长,田岸上、河滩上,到处都是。获取野生的马兰头不用镰刀斫,而用一种装有木柄的铲子状的小刀做工具,一棵一棵地从地面挑起来,称"挑马兰头"。

挑回家的马兰头要把杂质拣干净,用水清洗后,烧煮一下(俗称"来"),再绞去水分,像青菜一样煸(干炒)着吃。一时吃不完的马兰头,可摊(铺开)在匾中放在太阳底下晒干,使之成为吃起来喷香喷香的"马兰头干"。

光绪年间《周庄镇志·物产》载:"荠菜……古谓之'甘菜',贴地作锯叶,秋生冬食。清明后,分抽歧茎,开小白花。"野菜,学名"荠菜",是一种高纤维蔬菜。

岁末年初,野菜是最嫩的,最适合于食用。如果过了二三月,野菜开了花,就会变老,不能食用了。获取野菜用"挖"的方法,称"挖野菜"。挖野菜时,要带上一小截根部;如果用斫,茎叶就会散开,成不了棵了,洗、烧和食用都有所不便。

清代《陈墓镇志·物产》载:"野菜……按时而食,味香俱美。"野菜的味道很美,如今人们爱吃的野菜馄饨就是例证。野菜还可放入肉丝、鸡蛋等中炒了当菜吃。

2.瓜果种植

《昆新合志·物产》中记载的瓜和瓠,有西瓜、冬瓜、南瓜、丝瓜、生瓜、甜瓜、黄瓜、熟瓜、葫芦、杨庄瓜等。

志书中称:"西瓜,出杨庄者佳……杨庄在县西三里,相传有仙人传瓜种,花实俱小,而味极甘。"正仪杨庄的西瓜,在当时十分有名。杨庄瓜中有一个品种称"金粟瓜"。"金粟"之名,来源于明代文人顾阿瑛的名号"金粟道人"。

民国《巴溪志》称："湖旁农田最宜种瓜,暑令熟时,采销各地,人争购之。因瓜皮黄色,名曰'黄金瓜',肉甘洁……又名'香瓜'。"香瓜,是一种圆形的小瓜。有圆形白色的,有长形青皮绿肉的,其中黄金瓜尤为著名。黄金瓜的皮色橙黄,郁香充溢,肉白脆嫩,味如蜜露,为夏令珍果。

光绪年间《周庄镇志》载:"南瓜,亦名'番瓜',贫家用以代饭,故又名'饭瓜'。有长、扁二种。皮肉皆黄,可和米粉作团。"南瓜,也称"番瓜",因为这种瓜的品种来自国外,故名。

明代时,南瓜传种于南京与燕京(今北京)之间,入清后才传到昆山。昆北农村有一句俗语:"面黄昏、粥半夜、番瓜肚皮跑一大(次)。"意思是:种南瓜可代粮食用,但虽饱食却易饥饿。

黄瓜,是一种长条形的瓜。可生吃,也可做成菜肴。因为其品种是汉朝张骞出使西域时带回来的,故也有"胡瓜"之称。

《周庄镇志·物产》载:"黄瓜……蔓长而毛,摘伤则瓜苦。四月开黄花结实,皮多瘤刺,至老则黄,可生食,并可作酱菜。""蔓长而毛","皮多瘤刺"是黄瓜的外形特点。黄瓜初生和嫩瓜时是青色的,长大后变成黄色。

此外,昆南种植的瓜类中还有三种瓜值得一提,一种俗称"贼不偷",一种俗称"老来黄",一种俗称"少地瓜"。

"贼不偷"的外形类似短的生瓜,但头大尾小,长相难看,连偷瓜贼都看不上,因此才有这个"诨名"。但味道却堪比甜瓜,还比甜瓜脆嫩。

老来黄,因成熟后皮色发黄,故名。瓜的形状像甜瓜,青的时候并不成熟,但采摘下来后焐一下就熟了。这种瓜味道甜糯,老人和小孩最喜欢吃。

农家种植的西瓜

少地瓜,不是地瓜(红薯),是一种比生瓜稍短、略粗的皮色青绿的瓜。比生瓜脆嫩,可生吃,但不能像生瓜一样腌制或炒菜。

旧时,每年夏熟,农民都要安排一些农田、旱地和零星的地块,种植西瓜、生瓜、南瓜、香瓜、甜瓜、老来黄、少地瓜。

大集体时期,生产队里也有在麦田

中套种西瓜的。麦收后播种西瓜,立秋前及时收藤,播种晚稻(瓜翻稻)。

播种西瓜,也要先育苗,再移栽。育苗落种的时间在清明前后,秧龄在20天左右,生长期60天左右,到了农历六月间就可采摘。

西瓜育苗的方法是:先将罱好的水河泥铺在场上,泥要铺成6~7厘米厚度,等泥略干后用锹划成小格子。再用芦苇秆子插洞,每个格子中一个洞。然后在每个洞里嵌入一粒西瓜子。最后用牛皮纸(后用尼龙纸)盖在上面,以起到保温作用和防止遭受鸡鸭、鸟类的侵害。

西瓜的移栽以"塘"为单位。"塘"即圆形浅坑。一塘种植3~4棵秧苗。瓜秧在移栽前要施好基肥。移栽时,先开挖好塘子,再种入瓜秧,然后将塘子周边的泥土用铁搭翻耕,并在四周开好水沟,防止雨天积水。

西瓜的藤长得很茂密,且四处蔓延,因此还要进行整枝,并清除杂草。整枝,就是选留主蔓和健壮侧蔓,将其余的子蔓、孙蔓以及枯藤、死藤除去。西瓜的花也有雌雄之分,因此在花期,为确保西瓜的收成,可选择低温或阴雨天气作人工辅助授粉。

大集体时期,生产队常安排中老年人种植西瓜,小瓜、生瓜。为便于田间管理和防止晚上瓜被偷盗,种瓜人要在瓜田旁边搭一个草棚,棚中放一只行灶,在里面吃住,称"看瓜"。

有道是:"小暑吃小瓜,大暑吃大瓜。"到了夏天,生瓜、香瓜等"小瓜"和西瓜等大瓜先后成熟。生产队里种的瓜,待成熟摘下后,只有极小部分分给社员尝新,大部分要拿到外面去出售(卖瓜),以增加副业收入。

丝瓜大多种植在家中屋前的场地上,丝瓜是农民夏季常吃的蔬菜,种在屋前便随时都可采摘了。种植丝瓜,也以"塘"为单位。一塘丝瓜种植2至5棵瓜秧。一般的农家要种数塘丝瓜。

丝瓜的瓜秧种好后,也要搭一个丝瓜棚。简单的丝瓜棚是在瓜塘一侧竖两根竹竿,竹竿之间用草绳交叉缠出一个网状的平面。农民还习惯将几个丝瓜棚和猪棚、屋檐用草绳连接起来,使这种"网"式绳架像蛛网一样延伸到角角落落,以舒展瓜藤蔓延的空间。这样丝瓜长大后,就会一条条挂在"网"下,满场满院的丝藤和瓜条让农家罩在了一片绿荫里,成为一个绿色世界。

农家种植丝瓜,除了适时浇水、施肥外,不需要作吊瓜、摘叶之类"烦琐"的事情,而是让其自然生长,自然凋零。有的丝瓜长老后,农民也不急着将之摘掉,而是让它从青变黄,自然枯萎。枯萎的丝瓜内芯变成了纤维状,称"丝瓜蒲"。旧时,没有钢丝球之类的东西,丝瓜蒲被摘下后就被揉去瓜皮和瓜子,当作了厨房中刷锅、洗碗的工具。

有道是:"过了三月三,黄瓜葫芦一起栽。"南瓜、黄瓜、葫芦、长豆、丝瓜都在同期播种。

南瓜的种植,也以"塘"为单位。也可先育种,再移栽。南瓜的藤蔓有向上攀附的特性,因此瓜苗可种在靠近猪棚、柴堆、围墙的地方,让瓜藤爬到高处,瓜果结在高出。这样可防止结出的瓜果被牲畜糟蹋,或因受潮而腐烂。

黄瓜的种植,同样以"塘"为单位,先用瓜子育苗,再作移栽。移栽在塘里后,要多泼粪、浇水。移栽黄瓜时,先要在地上用铁搭整地、起垄。再在垄上扒窝,栽入瓜秧。瓜秧要种成左右两排,每排20棵左右。

农民在搭建黄瓜棚

黄瓜的瓜秧成活后,要搭上一个黄瓜棚。黄瓜棚像屋顶状,骨架用竹竿搭成。顶部横贯的竹竿较粗,两侧的竹竿较细。骨架搭好后,用草绳将两侧穿绕成网格状。黄瓜秧长生出藤蔓后,也要像丝瓜一样将藤蔓引到瓜棚的草绳上,使其不断蔓延上爬。瓜果结成后,就吊在瓜棚上。

3.其他种植

瓜果中自然也包含水果。根据光绪《昆新合志·物产》的记载,当时所产水果有柑、橙、杏、桃、李、银杏、石榴、香橼、樱桃、葡萄等。

光绪年间《昆新补志·物产》中,出现了"蟠桃"。称:"蟠桃,俗名'扁桃'。邑境向无此,种从他处贩售者,颇希贵。近购种纷植,与蜜桃俱繁茂……"意思是:昆山以前是不种蟠桃的,所吃的蟠桃都是从外地贩来的。光绪年间,蟠桃才被与水蜜桃一起种植。

根据宣统年间《信义志稿》的记载,正仪的塘南(娄江南岸)曾种植过一种桃树,是用枇杷树嫁接的。结实后"皮肉皆黄色,较太仓水蜜桃形小而味更甜"。

不过,旧时的农村大多数果树是不作嫁接的,任其自然生长、结实。如桃子,生出的果子又小又生,俗称"毛桃"。

昆山部分农村种植的水生植物,有菱、藕、芡实、莼菜等。这些东西都是水中之宝,乡间美食。

清代《陈墓镇志·物产》称:"菱……两角为菱,三角、四角为芰。其花昼合夜开,随月转移,如葵花之向日也。有红白二种,红者名'老来红',红白者名'馄饨菱''沙角菱'。又一种特大菱,色红,名'雁来红'。黑者,名'乌菱'。秋末,壁旁用竹织篱将菱栈入,吹干,名'风菱'。"

旧时,菱被广泛种植在菱塘或河浜里。其中盛产于南港乡东塘港的东塘菱曾经很是有名。东塘菱属馄饨菱,无尖角,具有壳薄、皮白、肉嫩、味甘、清香等特点。

播种菱,俗称"下菱"。用隔年留下的菱种做种子。清明过后,把菱种浸在清水里,菱会自己长出芽来。这时候,只要把菱撒入河荡就可以了。当然,也可不作浸种,直接将菱种撒入菱塘中。还可先按菱塘地形划出纵行交叉的行距,两头插竿,牵绳作标记,再用船将种菱沿线绳均匀地放入水中。

菱在夏天开花,秋天收获,从播种至采收约半年时间。菱不需要每年都种植,种过菱的湖荡一到春夏之交,就会长出菱叶,自然生长,开花结果。采菱用小船或者菱桶作工具。用菱桶采菱,人坐在桶中,翻开菱叶,见菱就采。采完后菱叶还留在湖荡中,作风景点缀。

菱桶在水中晃荡不定,容易打翻在水中,因此划着菱桶采菱需要一定的经验和技术。不过,摇着小船或划着菱桶采菱,是乡村里一种很美的风景。因此常有诗人以采菱为题材,写出美妙精彩的诗文。

藕,又称"莲藕",是莲的根茎。藕味微甜而脆,可餐食也可药用。清代《陈墓镇志·物产》中有"藕,有田藕、荡藕之别。田者硬而老,荡者甜而松。出杨子荡者佳"的记载,说明以前当地在大田和湖荡中都种植过藕。

种植藕,也称"排藕"。常用从泥中挖出的老藕作种子,可在催芽后再种植,

农民在街头卖菱

种植在湖荡中的藕

也可在藕田中随挖随种。排藕时,要将芽头朝上,这样有利于出苗。

藕种植在湖荡中,方法比较简单,种植后不需要除草、施肥。但挖起来比较麻烦,不仅要排出湖水,人还要下到水中,在烂泥中摸藕。先要在河底找到藕,再要把藕的长短、大小、走势摸清楚,然后清除四周的淤泥,这样才能将藕完好无损地挖出。

种植在大田中的藕,挖起来要省力一点,但种植前要将田块翻耕、耙平,去除杂草。种下后要经常保持浅水,并作多次追肥。

收获藕,称"挖藕"。挖藕是在泥水里干活,又脏又累。冬天里挖藕,泥水冰冷刺骨,很是难熬。挖出的藕身上满是泥巴,要反复在清水中清洗,才能将藕洗干净。

三、草竹织编

草编,就是利用柔韧草本植物为原料编制各种生产和生活用品或工艺品。竹编,就是竹器编织。草编和竹编不仅是生产和生活需要,以前也是昆山农民的重要副业。

1.草编

草品编织技艺的源头可上溯到"结绳记事"。因"绳"与"神"谐音,先民们使用绳子打结来传递信息,表达思维,帮助记忆,以求吉利。

春秋战国时期,人们已用萱麻和蒲草编制斗笠。秦汉时期,草编在民间广泛使用,已出现草鞋、草席、草扇、草帘等用品。

明清时期,周庄有一种草编用品名叫"关衫",是用灯草皮编织而成的衣衫,形似蓑衣而少两袖,穿在身上坚密耐久。

草编,往往就地取材编织。昆山农村播种的粮食作物主要是水稻和小麦,这些作物的秸秆较为"柔韧",因此稻草编织和麦秆编织成为主要编织种类。

草编一般在冬闲时进行。有时在其他时节,因天下雨了不能出门干活,农民也会珍惜时间,在家中搞草编。利用稻草编织的草制品,主要有草轩、枪轩、枪篱、牛轩、草包、囤窠、脚炉窠、茶壶窠、草鞋等。

稻草编织中,最简单的恐怕就是搓草绳了。手工搓草绳的方法简单,但也要经过选材、跌柴、删柴、浸柴和搓绳多道工序。选材,就是选用清白有韧性的稻草。跌柴,就是用石榔头敲打柴草,使之柔软。删柴,就是将柴壳删除,留下茎干。为防止断裂,柴草在使用前还得放到水中稍微浸一下。

稻草、草绳、草鞋

搓草绳先要起头。稍粗的绳子用4～6根稻草起头,最细的绳子只需用2根稻草起头。起头时,先将稻草分成2股,人坐在凳子上用两个膝盖夹住柴的中部,将头部搓成绳子,再把绳头扎紧。

头起好后,把绳头倒过来坐到屁股底下,从稻草的中间开始往上搓。搓的方法是:用两个掌心分别按住两股柴草,用上手来回用力滑动。柴短了,就要添柴。添柴时,只要将柴头夹入绳的中间,往前搓动就行了。

绳搓好后,要把露出的柴头用剪刀剪掉,使绳子光滑。然后把绳收起来。收拢绳子的方法是:一手掖着绳子的一头,一手将绳子的另一头拓展开来,然后收拢绳子,使成绳圈。一个来回称"一拓",两个来回称"两拓"。拓完绳后再把绳圈扎好待用。

压枪轩、枪篱、草包都要用到草绳,捆扎东西、做蒲鞋、搭长豆棚、搭黄瓜棚等也要用草绳。因此搓草绳是农家的常事。搓绳属比较省力的农活,但手皮容易起泡,甚至破裂。因此一个完整的劳动日,一般也只能搓150拓左右。

绳和索联系在一起,称"绳索"。"索"是较粗的草绳。索不能搓,只能绞,称"绞索"。但材料也是稻草。绞索,就是用索车头和退索机作工具将稻草绞编成较粗的草绳。

绞索需3人一起作业:1人摇索、1人退索、1人添柴。绞索时,先要将索车头竖起,插在长凳的一头,用木块插紧。摇索者坐在长凳上把住摇手,退索者把退索机系在腰间。起先,摇索者把几根稻草绕在一个摇手上,并不断添稻草,朝同一方

枪轩

向摇动摇手,把一股柴蹼(绳索的半爿)绞至一定长度后,回拉成两股。接着,摇索者双手摇动索车头,退索者将钩子钩住柴蹼中间,朝相反方向摇动退索机。添柴者边添柴,边用一根短竿插在两股柴蹼的中间倒退着滑动,索就绞成了。

枪轩是一种草料遮盖物,长3~4米,宽80厘米许。能用于遮盖稻谷、麦粒、油菜籽,搭建草棚,砖瓦土坯的遮盖等。

压枪轩,用柴草、草绳、竹竿作材料,用沿紧步(枪篱骨)作工具。沿紧步先要穿进竹架,再绑扎好,竹架是分立在两侧的竹竿。压枪轩虽是一种简单的草编,但麻雀虽小,五脏俱全,也有绕绳圈、嵌绳圈、编织和收边4道工序。

压枪轩前,先要将一根根草绳绕成绳圈。绕绳圈方法是:将草绳折成长短相等的两股,一只手用空拳捏住草绳一面的中间部位,另一只手将草绳不停地绕在手上。一面的绳圈绕好后,把手从中抽出,从另一面绕另一个绳圈。两个绳圈都绕好后,从芯子里抽出一段绳子,将绳子分别嵌入沿紧步中对应的两个牙齿之间,这样就能压枪轩了。

压枪轩的方法为:先将一根与稻草等宽的竹竿平放在草绳中间作边纲,将绳团交换位置、收紧。再放入一小股稻草,将草绳交换位置、收紧。编织时,每隔一段距离要在中间添进一根竹竿。随着草绳从绳圈的中间不断抽出,竹竿和稻草的不断增添,枪轩就逐渐变长。编到需要的长度后,就可收边了。收边时,添上一根竹竿作另一面的边纲,用绳子打结,然后把多余的绳子用剪刀剪去,将枪轩从沿紧步上取下。

枪篱,是一种用竹竿、麻秆等为材料编成的篱笆,或围在离村口较近的农田周围,起保护植物作用;或围在屋前的场角上,形成一个种菜、种花的小园。

编织时,也要用沿紧步和竹架作工具,编织方法类同于压枪轩:先将一根竹竿或麻秆平放着嵌在沿紧步牙齿中的草绳中间,再将草绳依次一根根交换位置。一根编好后再添一根……

车荐,是用稻草编织成的用于搭凉棚、遮船、防雨、防晒等的遮盖物,比枪轩宽大而细密。车荐或因早先曾为牛车搭棚所用而得名。

压车荐的方法与压枪轩相似。而主要差别是：压抢轩较粗糙，压车荐较细腻；枪轩、枪篱为毛边，编织时不需要转头；车荐的边是光的，编织时要转头；车荐宽度较大，添柴时要在中间拼接。

轩，本义是古代的一种有围棚或帷幕的车，或者有窗的长廊或小屋等。草品中的轩，是用稻草编成的搭建草棚、遮盖物体用的草帘子，有硬、软两种。硬轩的一边（上部）穿有竹竿，软轩则不穿竹。二者各有用途，但编织轩均称"打轩"。

打轩前，一般也要先删柴。把柴壳删去了，打成的轩就干净利索了。打轩时，人坐在小凳上操作，不需借助编织工具。为防止衣服被弄脏、弄破，有时腰间要系布裙，手臂上要套袖套。

打硬轩，要将竹子一头放在左膝盖上，右脚踏住稻草。取一小把稻草当绕扎的材料（俗称"蹼子"），头向上紧绕在竹竿上，用左手管住。再取一把稻草，放在竹竿上。柴头向上与竹竿垂直，并在竹竿上端留出一截。稻草压住蹼子后，从中分出一小缕作新的蹼子，绕住竹竿打一圈。然后，继续在竹竿上添一小把稻草，用跟上面相同的方法编织。以此类推，编完一竹竿，一片草轩就打好了。

打软轩，不需要竹竿。起头时，先用一缕稻草打折做蹼子，中间夹一小把稻草，两手拧紧绕一圈。接着，在蹼子中间加入一小把稻草，从上一把稻草中分出两缕作新的蹼子，用蹼子继续打绕，直至编到需要的长度。

硬轩比较"硬仗"（坚固），可以挂在草棚的侧边作墙体；也可盖在草棚的顶上替代瓦片，抵御风吹雨打。软轩比较软，也比较灵活，在搭棚时可随意"拐弯抹角"，因此一般挂在草棚的侧面作墙体。

有一种轩，称"牛轩"，呈圆环形，宽2尺许，由两个半圆形的草轩组成。比牛车的车盘还大。是牛被拴在牛车上牵水时，垫在水车周围让牛践踏，以防打滑的草轩。

编制牛轩，没有现成的工具可借用，只能徒手编织，技术性也较强，只有草编能手才能编成。先要搓好草绳，再以草

用轩搭建的草棚

牛轩的式样

绳作经（纵向），稻草为纬（横向），像编织草鞋一样一圈圈挑压绞编。

稻草还可打草包。草包是长方形的柴草袋子。用稻草作原料，用木架、扣、箸作工具。编织草包，称"打包"。"扣"是一段长方形的木块，中间有许多个用于穿绳子的圆孔，圆孔错位排列。"箸"也称"添草竹"，用毛竹片做成，一头削尖并设有凹孔作钩子。打包前，先要将草绳纬状固定在木架上，将草绳的中间穿入扣中，并准备好用榔头跌（敲打）软、删除柴壳的稻草。

打包要两人搭档。一人用箸横向添柴，一人双手掌扣兼添柴。握箸的人站在右侧，当握扣的人翻动木扣时，交织着的草绳中间会出现一个狭窄的通道。这时候，握箸者迅速将箸穿过通道。掌扣者腾出一只手来将一抒（小把）稻草钩在箸上，拉箸者将箸拉回。稻草被拉入绳子中间后，掌扣者"哐当"一声压下木扣。

打包用的扣和压扣的原理，均与织布机上的扣和织布的原理相仿，只是织布机上用的不是箸，而是梭子。随着一次次稻草的添加和木扣交替着向内、向外的翻动和拍打，草包的草片便由短到长地形成了。

草片从架子上取下后还要修边，即让草片左右两边的毛边变成光边，方法是：将边上多余的柴草一抒一抒往里交叉翻转（折），因此俗称"转边"。

所谓的打包，其实仅仅是编织草片。一个草包由两个草片合成。只有将两个草片打好后用草绳拼合起来，才能成为名副其实的草包。草包长1米许，宽0.5米左右，常在水稻育种时用来存放种子，或装土后被用来筑堤防洪。

囤窠是储粮用具，有圆形、扁圆形等形状。扎囤窠也用稻草作原料，柴草同样要像搓绳一样经过精选、跌柴、删柴等多道工序的处理。使用的工具名叫"囤铲"（也称"囤插"）。囤铲有铁制的，也有用竹制成的。形状像铲子，根部为握柄，头部呈半圆形。

囤窠

扎囤窠有起底、扎壁、收边等工序。有的还要扎囤盖。人需坐着或站立在囤圈的外围盘扎。扎一个大的囤窠至少要花上2～3天时间。

起底,就是编制囤窠的底部。起底时先要起头。起头的方法是:取一把直径1寸许的稻草,用手捏紧,另用两三根稻草作蹼子将草把拧紧,并将蹼子顺着草把压倒(俗称"别倒")。再添蹼子,再拧紧、别倒,如此反复。草把扎到一定长度后,要卷成中间不留空洞的螺旋状。头起好后,再一圈一圈地盘扎囤底。方法为:将囤底竖起来,用囤铲在上一圈草把上插过,引入两三根稻草作新的蹼子。蹼子引至一半时,用手捏住抽出。抽至一半时交织拧扎,再将蹼子顺势别倒。这样以此类推,直至按尺寸把囤底扎好。

囤底扎好后,把囤底靠在膝盖上,继续扎囤壁。扎制方法与上述方法相同。但囤壁是直立的,因此扎草把时要逐渐往上拧,直至拧成与底面垂直的角度。扎囤壁时,囤铲是由外向内插入的,蹼子是由内向外引入的。

囤壁扎到需要的高度时,就可以收边了。收边的方法跟用蹼子拧扎柴圈一样。到最后不再添柴,要穿入绳子扎紧,然后将多余的柴梢剪去。

脚炉窠是存放脚炉的窠,茶壶窠是存放茶壶的窠,也均用稻草编成。脚炉窠编织的方法与扎囤窠一样,只是形状扁平,像脚炉一样;茶壶窠的样子像茶壶,可以像编牛轩一样编织。

在农村,搓绳、打包、压枪轩之类人人都会;扎囤窠、做草鞋、蒲鞋则技术含量较高,一般需民间巧手才能完成。

草鞋,是一种用稻草编织的简单凉鞋,有底无帮,鞋帮用草绳做成的别头(也称"鼻头")替代,在春、夏、秋季干活时穿着。

蒲鞋,是用蒲草编织的鞋子。有底有帮,大多在冬天时穿着。有低帮圆口蒲鞋、高帮蚌壳蒲鞋、儿童蒲鞋等。有时蒲草难于找到,人们就用稻草做成有帮的草鞋,这种草鞋样子和编制方法都跟蒲鞋相似,冬天穿着同样较为暖和,人们也将其泛称为蒲鞋。

编草鞋、蒲鞋的工具有多种,主要是木制的鞋耙(也称"推床")和鞋坯,此外还有矮脚小长凳(俗称"蒲鞋凳")和剪刀等。鞋耙呈"丁"字状,长45厘米许,上插7～9根(单数)高6厘米左右的蜡烛似的小木柱(木齿),侧面有一个钩状的扒头。使用时,要将扒头套在蒲鞋凳上。鞋坯是蒲鞋的"鞋样",形状像人的脚。不同尺

草鞋和蒲鞋的编织工具

寸的蒲鞋有不同的鞋坯。

做草鞋,要经过选材、跌柴、删柴和搓绳四个环节。须选择清白、干燥的稻草作材料,跌柴时要将稻草铺开洒上清水,柴要跌得比搓草绳用的软。做草鞋先要搓好绳子作底筋。底筋是套在鞋耙上的草绳,稍粗,约用6根稻草搓成,长约1拓。做蒲鞋还要搓帮筋。帮筋是用来编织鞋帮的草绳,用2～4根稻草搓成,每根长约尺许。

做草鞋较为简单,只要准备好工具、柴草和搓好底筋就行了。把底筋折成两圈分开套在鞋耙外面的2个小木桩上,形成4根底筋。人坐在蒲鞋凳上,将底筋的一头拉到腰间,穿结起来绕在腰上,这样就可以编织了。

编织的方法是:先将几根稻草搓成一段绳子,穿到底筋的中间,"挑1压1",经(纵向)纬(横向)编织。然后不停地添加柴草,搓成草绳或捻成蹼子,现搓现捻现编。草绳到达一边后要搓一下,别转(扭折)拐弯,继续编织。

编鞋底时,从跟部编起,再向头部逐渐推进。当编到脚后跟的两侧时,要分别留出2个用草绳做成的别头。编到一半时,要将2圈底筋,在鞋耙上套进两个小木桩。编到头部时,将2圈底筋合起来套到中间的小木桩上。编到脚趾处时,同样在两侧各留出2个别头;编到鞋尖上时,再留一段绳子做别头。

草鞋编制时不宜将绳子(或蹼子)搓(或拧)得过于紧密,要掌握一定的松紧度,太松了,草鞋不耐用;太紧了,穿着不舒服。

别头形状不大,但作用不小。当草鞋的底部编好后,将根部的两个绳头添柴搓长,将所有的别头用这两根草绳连接起来,就成了草鞋的简单鞋帮。

蒲鞋的编制要复杂一些,一般有搓绳(棕绳、麻绳或草绳)、编鞋底、编鞋帮、

编草鞋

扎口、修边等工序。蒲鞋鞋底的编织方法与草鞋类似,但鞋底编好后要编鞋帮,因此无需在编织时用草绳扭折留下"别头"。编鞋帮的方法是:先在鞋底的两侧同时编出(或添加)50根左右的细帮筋(俗称"百脚筋"),再把鞋坯绑在鞋底的上方,从后跟处嵌入或蒲草,边嵌边拧,挑1压1,向头部推进。

如果是编制芦花蒲鞋,则要在做鞋帮时夹入芦花;编制夏天穿的蒲鞋,可在编鞋帮时将百脚经留出一些空隙,编出好看的镂空图案;编制儿童穿的蒲鞋,可在蒲草中嵌进红绿头绳(绒线),使颜色更鲜艳。

扎口,就是收边,也叫"转边",采用绞编的方式编织鞋口,并留出一截蒲草插入鞋帮的内侧,以增加蒲鞋的保暖性。

修边,就是剪去多余的草料和毛糙的地方,使鞋口光滑。边修好了,一只蒲鞋就编好了。再编好一只蒲鞋,就配成了一双。

芦花蒲鞋用于冬天穿着。这种鞋比一般的鞋厚实,芦花像绒毛一样可以保暖,穿在脚上有一种热烘烘的感觉。

雨天或雪天穿的蒲鞋,要在鞋底钉上木块,名曰"木屐"。这种蒲鞋可防水、防滑,走起路来还"咯吱咯吱"地响,颇有几分韵味。

旧时,农家基本上人人都会草编。编织技艺邻里间相授,世代传袭。编织的草鞋、蒲鞋或自用,或拿到镇集市出售。据资料记载,民国时期玉山、蓬阆等镇的草鞋、蒲鞋编织很是繁荣。一人一天可编5~7双草鞋,3~5双蒲鞋。常有苏北来的船户挨家挨户上门收购,运至浙江嘉兴、嘉善一带销售。

麦编,就是用麦柴编织成日常用品。昆山的麦编制品,主要有蜻蜓套、柴龙、麦辫、麦升笋、草扇、金斗等。麦编同样要选择清白、有韧性的麦柴作材料,有时仅选择麦柴上部去除麦穗的一截茎秆。

以前小孩在夏天从树上捕捉知了、蜻蜓,或将面筋粘在竹竿上,或使用蜻蜓套。编织蜻蜓套只要用一根铁丝弯成圆形,将麦秆沿着铁丝一根根地绕扎上去就行了。

柴龙,是一种拦在水面阻挡各种水草的长条形柴辫,因为较长,形状又似传说中的龙,故而得名。编柴龙用绞编的方法,像女孩编辫子一样,一边添柴一边编织。但添麦秆时要使柴头留得长一点,编得粗大、蓬松一点,使之容易把水草拦住。

周庄的棕编技艺

以前,麦辫的用处较广泛,可缝在老蒲扇的边沿防止扇边的损坏,也可直接缝成麦柴扇。而麦辫用得最多的是来做(缝制)草帽。草帽,也称"凉帽",夏天戴在头上可遮蔽阳光,使人凉爽。

麦辫的编织方法,较为简单的是三股辫和五股辫,较为复杂的为七股辫和九股辫。三股辫,就是用三根麦秆编织;五股辫,就是用五根麦秆编织。三股辫的编织方法与编女孩的辫子基本相同。五股辫以上,则都要用与竹编一样的"挑""压"手法编织了。

编麦辫起头的方法,常见的是先将麦秆的根部像搓绳一样扎起来,再分成两股向上编织。也可将麦秆纵横交叉,折叠起来编织,比如编五股辫,则要把麦秆右边分为三秆,左边分为两秆,再用折叠、挑压的方式编织。

除此之外,以前昆山还有少量的席草、蒲草、棕叶编织和杞柳编制工艺,分布在各个乡镇。

席草用于编织草席,蒲草用于编织蒲鞋、蒲包。棕叶可以编织蓑衣和玩具。杞柳用于编织农具、家具。

据民国《昆新补志》记载,昆山的正仪等地曾编织过蒲包,用于装粮食、棉花,或供给商店装果品。

新中国成立后,锦溪曾开设过草包厂。后来草包厂又转产改为席厂,编织草席、枕席等草制品,产品销售至江浙沪地区。

20世纪80年代,蓬阆镇曾种植过杞柳,并在河泾、董泥泾开设村办厂,进行柳条编织,产品有筐、篮、笼等用具,也有精编成的椅、茶几等家具。

2.竹编

昆山农村使用的传统竹制品很广泛,有汰、匾、筛、连枷、扁担、篮、筐、筛、斗笠、竹梯、竹床、竹凳、粪桶夹、碗架、竹筷之类。部分为生产用具,部分为生活用具,部分为生产、生活用的"两栖"类竹器。

竹器中的农具制作,在《农具》篇目中已经列举,这里主要说说竹篮、淘箩、罩篮、匾、筛、摇篮、粪箕等家具中的竹器,以及竹器的编织方法。

竹篮,主要用于暂时存放鱼肉、蔬菜和五谷杂粮。鱼肉、蔬菜之类,在烧煮前要放在竹篮中,拿到河滩上洗涤干净。竹篮有大篮、中篮、小篮之分,由篮身、篮底、篮档组成。

大篮中有一种用于矿菜、矿草和能装较多东西的篮,被称作"丝篮"。眼子为六角形。上口稍大,直径在45厘米左右。有篮档。底部有4只很明显的篮脚。

中篮和小篮,常用于买菜、洗菜,故称"菜篮"。有大有小。下部一般为六角形,篮壁的眼子有直缝、六角形等。

乡间女子操在臂弯里的船形小篮,叫"元宝篮",常用作购物或做针线。妇女出门时喜欢将之挽在臂弯里。

笤箕,篮身呈半圆形,有档,篮身无孔,底部稍圆。常用于在河滩上淘米或盛放米饭,故也称"饭笤箕"。

淘箩也属于竹器家具,是竹制的箩筐。形状较大,直径50厘米许,高35厘米左右。上部呈圆形,略大;下部逐渐收小;底为方形,也有4个较大的脚。两侧有耳朵似的短档,可用手掇拿。

淘箩

淘箩能淘10斤以上的米。婚丧寿庆宴请宾客时吃饭的人多,就用淘箩淘米。淘箩同样可用于盛饭,故也名"饭箩";还能用于水稻浸种时清洗(淘)稻种,以去除稻谷中的杂物,或者在下(撒布)稻谷时装运种子。

罩篮,有竹罩篮、木罩篮两种。下部为篮,上部为盖。有圆角、方角、六角等形状。有拎档。或单层,或2至3层加叠。做工精细,有的还上漆。一般用于田间送饭。将饭菜装入篮内,拎到田头,供劳动者用餐,不但保暖,还方便、卫生。

竹匾(笾),是"两栖"类的竹器,既可作农具,也可作家具,在农业生产和日常生活中广泛使用。其中的牵磨匾是最大的匾,因常用于牵磨,故名;同时也在家里做团子、粙糕时使用。小匾,既用于平时或在走亲戚时放置米糕、团子之类的礼品,也用于晾晒家中的杂物,还用来养蚕。

有一种小巧玲珑的匾叫"针线匾",形状与中匾相似,但直径仅尺许,做工精

针线匾

细,有的还带有花饰,是乡间姑娘出嫁时的必备嫁妆。匾中专门存放丝(棉)线、剪刀、鞋样、绣花手帕、布料等物品,供女子在做针线活时使用。

竹筛,也是"两栖"类的竹器。其中形状最小的筛,称"绢筛",呈圆形,筛眼细密,直径32厘米许,外框用毛竹片做成。因匾底的滤网用绢或细纱绷成,故名。常在筛米粉、牵磨、妆糕、做团子时使用。

粪箕,即簸箕,是盛垃圾、秽物、草木灰等物的铲状竹器。有的也写成"畚箕""畚箕"。有大小之分,大的口宽80厘米许,小的口宽45厘米左右。

竹器编织,就是用竹片或竹篾编制家用器具和农具。专门编制竹器的人被称为"篾匠""篾作"。

明清时期,昆山的竹器编织业已很繁盛,竹编技艺也已相当精湛。周庄、锦溪、张浦、千灯等乡镇的街头都开有竹器行,编织并销售各种竹器。

新中国成立前后,农村也有不少竹器编织的能手,他们不仅为自家编织用具,还帮助邻居排忧解困,甚至将编织好的竹制品拿到集市上出售。

竹编常见的方式有辫编、平纹编、花纹编、轮口编等。辫编,是像编辫子一样编织;平纹编,是一种平面编织;花纹编,即编山三角孔、四角孔、六角孔、十字扣、人字花等花纹;轮口编,是以轮口为中心向四周"放射"状编织。

竹器的编织技法,以经纬编织法为主。经编,就是经(纵)向编织;纬编,就是纬(横)向编织。在经纬编织的基础上,还可以结合多种技法,如插、穿、削、锁、钉、扎、套、缠、盘等,使编出的图案变化多样。

竹篾的交织,以"挑"和"压"为主要方式。挑,是把篾片向上穿;压,是把篾片向下穿。编织过程中,有时需"挑1压1",有时需"挑2压2",有时需"挑1压2",有时需"挑1压3"。挑和压的方式不同,编出的花纹就各不相同。

竹匠使用的竹编工具,有锯子、作刀、刮刀、抽刀、拉钻、凿、布裙等。竹编的基本功,有锯、破、削、劈、刮、抽、编、织、缠、钻、磨等。

编织竹器前,先要将竹子通过锯、剖(竹)、劈(篾)、刮(篾)等工序,做成编织所需的竹片和不同的竹篾,如篾青、篾黄,方篾、圆篾、侧篾,篾丝……

竹篮编制在传统竹器编织技艺中具有普遍性,一般篮底采用花纹编,篮身或为平纹编或为花纹编。大体可分起底、做墙、锁口、加档4道工序。

起底,就是编制篮的底部。如果篮底为四角孔,则用4根篾条两两交叉叠出"井"字孔,并确定孔的大小。用"挑1压1"的方法纵横交替编织,使底面向四周展开;如果篮底为六角孔,则用6根篾条挑压编织。

做墙,就是编织篮壁。底编好后,在下面插入戗条,加固篮底。戗条有"十"字、"米"字等形状。然后纵向收身编篮壁。篮壁是篮身的主体,编织时先将竹篾弯起,再加上围篾,使篮壁成形,然后纬向添篾,继续挑1压1编织。篮壁的编织方式可与底相似,作花纹编;也可作平纹编,将纬篾紧密相挨,使篮壁无空隙。

锁口,就是当篮身达到所需高度后,或将多余的竹篾折转绕结收口;或将篮口的篾条一根隔一根下折,下折的篾条用另一根篾条压住,直至折完所有的篾条。有的篮要另外添加方篾(常为篾青),用包缠法做篮口。

最后,用竹片交叉状编制篮档。方法为:将4根竹片分成2股,缠绕在一起,使中间合并、两端分开,分别从两端插入篮身。

竹匠在编制匾和筛

根据这样的编制原理,对不同的竹器加以变化,可编出饭筲箕、筛、匾、淘米箩、粪箕等竹器。

编制饭筲箕时,口部用稍宽的竹片绕成环形。用细圆篾作纬篾,围着经篾以直缝环状编织,使篮身形成半球形。再配上篮档。

米筛由底、墙、面(内衬)、口等部位组成。底用竹片编成,筛眼要编成六角形。底部编好后,将竹片的头部向上弯折,用方形细篾条编织墙,墙高编至4厘米许即可。面的中部用细篾作"人"字形

农民在编竹篮

135

编织,并留有细小的筛眼;四边用稍粗的篾片编织加固。筛底和筛面编好后,将二者合并起来,分别在边框的内外绑上用篾青做的宽度2厘米的竹片。然后用藤篾穿扎边框。最后,还要在筛框的内侧墙面,嵌入一条用篾黄做成的嵌条,使筛框坚固。

匾与米筛的编织方法相同,但匾因要承载较重的分量,外壁(底部)篾片较宽较厚,内壁(面)的篾片较细较薄。匾面是无孔的,大多为人字花纹,用挑2压2的方式编织而成。

编织粪箕,用厚竹片做环,在环的两端各用锯子锯出一个口子。先用经篾包住竹环添加纬篾,编出一个长方形的粪箕后壁,并均匀地留出边篾。接着,用绳子系在竹环的两端拉紧,使竹环成弓形,然后把绳子绷紧打结。这样粪箕的初步形状就形成了。然后,把经篾向前压,形成底经,添加纬篾编织两侧和底部。当侧面编到中间时,留一个用手掇拿的口子,再继续编织。编至竹环的口子前,用经篾回折锁口。

旧时使用的热水瓶,瓶壳是竹制的,称"竹壳热水瓶"。瓶壳也是用竹片和竹篾编制的。热水瓶竹壳的编制,需用宽约5毫米的篾作经,宽约2毫米的细篾作纬。借用"托子"(同瓶壳形状相似的模具)编制。口部需作轮口编。直体部分用经篾和纬篾挑压,作直缝编织。

有一些竹器上有带不同颜色的花纹,如:针线匾的底部有"囍"字,篾席上有"梭子块""如意"等形状。这些花色并不是印上去的,而是在编制过程中添加了不同色彩的"色篾",根据相应的"挑""压"方式编织而成的。

编织篾席,俗称为"打席"。打一条篾席,从选料到成席,有劈篾、拉篾、切头、

打篾席

蒸煮、编织、锁口等工序。篾席的主体部分也用"压2挑2"的编法。添篾时,先用手指分开经篾,再添入纬篾,然后用竹尺拍打,使其紧密。如果要编出人字纹、梭子块、如意等形状的花纹,甚至"福禄寿喜"等字样,"鸳鸯戏水"之类色彩艳丽的图案,那就要在彩篾的添加和挑压方式上做文章了。

四、鱼猎打捕

1.打鱼

嘉庆年间《贞丰拟乘》载:"贞丰水区,以渔业者多。或以簖,或以网,或用叉,或用钓。凡河鲀、鳗、蟹之属,四时不绝。"从志书中的记载可知道,旧时的昆山不但水产丰富,捕捞的方法也很多。

昆山的传统捕捞一般在江河、湖泊等水域中进行,主要以自然生长的鱼、虾、蟹、贝为对象。渔民大多摇着渔船进行野外捕捞。据捕捞方式的不同,渔船可分为塘网船、杠网船、丝网船、抄网船、挟网船、拖网船、捉虾船、麦钓船、鱼鹰船等多种类型。

塘网船用于牵塘网。一般是十几户渔民组成一个团体,船行至湖泊中间将网连接后下网。起网时转动盘车收缩网索,将网慢慢拖向岸边。见鱼在网中游动、跳跃,渔船就靠上去用网兜捞鱼。

丝网船用于张丝网。常男女搭档,男人蹲在船头沿着水流下网。女人在船尾摇船。张丝网一般黄昏时放网,翌日凌晨收网。鱼入网后挣扎时,丝线就会嵌入鱼鳞或鱼鳃中,无法逃脱。收网时,一边将丝网串到一根小木棒上,边取下渔网上的鱼,边剔去杂物理顺渔网。如发现渔网破损,就及时补网。

扳杠网船用于扳杠网。扳杠网时,渔人把网一边的两角用竹竿固定在河岸边;另一面的两个角,一个用头部装有铁钻的毛竹竿固定在河边,一个连接到车的转轴上。收网时,滚动设置在岸上的车盘,使竹竿竖起,渔网浮出水面。这时候渔船就要迅速靠近网底,用网兜捞鱼。

抄网船用于抄虾网。一般在秋冬时节作业。一船两人作业,其中一人摇船,一人持网。因天寒,鱼虾藏身于水草之中,把网从水草中抄起,便有鱼虾入网。

挟网船用挟网捕鱼。也要数船共同作业,每条船上均由一人站立船头,脚下放一木板,脚踏木板使之发出连续的声响。鱼被惊后会跳跃或向藻荇蛰伏,此时渔人便以网挟之。

扯钓船用滚钓捕鱼。两条船同时作业,每条船上一人摇船一人握钓。钓上不穿鱼饵,每两个钩相背绑在一起,放入河中。随着船的移动,握钓者不断轮流用力向前扯动鱼钓,游动的鱼一旦触钓就会被钩住。

鱼鹰船

鱼鹰船用鱼鹰捕鱼。鱼鹰在下水前，渔人先要在其颈上套一个绳圈。绳圈的松紧度以小鱼能吞下、大鱼无法下咽为宜。鱼鹰潜入水下寻找鱼虾时，遇上大鱼会一拥而上。鱼鹰衔鱼上船后，渔人在其喉咙口一捏，鱼就会吐出来。鱼鹰捕鱼时，渔人还常将刺网围在四周，同时脚踏木板，使船板不断作声。鱼被惊扰后会四处逃窜，在慌不择路中自投罗网。

拖网船捕鱼的方式是：把拖网扔于水中多草的地方，网上的绳子系在渔船上，摇动船只拖动渔网，船行至百米后起网。起网时，拉近渔网，连同水草一同倒入舱内，然后挑出插虾和银鱼。

麦钓船用于张麦钓。每船约备钓一二千枚。用于钓鲤鱼的麦钓较大，用玉米或菜饼团作诱饵。穿钓时，先在钓上套长约0.5厘米的芦苇筒子，再将诱饵嵌入其内；用于钓鲫鱼的麦钓较小，诱饵是用水浸胀的麦粒。穿钓时，将钓弯成发卡状，插入麦粒中。张麦钓时，渔人蹲在船头，将套在竿子上的穿有鱼饵的一长串麦钓缓缓放入水中。隔一段时间后将麦钓收回，钓上有鱼就用网兜捞取。

捉虾船是用于捕虾的船。据宣统年间《信义志稿》记载，明清时期，正仪的捉虾船奚家浜最多。空闲时，农民常用虾笼捕虾。

志书中介绍的捉虾方法为：傍晚时分，渔人将竹笼数百，投入酒糟香饵，用长绳连接，浸入水藻繁茂的湖荡中。相隔丈余放一笼。贪吃香饵的虾一旦钻入笼中，就再也钻不出去了。次日清晨，"取笼倒之，贩运至沪（上海），获利颇厚"。

渔船捕虾还可以使用拖虾网。拖虾网呈叉袋状。网的边纲上系有三根尼龙绳（俗称"三角线"）。因用"拖"为捕捞方式故名。

当然，渔民有时也像农民一样不凭靠渔船，而直接在岸上或水边作业，比如张簖、扳罾、张蟛笼、张百脚网等。农民在劳动之余也会在附近的水域，用简单的渔具作零星捕捞，以改善自己的生活，称"小捉捕捞"。

俗语云："西风响，蟹脚痒。"秋天刮西风后，蟹开始"蠢蠢欲动"。让蟹"爬上"餐桌的办法有张簖、推蟹洞、张地龙、拖蟹网、摸蟹等。

宣统年间《信义志稿》载："蟹出阳城（澄）湖者,谓之湖蟹,青壳赤爪,重斤许者味最美。每岁九、十月,诸港汊居民处处设簖取之。"阳澄湖之蟹,青壳赤爪,体大膘肥,雄者膏如白玉,雌者黄足饱满,其中重量1斤左右的味道特别鲜美。获取湖蟹的方法是"处处设簖"。

簖

设簖就是张簖,即设置鱼簖,是捕捞蟹、鲃、鳗的主要手段。簖大多设在河道口,这里水流较快,鱼蟹往来频繁。金秋之晚,蟹根据风向和提灯的照明而行进,顺流而下时,碰上水中的阻挡物(竹帘)会纷纷爬上竹帘,或改道向"深处"爬去,误入渔人巧设的鱼库中。

张簖也称"守簖",意思是:张簖的人一到晚上就要带着提灯、提着竹箩守在蟹棚里,等待着蟹们爬上竹帘后用手捕捉。鳗鲡上市季节,簖则用于捕鳗。鲃鱼上市季节,簖则用于捕鲃。鱼蟹进入蟹箱后,渔人就用网兜将它们捞起装入竹篓。

拖蟹网借用和竹台捕蟹。蟹网形似塘网,竹台设在河滩上,长约4～5米,宽约4米,用竹帘搭成。竹台的下端插入水中,上端斜搁在河滩上。用拖蟹网捕蟹时,先将蟹网撒入河中,再顺着竹台把网往上拖,网中的蟹会跟着被拖上竹台。

推蟹洞,就是凭借人为设计的蟹洞,用入水"推"赶蟹的方式捕蟹,这是农村年轻人捕蟹常用的办法。

推蟹洞前,要在河底踩好几个蟹洞。每个蟹洞有一个出口,一个进口,出口和进口相距1.5米左右,要前后贯通,并各插一根芦苇作标记。隔日,捕蟹者便可身背竹制的蟹笼,手持蟹拖把,进入河中,扎一个猛子钻入水底推蟹洞了。

推蟹洞时,要一只脚蹚住一个洞口,一只手将蟹拖畚(拖把)塞入另一个洞口缓缓推进。若有蟹,会受惊而迅速爬出,束手被擒。

时间长了,蟹洞容易被河底的淤泥塞住,这时候就要下水用竹竿把蟹洞疏通,以便继续使用。

摸蟹,就是在河滩或水沟中直接用手伸进蟹洞抓河蟹。滩上的蟹洞往往在水平面上下,洞口圆中带扁,较为潮湿。摸蟹的人有时还会借助一根铁丝,伸进蟹

139

扳罾

渔民在张地龙

洞,触痒蟹身,让蟹自动爬到洞口,伺机将蟹抓住。不过,用这种方法捕蟹需要经验,如果铁丝使用不当,计谋被蟹识破,蟹就死活不肯出来了。

扳罾,即用罾捕鱼。罾常被设在两头伸入河面的"坝基"上,拦住坝口,坝口水流较快,这样就可捕捞随流而过的鱼虾了。扳罾的方法是:将支竿顶住河滩,放松绳索,让罾沉入河底,每隔10~15分钟拉竿起罾。罾中有鱼,就用装有竹竿的网兜捞起,然后再将罾复置于水底。

当然,也可在河中搭一个临时的台,人坐在台上扳罾;还可将罾置于船头,把船摇到河心扳罾。农民白天要从事田间劳动,常在黄昏时扳罾。往往在支竿上挂一美火灯(提灯)作照明,形成了一种独特乡村夜景。

张地龙,也称张百脚网。即将百脚网拉开拽直,横向拦在水流较急的河道中,并在中间系上沉子,使网沉入水底,两头用木桩固定。这种网是一种守株待兔式的多功能网具,在不同的季节,有不同的收获。既可捕捞一般的鱼虾,也可捕捞虾、蟹、鲃鱼、鳗鱼。捕鱼者一般在每天早上驾着小船将网尾的龙梢(网兜)从水中捞起,倒出钻入网内的鱼虾。

农民的零星捕捞方式还有张丝网、裹网、赶网、张鳝笼、张虾笼、张金钓、夹黄鳝、钓黄鳝、罩鱼、耙螺蛳、稠摸螺、摸蚌、摸塘鳢、张毛竹、叉鱼等。

农民也常在岸滩上张参鲦网,参鲦网是用来捕捞水面上来来往往的参鲦鱼(一种长条小鱼)的丝网。张参鲦网很简单,只要一手捏住网的一端,一手将网的另一头扔出去就行了。把留下的一头系在岸滩上,隔数分钟就可把网收回,撞到网上的鱼都钻在网眼里。

用裹网捕鱼,也称"裹网"。一般沿河滩流动作业,也可撑船在河中进行,出门时渔者常将一个鱼篓系在腰间。裹网的方法是:将网甩入河中,待网的下端沉入河底、上端浮于水面后,用系在网纲上的左右两根竹竿击水赶鱼,然后将竹竿夹在臂下或下端抵至腹部迅速提起。所捕之鱼大多为鲫鱼、参鲦、郎鲴、汪眼,碰巧也会捕获鲌鱼、鳗鲡和甲鱼。

用赶网捕鱼,也称"赶网"。赶网在河滩边流动进行,一般选择有水草的地方下网。捕的鱼大多是小鱼、小虾。赶网的方法是:一手握住网上的竹竿,一手拿逐竿。先把网放入河中,再用逐竿猛力击水,将网周围的鱼虾赶到网中后迅速提网。

张黄鳝,就是用鳝笼捕捞黄鳝。大多在插秧时节进行。水稻秧苗移栽到水田之中后,每到晚上黄鳝纷纷出洞寻找食物,这是捕捞黄鳝的绝佳时机。

渔民张黄鳝一般使用船只。白天将鳝笼堆放在船上,傍晚将鳝笼置于水田里。而农民张的鳝笼较少,离稻田近,则不用船只。

张鳝笼时,每个鳝笼之间要隔一段距离,笼盖中放置曲蟮作诱饵,引诱夜间出来寻食的黄鳝钻入笼中。清早起来提着竹篓到田埂上将鳝笼一一收回,打开笼盖,倒出黄鳝。

插秧时节,农民还善于钓黄鳝。钓黄鳝就是用黄鳝钓诱捕黄鳝,一般在午间、劳动歇息时或傍晚收工后进行。钓法是:先在钓钩上穿上曲蟮(蚯蚓)作鱼饵,再将钓慢慢探入鳝洞,引诱黄鳝。黄鳝喜欢吃蚯蚓,看见猎物会猛地咬住,然后慢慢吞食。钓黄鳝的人在手上感觉到黄鳝咬钩时,就要迅速将钓翻转90度,使钓钩刺入黄鳝的下腭,然后向外发力,抽出钓钩,抓捕黄鳝。

不过,有的黄鳝也很狡猾,往往会试探几下后才放大胆量,因此黄鳝钓要在洞中移出移进,作蛐蟮的爬行状,误导黄鳝。黄鳝钓上的钩子很锐利,黄鳝一旦误食了鱼饵,就很难脱钩逃走了。有经验丰富的农民,还能根据洞穴的形状来判断黄鳝的有无,因为有鳝的洞穴光滑而通畅,无鳝的洞穴狭窄并淤塞,蛇之洞穴缺水而毛糙。

夹黄鳝,就是用竹制的黄鳝夹子捕捉黄鳝,也在刚移栽好的水稻田中进行。黄昏时,农民常手拿黄鳝夹子,带上一盏提灯或一个手电在田埂上"巡视",看到秧田中有游动或蛰伏的黄鳝,便可将提灯或手电凑近黄鳝,张开夹子按住黄鳝,再夹紧夹子,提起黄鳝,收入鱼篓。

捕虾也可以张逐网。虾有藏于石岸的习性。将逐网张在石岸水滩,把石灰倒入石岸缝隙中。鱼被呛而逃出后,会误入网中。这时张网的人要拿逐竿在水中驱赶鱼虾,将鱼虾赶到网内。

农民张麦钓有时借助菱桶:人坐在菱桶内,将麦钓盘在小木盆里。菱桶倒退着行驶,人将盘成圈的麦钓放入水中。收钓时同样驾着菱桶。有时在河滩沿岸操作:可将麦钓盘进小木盆,直接放到河中,人在岸上用一根长竿拨动木盆,让麦钓缓缓落入水中。收钓时,用竹竿绕住浮子,将麦钓引近河滩,用挦兜捞取上钩之鱼,再把麦钓盘到小木盆里。

农民在夏天张麦钓时,就干脆站在水中收放麦钓,隔一段时间再下水查看,发现钓上有鱼可立刻捞取,发现钓上的鱼饵不见了可立刻补上。

水稻收获季节,鲫鱼喜欢在稻船上岸的河滩寻找谷物,这种鲫鱼个大肉肥,被俗称为"吃谷鲫鱼",农民也会抓住时机张麦钓。

张金钓,就是用金钓捕鱼。金钓张在半水中,用烧蛐蟮(紫红色小蚯蚓)作诱饵。上装"炮筒",下吊小砖块。炮筒用毛竹筒制成,直径约3厘米,高4~5厘米。张金钓宜在秋冬季节进行。一般在晚上下钩,半夜起钓,因此张钓的人要摇着船照着灯起钩、捞鱼。

张笑笼,即用笑笼作工具捕鱼,所捕鱼类以鲫鱼为主。捕鱼的季节在初夏,白天、晚上都可进行。水稻移栽后不久,一旦雷雨、阵雨突然来临,稻田中就会积水暴涨。农民会在田岸上开缺,排放积水进入河道。此时又适逢鲫鱼产卵期。鲫鱼产卵时有逆流戏水和钻入沟汊之习性。农民就利用这种特性把笑笼放进水滩上排水的水沟里。

农民在张丝网

笑笼张好后,要用砖石将笼身压住,以免被水流冲走。鲫鱼在到水沟中产卵时,一不小心就会误入了"圈套",成为农人饭桌上的美味。当然除鲫鱼外,鲤鱼、塘鳢、郎鲴、黄鳝有时也会到笑笼边凑热闹,因此一场雨下来捕获的鱼多的可达3~4斤。

用鱼罩捕鱼,主要捕捞春天在芦蒿、

142

水草密集的湖荡浅滩上产卵的鱼。捕鱼者可在水中，也可在岸滩上将鱼罩罩下，然后伸手在罩中摸鱼。

农民在扒螺蛳

螺蛳在河道中随处可见，男女老少都喜欢吃螺蛳。农民获取螺蛳主要有耥螺蛳、扒螺蛳和摸螺蛳三种方式。

耥螺蛳，就是用耥网在河中来回推耥捕捞螺蛳和蚬子。大多是站在河滩上进行的。将螺蛳耥到岸上后，要用手把砖块、石子、空螺蛳等杂质挑拣干净。

扒螺蛳，就是用扒螺蛳网捕捞螺蛳。一般在船上进行，由两人操作，一人操扒螺蛳网，一人在船头挑拣螺蛳。扒螺蛳时，操网的人将网下到河中，一手操持网竿，一手用扒竿在河底扒动，螺蛳连同砖块、石子等都会被扒入网中。网起水后，将网中之物倒在船头上。拣螺蛳的人就要用竹筛作辅助剔去杂物，把干净的螺蛳推入船舱。

摸螺蛳十分简单，不凭借任何工具，只要来到河滩上、船坊中，将手伸到河埠的石块底下、船坊柱下摸就行了。这些地方长满了青苔，螺蛳都叮在青苔上，手掌朝上顺手一捋，螺蛳就会掉落下来。

摸塘鳢，大多在初夏季节进行。此时为塘鳢鱼的产卵季节，塘鳢鱼有在蚌壳、瓦片或石块上产卵的习性。雌鱼产卵后即离去，雄鱼则守巢护卵，直至鱼崽孵出。摸鱼者往往将手伸进河滩石的底下，就会找到这些鱼卵。再用中指刨动鱼卵，守卫在那里的塘鳢会发起迅猛攻击，一口咬住手指，这时用大拇指一掐，鱼嘴就会被掐住。

还有一种摸鱼的方式，是穿着皮衣服下河从茂密的水草(尤其是水花生)中摸黑鱼、鲤鱼、甲鱼、鲫鱼等鱼类，主要选择在冬季使用。冬季天气寒冷，鱼类喜藏在草底或草丛里，行动也迟缓，徒手就能把鱼抓住。

夏天，农民下水洗澡时，还可顺手摸取河蚌。摸蚌一般在浅滩上进行。先用脚踩，踩到河蚌后伸手摸之。也可扎猛子钻入水中，在河底探摸。摸蚌的人大多光着膀子，河面上佘一只脚桶作存蚌的容器。当然摸蚌时顺便也可沿着河滩摸蚬子。

张毛竹筒，是利用废弃的毛竹作渔具捕鱼。先要截取一段毛竹(一般为数节),将结节全部打通,再用绳子系住筒的两端,放入河中,绳的另一头系在河滩边。晚上,喜欢钻洞的塘鳢鱼、虾、蟹会把竹筒当成临时的窝。清早起来小心翼翼地拉起竹筒,将一只手按住竹筒的一头,张开五指漏掉河水,往往收获不小。

叉鱼,就用鱼叉作工具捉鱼,有叉参鲦、叉塘鳢、叉黑鱼、叉鲤鱼、叉甲鱼等。叉参鲦、塘鳢等小鱼用小鱼叉,叉黑鱼、鲤鱼和甲鱼用大鱼叉。

参鲦鱼常在河面上寻找食物,淘米、洗菜会引来许多鱼,举起鱼叉就能叉鱼。不过这种鱼动作很快,有时倏忽间就不见了,因此要抓紧时间下叉。叉参鲦还可流动作业,即拿着鱼叉在岸上巡视,发现河面有鱼,估算好折射的角度立刻投叉。

农民喜在塘鳢鱼上市季节叉塘鳢。晚间,手握电筒,在河滩边寻找,见塘鳢鱼蛰伏于水中的河滩石上,即用小鱼叉叉之。

夏天正是黑鱼产卵的最盛时期。黑鱼的幼崽像青蛙的小蝌蚪,因呈黄色,故俗称"黑鱼黄",在河面上成堆出现,沉沉浮浮。黑鱼为保护后代不受天敌侵害,往往悄悄跟在鱼崽的后面。叉鱼的人便根据黑鱼的这个习性,蹲守在黑鱼黄出现的地方,静候黑鱼的出现。一旦黑鱼浮出水面,就立刻投叉。

叉鲤鱼,俗称"漾鲤鱼"。"漾"在昆山方言中有慢吞吞、偷偷等意思。如"漾在后面",就是偷偷地躲在后面。漾鲤鱼也像叉黑鱼一样要有耐心。叉鱼人蹲守的地方,是先前发现鲤鱼出现的地方。夏天天气炎热,小河浜里的鲤鱼有时透不过气来会浮出水面,这样叉鱼的机会就来了。

甲鱼有"隔江望蛋"的习性。"蛋",即甲鱼的后代。如果在小河对岸的河滩上发现甲鱼蛋,那么很可能在对岸的河滩或泥塘中有甲鱼。提着鱼叉细细寻找,或许能叉到甲鱼。

还有一种叉鱼的方法叫"引鲤鱼",一般在白荡滩上进行。渔人事先要用船板搭好一个"鱼台"。这种方法在《信义志稿》中也有记载,志书称:"鱼类与他处同。惟鲤鱼,三、四月间,乡人于港口桥旁,用鲤鱼一尾媒,引其群至,以叉射获者佳。"而在昆南乡村,作为"媒"介的"家鲤"一般要数条,并红、白相杂。"家鲤"被线牵着在鱼台下"自由"游弋,招引同伴。"野鲤"入圈后,渔人就可叉鱼了。

农闲时,有的农民也喜欢钓鱼,往往握一根钓竿,拽一条小凳坐在河滩边的墙门或树荫里垂钓鲫鱼、汪眼、鲤鱼……这时候的农民就有了文人墨客一样的闲情逸致。

以前,农历六七月间,秋风起时,昆山乡村较大的湖泊,比如淀山湖、明镜荡、双洋潭中,经常有白鱼阵出现。白鱼是一种淡水鱼,体长身扁,翘嘴,细骨细鳞,银光闪烁,肉质细嫩,味道鲜美。白鱼成群出现在湖面,俗称为"阵道鱼"。

相传,白鱼阵是由大蛇或乌龟领头的,蛇头、龟头高高昂起。届时,白鱼们露着乌青的脊背,摆动着红尾游向同一方向。远远观望,白浪涌动,水花飞溅,声若雷鸣。白鱼阵势壮观,来势凶猛,即使鱼籪口的竹帘也能撞破。白鱼阵一来喊声四起,附近村庄里正在耘稻、拔草的农民就会拔脚奔到家中,扛着各种渔网,拿着网兜、竹篮,摇着小船到湖中捕鱼。

白鱼群是顺着风向沿着河滩随流而下的。因此,捕捞白鱼的最佳方法是站在湖的下风滩。宽宽长长的"白鱼带"任捕任捞,数十斤、上百斤鱼片刻工夫就能捞到。捕捞白鱼阵的场面极为宏大,犹如千军万马征战沙场。白鱼出现和消失都是稍纵即逝的,可谓神奇至极。

冬天里,河水干枯,加上春节临近,农民有时也会用泥土筑坝把河浜坝断,然后把河水抽干,在河底捕捉鱼虾,改善一下生活。

如今,白鱼阵已不复出现,但捕捞白鱼的"传奇故事"却成为人们饭后茶余的美好回忆。而在昆南的周庄、锦溪、张浦,昆北阳澄湖地区的渔村,依然能看见用传统渔具作野生捕捞的情景。

2.捕猎

捕猎,即捕捉野生动物。光绪年间《昆新合志·物产》中记载的"兽之属",有獾、獭、猬、香狸、兔、松鼠、黄鼠狼等。志书中记载的"兽",其实都是野生动物。

旧时昆山也是有专门猎户的。不过这些猎人主要围猎的是獾、刺猬、野兔之类的野兽。

猎人往往采用游猎和蹲守的办法猎杀野兽。而农民的零星捕猎和小捉捕捞一样,大多不是专业的,是一种小打小闹的猎杀。

以前,农田里有许多坟墓,獾、香狸、刺猬、兔、黄鼠狼等野生动物,都喜欢在坟墓中打穴藏身。其中的黄鼠狼是俗名,学名为"黄鼬",身子棕黄或橙黄,形状像狼,体形很小,动作灵活。黄鼠狼大多在晚上出来活动,有时白天也冒出来。它喜欢偷吃鸡,因此民间有歇后语:"黄鼠狼给鸡拜年——没安好心。"

正因为黄鼠狼要吃鸡,有害于大家,因此它一旦出来就人人喊打。人们还设计了一种专门捕捞它的夹子，叫“黄狼夹”。黄狼夹用竹片、铁丝、铁钉、拉簧等材料做成。夹身常用竹片扎成，呈直角三角形，两个直角边起固定、支撑作用，斜边外侧置一根拉簧，另有两根活动竹片构成“仙人跳”。

人们白天在黄鼠狼常出现的地方挖一个小坑，晚间在坑中放入诱饵，将黄狼夹张（布设）在坑旁。一旦有黄鼠狼触碰，竹片会在拉簧的牵引下飞速向下移动，把它死死卡住。黄鼠狼的皮是一种较为贵重的皮料，黄鼠狼的毛可作狼毫毛笔。人们猎杀黄鼠狼后，便把它的皮剥下，挂在屋檐下晾晒，等待商人前来收购。

鸟类同样是人们捕猎的对象，湖荡中有很多野鸡、野鸭，天空中有黄雀、麻雀、野鹅。农民可将它们捕猎回家，品尝美味。

宣统年间《信义志稿》称：“鸟类如野鸡、稻鸡，田野间多有之。秋后乃肥。野鸭至冬月，千百成群飞集阳城湖、傀儡湖中，乡人或以铳或以网捕得之，最号佳品。”铳，即鸟铳。鸟铳，又名鸟枪，是明代中期出现的用火药发射弹丸的一种火器。“以网捕得之”，也称“网罗”，是用拉网的方式像捕鱼一样捕捉飞鸟。

野鸭，是一种鸭状水鸟，不只是昆北的阳城（澄）湖，昆南的众多湖泊中也聚集得很多。野鸭在稻子成熟时，会吞食稻谷，成为一害。但是野鸭本身也是一种美味禽类，用铳或网捕到后可制成美食加以品尝。昆山著名的美食“周市爊鸭”，先前就是用当地农民在芦苇丛生的河滩上猎取的野鸭制成的。

万历年间《昆山县志》载：“黄雀，五、七保（区划）有之，每岁秋间，自海边飞来食谷，土人网之，以为珍味。”黄雀，是一种金翅雀属鸟类，羽毛中夹杂着黄色。主要出现在昆南地区，经常糟蹋庄稼。农民不但张网捕捉它们，还将之制成美味的菜肴。

周庄在清代产生的“贞丰八景”中有一个景点叫“庄田落雁”，描绘了清远庵前庄字圩田中荻芦摇曳、落雁点点的乡村美景。但是大雁栖啄庄稼，影响了农民的收获，再说大雁的肉是很美味的。因此，志书中称：“鸿雁来时，点点从空中下，不幸罹罗于焉栖啄。”栖啄，鸟禽歇宿、觅食。罹罗，被张网捕捉。可见，即使是大雁，也会因被农人的“罹罗”，而成为他们的口中之物。

周庄文人陈勰的“庄田落雁”诗中，还有“闻道此禽知稼穑，莫将矢石下溪边”的诗句。闻道，听说。稼穑，种植与收割。矢石，箭和垒石。可见，当时农民不但用网罗，还用矢石、弓箭和垒石为“武器”捕猎大雁。

清代《陈墓镇志·物产》载："鹌鹑……冬稻未登场,始于田荡内设网取之,骨脆而味美。或畜之而斗戏。"可见,以前鹌鹑也是人们在冬天稻熟时节用网捕猎的对象。捕捉到的鹌鹑不仅可当美食,还可养殖,用于"斗鸟"。

麻雀喜欢钻在牛棚、猪棚、船坊等草棚中,躲在屋檐下过夜、躲避风雨,农人就将网张在草棚、船坊中,把住或关住门口,并故意留出几个口子,驱赶麻雀。麻雀会因"逃生"而钻入网中。

眼力好的农民还能用一种名叫"皮弹弓"的工具弹打麻雀。皮弹弓用树杈做架子,将几根连接在一起的牛皮筋套住弓的两头,牛皮筋的中间是一块皮料。用皮弹弓打鸟,用石子做"子弹"。见到屋檐或树枝上有鸟雀,举起弹弓,瞄准了一拉一放,"子弹"就飞了出去。打中的应声落地,未中的就"哄"的一下飞上天去。

下雪天,地面上的庄稼都被白雪覆盖了,麻雀在屋顶上蹿下跳。有人就拿出一个竹匾或筛子放到场上,将一边用一根短棒撑起,上面压几块砖,下面撒上些秕谷。短棒上系一根绳子,绳子被拉到人远藏的地方。当饥饿的麻雀经不住诱惑在东张西望一番后进入"陷阱"时,捕鸟人就会拉动绳子,匾或筛便"噗"地罩了下来……

农民的零星捕猎,有时候也用手中的农具作武器,甚至徒手进行。比如,农田中经常出现野鸡。野鸡的学名叫"雉鸡",体形较家鸡略小,但尾巴却长得多,雄鸟羽色华丽。野鸡能跑会飞,也会糟蹋庄稼。野鸡遇到危险时喜欢草草躲藏,因此俗语中有"野鸡躲个头"的说法。农人发现野鸡后,有时用草帽、衣服之类的东西也能将它罩住。这种捕捞野鸡的方法称"罩野鸡"。

20世纪70年代后,农民基本上不再捕猎野生的动物和鸟类,乡村里的零星野生捕捞也逐渐淡出人们的视野。

五、砖瓦烧造

掼坯,就是制造烧造青砖的土坯,因制作时采用"掼"(扔、砸)的方式操作,故而称之。烧窑,就是用窑烧制砖瓦。无论是明清时期,还是新中国成立初期,昆山烧制砖瓦的窑都是土窑。

昆山的砖瓦烧造历史至少可以追溯到明代中期,当时朝廷派官员在苏州府立窑募夫,选拔技术熟练的匠作烧造金砖,昆南的窑业也逐渐繁荣起来。

清代《陈墓镇志·物产》中,对当地的"窑作"作了这样的记载:"扛窑、装窑、烧火、出灰,俱男工。"说明在当时,这里的窑业分工已十分明确。

1.掼坯

掼坯在昆南农村受到"青睐"的原因,除了烧窑所需外,还因为掼坯工艺较为简单,技术要求不高,劳动力较富裕,加上昆南地区制坯的原料黏土,大多颗粒的塑性指数高,含沙少、颗粒细小,制成的坯质地细腻,烧成的砖坚固耐用。

据民国十八年(1929年)编纂的调查资料显示:陈墓有坯工男160人,女80人,童60人,计300人,年产砖坯、瓦坯20000万方(其中黄道砖以2块为1方)。

新中国成立后,制坯仍是锦溪、周庄一带农户的主要副业。20世纪70年代初,这里的农村曾再次兴起过掼坯的热潮,几乎所有的生产队都有几个坯场。70年代后期,锦溪的轮窑发展迅速,轮窑烧机制砖,但是望砖、小瓦坯仍用手工制作。

掼坯先要选坯场、搭坯棚。坯棚是掼坯的场所,棚内筑有操作时所用的坯台;坯场是存放坯料的场地。

坯场要精选地址,选择在地势较高、黏土质量较好和利于船只通行、便于将泥坯运送出去的地方。

坯场选好后要整理平整,纵向筑起若干条田埂一样的"坯埂",坯埂的宽度比砖略宽,高约5厘米。坯埂的四周要开好沟渠,这样掼好的坯叠在坯埂上,下雨天就不会被雨水淹没了。

坯棚搭在坯场上,面积大则十来平方米,小则七八个平方米,棚子呈长方形,一般比较低矮。墙体下部用泥土垒叠,上部围上草轩;棚顶用竹竿作椽子,上盖草轩。坯棚内要垒一个坯台,里面放置范子、挑坯用的落子、取水用的粪桶、计坯用的竹筹、坯板等用具。

坯台用黏土垒筑而成,呈梯形体,有坐式和立式两种。立式坯台人站在台前掼坯;坐式坯台人坐着掼坯。坐式坯台前为台,后为坐垫,高40厘米许,座位略低,台面长80厘米左右、宽50厘米左右。立式坯台的台面大小要比坐式坯台略大,高度一般在1米之外,这样就便于

坯棚

掼坯时使力了。

垒筑坯台时,先将泥土用铁搭捣细,加水浸泡,然后炼(拌和)成泥浆,再垒成台形,最后用砖块在四周拍打,使之坚实、光滑。坯台的上部稍前部位要放置一块与台面宽度相仿的方砖,用于掼坯;如果是坐式坯台,则座位上要垫一个柴草把,掼坯时就坐在草把上。

掼坯使用的工具,除了范子和坯落子,还有铁搭、掼坯锹、泥弓、坯板、推棍等。范子,是泥坯的模具,框架呈长方形,可灵活拆卸。推棍,是一截长方形的木棍,不用时嵌在范子的一头。泥弓,是一种钢丝弓,有两种,一种是从坯堆上取泥的大泥弓,一种是掼坯时使用的小泥

掼坯

弓。坯板,是掼坯时用于垫泥坯的薄板,木质,呈长方形,比泥坯稍长,一般要准备20～30张。

掼坯的辅料是草木灰。草木灰是从柴灶中扒出的质地细腻的稻草灰,是防止泥坯与坯台、范子黏附的材料,备用时要放在栲栳中。

从一堆泥土变成一块块砖坯,要经过掘泥、浇水、浸土、踏泥、上堆、掼坯、勤坯、晾晒等过程。

掘泥,就是将泥土用锹从田块中挖出来。泥一般是干的,因此掘泥前要在隔夜将泥土浇湿。掘泥时,地面表层的土比较松散,且杂质较多,先要用铁搭将其垒掉。接着用铁锹将泥一块一块掘起,排在地上。然后浇上水,开始踏泥。

踏泥,就是将掘出来的泥土用水浸泡、拌和后,用脚反复踩踏,将生泥(生硬的泥土)"炼"成熟泥(黏合、软熟的烂泥)的过程。以前有耕牛的人家有的用牛踏泥,但一般情况下,踏泥都是用人力完成的。踏泥时,先把排好的泥块用脚踩踏一遍,再用锹将泥从底部翻过来踩踏一遍,然后翻一锹踏一下、翻一锹踏一下。

泥踏好后,要垒成方形的泥堆,并用泥弓将四面切齐,盖上枪轩,使泥土涨足水分。堆好的泥堆至少相隔一昼夜才能使用。

踏泥很辛苦,踏一次泥要花一整天时间。但成果也是很丰硕的,如果三个人

合作,踏好的泥能掼5000～6000块砖坯。

掼坯前,先要将泥堆上的烂泥用大弓向下切割再向外钩拉,切出一块长方形的大泥块,用手搬到坯台上,再将大泥块用小弓切成一个个小块。

掼坯的大致顺序是:拆范子—撒灰、抹灰—装范子—掼土—勾泥—光面—出坯。

先把范子放在坯台上,将范子拆开,在范子中撒一把草木灰,在范子四周抹一下,使草木灰均匀分布,然后装好范子。接着,拿起坯台上的泥块,四边跌一下,举起泥块掼进范子,用钢丝弓钩去多余的泥土,用木棍来回推拉坯面,使之平滑。继而,翻转内有泥坯的范了,用木棍推拉一下反面,将坯板垫在范子底下,撤去范子,坯即成。

泥坯累积成一担后,要装入坯落子,挑到坯埂上叠置、晾晒。叠坯时,坯要侧着摆放,同时抽去坯板,使坯板能继续使用。坯在被侧转身来时,容易掉下来,因此先要用木板压在坯的上面。

一条坯埂上的坯,起先只能叠三四层。等下面的坯略干后,才能再叠三四层新坯。这样才能使下面的坯经受得起压力。

坯叠好后,如果放在阳光下曝晒或被大风吹,则会很快开裂,前功尽弃。因此要用枪轩把上部和四周遮好,让它自然干燥,称"阴干"。并在上风头加厚枪轩,以免坯破裂或被冷坏。

大约一周之后,泥坯稍干了,遇上晴天才可直接在太阳底下晾晒;不过,雨天还是要再遮上枪轩的,以防大雨将坯堆淋毁。如果预测晚上要下雨,或者突然间刮风下雨,那么也要预先或抢时间将枪轩遮在泥坯上。

坯埂上的坯放多了,就要清理出一部分,将晾干后的坯搬到空余的场地上,在坯埂上堆叠新掼的湿的泥坯。

掼坯一般为夫妻搭档,妻子在坯台上操作。丈夫既要挖泥,又要挑坯、叠坯。遇到踏泥,就夫妻一起合作。

有的农民还在掼砖坯的同时制作瓦坯。制瓦坯俗称"剿瓦筒",使用"瓦筒"作模子,也在坯棚中进行。瓦筒呈圆柱状,用竹片或木片制成,上装转柄,中空,可松动,表面嵌有等距离的4把铁制刀片。

剿瓦筒技术性相对较强,先要把瓦筒置于转盘上,将和熟的泥切成片状,围在瓦筒的表面,然后边转动(剡)瓦筒,边用木板夹平坯体。瓦筒的结构虽简单,但设计也很精妙。瓦坯剡好后,将模子向内一按,瓦坯就会从模子上脱落下来。待瓦坯晾干后,轻轻一掰,筒状瓦坯便分成了4片。

筒瓦剡

砖坯和瓦坯晾干后,都要从坯埂上卸下来,用坯落子挑或用手搬,装到农船上,运送到窑场上,卖给窑户,烧制成砖瓦。

2.烧窑

烧制砖瓦的土窑俗称"乌窑"。烧制石灰的土窑俗称"白窑"。一座完整的土窑,一般由窑棚、窑场、窑墩、窑屋组成。

窑棚,是与窑门相连的棚子,大多为草棚。棚里叠放少量泥坯、燃料,烧窑师傅和窑工也可在里面遮风避雨、休息用膳。

窑场,是窑墩旁边的宽阔场地,准备装窑的砖瓦泥坯和烧制好的砖瓦及装窑出窑的车辆,都要堆放在窑场上。

窑屋,是搭建在窑旁的小屋,有的也是草棚,是烧窑师傅临时居住、烧水炖茶和放置烧窑工具的地方。

窑墩,即俗称的"窑",是焙烧砖瓦的主要设施;由窑门(也称"八字门")、内胆、渗水池、烟囱等组成。其中的内胆也称"窑肚",是将土坯变成砖瓦的"加工车间",主要由窑壁、拱顶、窑炉、额前、火膛、窑床、烟道组成。

土窑在烧窑时使用的燃料,主要是稻草、麦草、菜箕。这些燃料都是当地播种的农作物的秸秆,收购方便,价格低廉,且烧出的砖瓦性情柔和,不易爆裂。

烧制一窑砖或瓦都要经过装窑—烧窑—出窑三个阶段。装窑,就是把坯料装入窑肚;烧窑,就是把泥坯烧成砖瓦;出窑,就是把烧好的砖瓦搬出窑肚。

窑户多数要聘用一名大师傅,负责装窑、烧火、看火(观察火势)、挑水、出窑等工序,把守技术质量关。

装窑和出窑是最忙碌的时候,光靠大师傅和几个窑工是应付不过来的,这时就须另雇散工。旧时,装窑和出窑都用人工操作,土坯在搬运时都要靠在腰间。

为减轻腰部的负担和确保安全,搬坯时大多要在腰间系一条柴蹼。

装窑自下而上、从内到外,土窑在烧制砖瓦时,燃料从窑门口进入,在窑炉中燃烧,火焰穿透火膛逼向窑胆的各个角落,因此也需要技术。如果是砖瓦混装,则砖和瓦要有序间隔,这样才有利于火龙的穿透,把砖和瓦同时烧熟。

焙烧大体可分为预热—紧火—小紧火—染烟—闭窑五道工序。一窑砖瓦从点火(烧第一把火)到出窑,要经过二十五六天的时间。大师傅要不断观察火候,并根据烟色的青、白、浓、淡调整火候。窑火烧到十七八天时间就要闭窑。闭窑,就是停止烧火,用砖块封砌窑门。但闭窑具体的时间要根据从烟梗(烟囱外侧底部的小孔)中观察到的火势的旺缓来决定。

闭窑后开始渗水。蓄水池设置在窑的顶部。外围呈盆状,称"湖荡";正中见方,为"天脐",取"天圆地方"之寓意。"天脐"在预热时是打开的,紧火后用砖块慢慢封闭。天脐封闭后,要在"湖荡"内浇上烂泥,使窑顶密封。

渗水,俗称"窨水"。方法是:在天池中挑满河水,烧窑师傅凭经验用铁丝在湖荡内插出一个一个小孔,让水滴通过小孔窨(渗)入窑内。窨水的目的通俗地讲就是使砖吸入少量的水分,增强抗压程度。用"窨"而不用浇的原因是,浇水容易使窑内上层的砖瓦爆裂。

锦溪、周庄一带生产的砖瓦有:黄道砖(单三、永兴、八结黄道等)、彭光砖、二寸头、墙砖、望砖、瓦片、花瓦头、滴水等。其中的八结黄道砖,是一种用于砌墙、铺地的小青砖,砖的一头有像双"8"字形状的"八结"图案。小巧玲珑,形态优美。望砖,是一种大小与青砖相仿、厚薄约是小青砖一半的板状砖块,在建房时铺设在屋面的底瓦之下。

烧窑

攒坯、烧窑曾是昆山部分农民的一条生存之道。如今,在锦溪留下的祝甸古窑群和被设立在周庄老街、千灯校园内的一些坯棚,成了这一段农耕历史的美好回忆。

④ 农俗

农民在牵小磨加工食品

风俗习惯包括衣食住行、婚丧寿庆各个方面,可分为岁时习俗、礼仪习俗、生产习俗、生活习俗、文化娱乐习俗、社会风尚习俗等。

昆山旧属吴地,具有吴地风俗习性。正如万历年间《昆山县志》所称:"昆山昔号称壮盛,四时土俗与诸县亦略相同。"但是,正所谓"百里不同风,千里不同俗",民间习俗具有鲜明的个性特质,而农村的习俗又与城镇略有不同。

宣统年间《信义志稿》载:"信义……为苏昆往来孔道,民间风俗类昆者什七,类苏者什三。"信义,即正仪。志书中的意思是:正仪因为地处苏州昆山中间,所以其风俗十分之七同昆山,十分之三同苏州。

乾隆年间《陈墓镇志》云:"朱子云:南方风气柔弱,北方风气刚劲……即一镇之南北亦然。"旧时的锦溪,以界浦为界,河西地属长洲县或吴县,河东地属昆山县,风俗也受两地交叉影响。即使是镇之南北,风俗也不尽相同。

第一节 饮食之俗

昆山是鱼米之乡,其饮食素来以"粳糯稻米""鱼虾蟹鲜"为主调;农民们在食用粗茶淡饭的同时,尽心开发美食资源,力求使餐饮更加丰富。

一、家常餐饮

旧时,不论是城镇还是农村,平时都是一日三餐,两干一稀。即中午吃米饭,早上和晚上吃米粥和面食。

1.用餐

农民吃的饭有粳米饭、糯米饭、八宝饭、赤豆饭、南瓜饭、菜饭等,粥有粳米粥、腊八粥、山芋粥、菜粥、糊腻羹、赤豆粥、饭泡粥等。

赤豆饭,是在粳米中加赤豆烧成的饭;南瓜饭,是在粳米中加入南瓜块烧成的饭;山芋粥,是在粳米中加入山芋烧成的粥;赤豆粥,是在粳米中加入赤豆烧成的粥。

糊腻羹,是旧时昆山人在元宵节晚上吃的粥。这种粥是以米粉为主,加荠菜、豆制品、荸荠、茨菇、老菱肉等做成的什锦粥。

菜饭,是农民常吃的米饭。家里没有下饭的菜,就把青菜切断后加入粳米中烧制成菜饭。烧煮时,先要起油镬,把青菜煸一下,再添米、添水烧煮。这样烧出的饭就味道更香了。

饭泡粥,是将米饭加水后烧煮成稀粥。从饭镬上铲下来的饭糍(锅巴),可直接吃,也可煮成饭泡粥。

农民所吃的面食,主要有面条、面参鲚、面老鼠、面塌饼、馄饨、面衣等。

面条,在早餐和晚餐中常吃的。一般都是水面,有光面、浇头面之分。光面,是没有浇头的面。浇头面,是面里放有浇头的面,浇头有肉丝、虾、蛋皮、爆鱼、鸭肉等。有时将青菜作汤料,称"菜下面"。

农民吃的面条大多是自己擀制的。擀面的方法是:把面粉放进面盆内,边加水边揉面。先揉成面团,再在桌面上用擀面杖擀成面皮,然后折叠起来,用菜刀切细,捞起后即成面条。

民国《巴溪志》载:"鸭面,系冬令早点之美,以昆山西门煮法相同。先煮鸭脯,以鸭汤漉面,盛大碗,使汤多于面,切鸭脯加上面,名'浇头',鲜肥可口。"这种面,是用鸭汤为汤料以鸭脯为浇头的面,在冬天时作早点。制作方法与昆山城中的"奥灶面"中的鸭面相似。

但农民吃面时,很少吃另备汤料的"过汤面"常将水烧开后下入面条,加进油盐等作料,吃面时连汤带面一起盛入碗中。这种面条俗称"糊涂面"。

饺子和馄饨形状相似,但北方人爱吃的是饺子,南方人喜欢吃馄饨。吃馄饨也是昆山农民的食俗之一。面粉上市了,农民就自擀馄饨皮子、裹馄饨,改善一下生活。擀馄饨皮子的方法是:先像擀面条一样擀好面皮,再将面皮切成正方块的皮子。由于是手工制作,这种皮子比如今市场上购买的要厚得多,颇有嚼劲。

按照馅心分,馄饨有肉馄饨、荠菜(夹肉)馄饨、糖馄饨等。其中的糖馄饨,是将红糖夹在面粉中作馅的馄饨,可聊补缺钱买肉之窘。

旧时,农民吃的粥往往比较薄,为了吃饱肚子,有力气对付繁重的农活,有时会在粥中加一些面老鼠或面参鲦。

面老鼠,是一种面疙瘩,不需要制作,只要将面粉加水、加盐调成较厚的面浆,在粥初沸时用筷子一块一块夹入粥中就行了。

面参鲦,是用面粉做成的像参鲦鱼形状的面食。制作时,先将面粉加水、加盐揉成面疙瘩,再用菜刀切成条状,待粥初沸时加入粥中。

面衣

面衣,是用米粉或面粉煎成的扁薄点心。或因像棉布、衣片一样厚薄,故名。制作面衣,俗称"摊面衣"。摊面衣时,先要把粉料加盐或糖,用筷子打成面浆,熬好油镬后,沿镬圈倒入面浆,并用铲刀压扁。当底面呈金黄色后,要将面衣铲起,翻身。

农民常吃的粉食有米糕、圆团和各种塌饼(见后)等,此外还有着粉和炒米粉。

着粉中的"着",是一种俗称,有拌和的意思。烧煮着粉时,用糯米粉和粳米粉混合为主料,添加清水和辅料,在镬子(铁锅)中边烧边用筷子拌和。如果在粉中加入了青菜,那么就称作"菜着粉"。

炒米粉的制作方法为:先将粳、糯米粉混合后放在镬子里炒熟,再将炒好后的米用磨子磨成粉。食用时,加上适量的糖,用滚水冲泡、拌和。炒米粉胀得厉害,小半碗能泡出一大碗。拌好的炒米粉,满屋飘香。

汰面筋时,还可将面团放进饭箪箕里,下面垫着脚桶。面筋汰好后,将脚桶里的下脚料用纱布过滤一下,去除杂质,留下的称"小粉"。小粉沉淀后,倒掉清水,放在太阳下晒干,捏散,便成滑滑的细粉。小粉可烧成粉糊或摊(煎)成面衣。这种点心酸中带甜,别有风味。

农民所吃的菜肴主要是地头上种植的各类蔬菜和瓜果,平时也常炖一个鸡蛋,烧一碗蛋汤,逢年过节或招待客人才吃一些鱼肉。

以前,农民煮饭、烧菜历来使用柴灶,有的还使用行灶。柴灶是烧柴火的灶,俗称"灶头",有单眼灶、两眼灶和三眼灶之分,但一般都是三眼灶。三眼灶就是放有三个镬子的灶头。镬子有"尺八头"和"尺六头"之分。"尺八头"的直径为1尺8寸,"尺六头"的直径为1尺6寸。

每只镬子上都放着镬揽。镬揽的周边一般都要扎一个竹圈,以防烧饭、烧菜时漏气,而影响饭菜的质量。扎制竹圈,称"扎镬揽",由专门的竹匠操作。竹圈用篾黄为材料,箍在镬揽上后,要钻眼、穿上藤条扎紧。

灶肚里放着火钳。火钳是一种铁质的钳状烧火用具,捏手为两个半圆形的孔,有大有小,大的齿长超过50厘米。灶肚的背面有一个狭长的空间,称"柴仓"。柴仓里放有用于烧火的柴禾和坐用的烧火凳、用于从灶肚里出灰的扒灰、粪箕(多挂在墙角)。柴禾主要是稻柴、麦柴、菜萁,此外还有乱柴、豆萁、砻糠、树枝、竹梢等。

烧饭、烧菜有时由两人操作,一人在柴仓里添柴烧火,一人上灶;有时一人烧火兼带上灶,在灶前灶后忙碌。柴草添进灶肚后,要用火钳不停地拨动,使燃料充分燃烧。稻柴和麦柴可打成草把,使中间有空隙,便于空气流入。

行灶,是一种小的灶具。一肚一眼,状如倒立的圆台。烧行灶俗称"煨行灶",

搪行灶

用木块、竹块、树枝、豆萁等作燃料。行灶用于煮饭、炖水、熬药等。旧时家庭人口较少的农民,住在阴暗的小屋里,常用行灶作灶具。外出劳动摇航船时,在外食宿,也常把行灶搬到农船上使用。渔船上也用行灶作灶具。行灶上放的是"尺六头"镬子。

行灶不用砖砌,而用烂泥夹杂稻柴糊成。制作行灶,俗称"搪行灶"。搪行灶,要先将黏土放进粪桶,加水拌粘,将烂泥糊在柴把上,把柴把盘成一个个圆圈做泥墙,一层层垒高。泥墙垒到一定高度后,要留出一个正方形的灶门,灶门上要做一个挡火的遮檐。最后在灶之内外搪上纸筋。

行灶煨出的米饭特别香。用行灶笃蹄髈,肉酥皮嫩,味道极佳。因此,如今农村在举办婚丧寿庆之宴时,也要在场角用砖块堆垒几个行灶式灶头,用于烧方肉、蹄髈。

由于稻柴、麦柴的用处不仅仅是当柴禾,农民便尽可能地将它们节省出来,这样就有了斫"野柴"的习俗。

野柴是生长在野外的小树桠枝、芦苇、荆棘、茅草等。斫野柴用镰刀作工具,一般是妇女做的活。冬闲时,妇女背着羊篰、草包之类,到野外走上一遭,多少能斫到点野柴。野柴斫到家中后,放在场上晒干就能当燃料。

2.饮酒

酒在民间被广泛饮用。昆山历史上的酒有白酒、煮酒(黄酒)、烧酒、药酒等类型,其中的白酒,就是米酒;烧酒,就是现在所称的白酒。

光绪年间《昆新合志》载:"白酒,《宋史》谓之民酒。农时不在禁例。用药(酒药)掺饭,越日成浆。有菊花黄、十月白、梅花白、菜花黄诸名。"

光绪年间《周庄镇志》载:"煮酒,亦名'黄酒',冬月以糯米、水浸蒸成饭,和麦麴皮、花椒酿于缸,来春滤去糟粕,煮熟,封贮存于甏。"

宣统年间《信义志稿》载:"三月造酒,曰'菜花黄',九月曰'菊花黄';十月造酒,曰'十月白',谓之'杜茅柴'。以信义之水,江湖灌输,洁清,故酒味甘美,他处莫及。"

旧时,昆山的酒大部分由开设在市镇上的酒坊中酿制。但农家也有酿酒的习俗,以备农忙和婚丧、寿庆、节日时自用或招待客人。所酿之酒以白色米酒为多。

酒坊酿酒有浸米、蒸饭、摊饭、落缸、开耙、拌曲、压榨、蒸酒、封存等诸多复杂的顺序。农家酿酒较为简单。酿酒的时间大多在糯米上场之后。用新出壳的糯米为主料,大多用大缸(俗称"七石缸")作盛器。

周庄的酿酒作坊

农家酿酒的大致方法为:先将新糯米浸泡3个昼夜,用竹蒸蒸成米饭,放入缸中,调入酒药,加水拌匀,再用柴草编制的盖头封存,在酒缸周围拥好柴草保暖。

过了一周时间,酒就酿成了。需要饮用时,可随时揭开盖头,用勺子小心地舀去柴屑等漂浮物就行了。贵客临门也用米酒招待。这种酒略带酸味,但香醇清洌,很好上口。善喝者十碗不醉。即使喝醉了,也很快就会清醒。

3.喝茶

民间有相聚在一起饮茶的习惯。旧时市镇都开设茶馆,较大的乡村也开设茶馆,经营泡水和饮茶业务。农村的中老年人喜欢每日清晨上街,进入茶馆"吃早茶",这样既能满足自己的嗜好,又可与熟人或朋友相聚、叙谈。

茶馆里一般都砌有老虎灶。老虎灶是一种砖砌的大灶台,长3米许,宽1.5米左右。前面是2~4个汤罐,汤罐之间设有添加燃料的炉口。后面设1~2只大镬子,其中一只镬子用桶圈加高。灶头后面竖一个烟囱。

老虎灶的燃料是砻糠,砻糠加进炉口后,用铁条搅几下,让砻糠靠拔风燃烧。拔风,就是热空气上升时,在底部形成负压区,让冷空气进入,形成气流。用老虎灶烧水,先要把冷水加入镬子里,水烧温后再舀进汤罐。汤罐小,水容易烧开,烧开后就可舀进热水瓶中。

农村在炎夏季节历来备凉茶、绿豆汤等饮料。绿豆汤,是用绿豆为原料做成的。把绿豆浸泡,使之变软,再煮熟,冷却后加上冰糖,冲上冷开水,绿豆汤就做成了。贫困的农民所喝的凉茶,大多是用很细的略带苦涩的茶叶泡出的"抹子茶"。

到老虎灶泡水,就不用烧水了。但是农家的水大多是自己烧煮的。开水可以

老虎灶

在灶头上用镬子烧,也可以用吊子(水壶)放在风炉上煮。风炉大多是阿婆们用稻柴和黏土像搪(糊)行灶一样亲手搪成的。用风炉炖茶,不称"烧水",而称"炖茶",大多以竹片、木段、豆其为燃料。

昆南的一些乡村流行"喊吃茶"的习俗。中老年妇女在家闲着时,每到下午就要相聚在一起轮流作东(主人)吃茶。同样用风炉炖茶。

婆婆们吃茶,往往要在隔日或当天上午预约,生怕相互冲碰,希望落空。因为预约通知的方式是喊,有时在门口喊,有时派上孙子孙囡喊,有时在隔日吃茶时就喊好了,因此这种方式被称作"喊吃茶"。

到了约定的时间,大家会高高兴兴地过来,有的身边还拖着看领的小孩。边喝茶,边做针线,边拉家常。天南地北,奇闻轶事,无所不谈。吃茶的茶点虽有点土不拉叽,但也是蛮丰富的,花生、糖果、酥豆、咸菜、萝卜干都会被拿上茶桌。

阿婆们在炖茶时,要让燃料慢慢煨着。这样作东的也可腾出工夫,跟大家一起吃茶、聊天。风炉很小,经常遇到"烟出火不着"的尴尬。此时用拔火罐(竹管)吹几下,或者用老蒲扇扇几下,萎了的火焰会重新变旺。

因为吃茶的对象是阿婆,吃茶的方式很有个性化,因此周庄一带的百姓将这种习俗,称为"阿婆茶"。

民间与吃茶有关的习俗,还有一种称"吃讲茶"。吃讲茶为的是调解纠纷,乡邻间发生了争执,各不相让,就通过吃讲茶解决问题。

吃讲茶通常的方法是:双方约定日期,选定茶馆,由村中的长辈出面,邀请一位有声望的中人,找个茶馆,边喝茶边调解纠纷。在争执的双方互相申诉、辨明是非曲直后,中人作出公断,理亏的一方向对方道个歉,并支付茶钱,这事就了了。

4.抽烟

农民在"一日三餐"之余,有的也要抽上几口烟。旧时所抽的烟主要是旱烟和水烟。抽旱烟是用旱烟筒吸烟,抽水烟是用水烟筒吸烟。

旱烟筒由烟斗、烟杆、烟袋组成。烟斗为铜质,烟杆有竹、木、玉石等种类。烟袋是一个小的布袋,内放烟叶。抽旱烟时用纸出(旱烟纸)引燃烟叶。纸出用火柴点燃后,用嘴吹出火苗,再引燃烟筒上的烟叶,吸完后摇灭火苗。

水烟筒为铜质器具,由烟斗、烟杆、烟仓、插管、链条等组成。烟嘴、储水筒和烟斗联成一体。烟仓呈扁形盒状,底部装有水。烟斗上面装烟草。抽水烟时也用纸出点燃烟叶。吮吸烟嘴后,烟草燃烧放出的烟,经过水的过滤,再通过烟管。

喜欢吸烟的农民,常将烟筒、烟袋和烟叶随身带着,出门方便时,想吸烟就吸烟。点旱烟的"纸出"没了,顺手扯下报纸的一角也能将就着点燃烟叶。

二、农家菜肴

昆山的农家喜欢种植各种蔬菜,还常年养猪、养羊、养鸡、养鸭、养鹅,并在闲暇时经常开展小捉捕捞,这些都为农家菜肴提供了丰富的资源。

农民烧菜的方法,以红烧、白烧、清蒸、生煸、炒、炸、炖、烩、熘、爆为主,多数菜肴中加入食糖。

1.鱼类菜

昆山的水产特别丰富,民间以水产制作成的菜肴种类也很多,其中的一部分也被载入了地方志书。

康熙年间《淞南志》称:"湖蟹,产淞南淀山湖,味美于他处。或以酒煮之,尤可以食。""鲈鱼,有二种。鳞细而黄,微带黑点,是江鲈也;鳞细而黑,口含赤须,是四腮鲈也。"四腮鲈,产于松江,本名松江鲈。产于淀山湖一带的鲈鱼,也称"土附",俗称"塘鳢鱼";又因油菜花开时肉味最佳,故也称"菜花鱼"。

光绪年间《周庄镇志》称:"菜花鱼……即张季鹰所思之鲈鱼也,较之松江鲈鱼仅少两腮耳。佐以新笋煮汤食之,味最佳。"张翰,吴县(今苏州)人,西晋著名的文学家,字季鹰。张翰为躲避战乱,称自己想起了家乡的鲈鱼,就回到了家乡,因此有了"莼鲈之思"的典故。

旧时,不光是阳澄湖的蟹、淀山湖的蟹很有名,周市蔚洲村的蟹、大市双洋潭中的蟹也很有名。光绪年间《昆新合志·

塘鳢鱼

物产》称:"蔚洲村出蟹,形差大、壳软。未佳捕入笭箸,自曲其脚,不露爪。今则出阳城湖、商洋潭者为上,善藏,以俟元宵鬻之,俗称之'看灯蟹'。"

昆山农家鱼的烧法有红烧、掺汤、清蒸、次头、块烧等。红烧,是加入酱油、酱烧煮;掺汤,就是白煮;次头,是整条鱼红烧,有时还加入咸菜、毛豆、茭白丝等辅料。块烧,是切成鱼块后红烧。

张翰曾寓居周庄的南湖之畔。周庄、锦溪的湖荡中多的是莼菜,当地百姓就用塘鳢鱼为主料,加入莼菜,还烧出了一种名为"莼菜鲈鱼羹"的佳肴。不过在农村,塘鳢鱼更多的是添加毛头、竹笋等辅料作红烧。

民国《巴溪志》中对蟹的烧法和吃法作了这样的记述:"煮时,将蟹身洗涤,以紫苏、生姜同煮,可避寒毒。食时,和以姜丝、酸醋、酱油、白糖,其味鲜美。"紫苏是一种药材,煮,就是放在水里用火把水烧开。这是一种很特别的吃蟹方法。

大闸蟹

农历六月,蟹进入成熟期前的最后一次蜕壳阶段,虽尚未长足,但也已肉质丰满,生有蟹黄,民间有吃"六月黄"的习惯。"六月黄"一般是吃"面拖蟹"。烧法为:先将蟹洗净后,用菜刀切成两半,在切面涂上拌好的面粉,然后把拖有面粉的蟹粘在油锅中煎煮,煎到面粉发黄后添入清水和调料烧煮。

蟹有"九雌十雄"的说法。意思是:九月的雌蟹黄最足、十月的雄蟹膏最肥。这两种蟹味道最佳。大闸蟹的一般吃法是清蒸,方法为:先要将蟹清洗干净,用棉线将蟹脚捆扎住,以防蒸煮时脱落。再放入蒸笼内,添加姜片、大蒜头,淋点黄酒,置于镶子上隔水蒸煮。

昆山乡间有一种形状像河豚但身体较之略小的鱼,称"鲃鱼",有的也称"斑鱼"。光绪年间《周庄镇志·土产》称:"斑鱼,似河豚而小,其肺腴美,相传入海即成河豚。"

以前,鲃鱼在乡村里的河道中随处可见,裹网、板罾、赶网、张地龙都可轻而易举地获取鲃鱼。农民吃鲃鱼的常见方法,一是"毛豆子烧鲃鱼",一是"鲃鱼塞肉"。毛豆子烧鲃鱼,就是用刚上市的青毛豆烧煮鲃鱼。烧法为:先将鲃鱼油煎,再倒入毛豆,添加酱油等作料烧煮。鲃鱼塞肉,就是把鲃鱼的内脏取出后,塞进猪肉烧煮。鲃鱼要开背刀,猪肉要用后腿肉,并捣成肉泥。为防止肉馅漏出,还要用棉线在鱼身上绕扎几圈。

河虾也是乡间的美食。大的河虾也称"柴虾"。一般为红烧或白烧。白烧比红烧更为简单,只要放在清水中煮(俗称"炸",非油炸)就行了。清代《陈墓镇志·物产》中还有吃虾圆、酒虾的记载,称"虾用酒酿、葱浸之,即刻食用"。

昆山的农村喜欢吃一种名叫"虾糟"的菜肴。虾糟是用水晶色插虾为原料做成的。插虾是一种小虾,用渔网在水草丛中捕获。立冬之后,插虾细如缝衣针,长不满2厘米。将插虾中的小螺蛳、水草、小白条鱼用筷子拣去,漂洗干净,就可制作虾糟了。

制作虾糟时,先将适量的糯米饭盛到钵头或盆里,趁热倒入鲜活蹦跳的虾,再加入姜末、花椒、大蒜、盐等调料,并充分搅和,淋上白酒。然后把半成品的虾糟装入瓶子或瓿中封存。

过了半月左右,虾糟便酿成了。这时候,橘红色的插虾间杂在雪白的饭粒中,会溢出阵阵香味。虾糟可单独清炖,食用时撒入小葱;也可与豆腐、小鱼一起烧成"虾糟烧豆腐""虾糟烧小鱼"等菜肴。

此外,农家还吃红烧鳜鱼、清蒸鳗鲡、块烧甲鱼、鲫鱼掺汤、清蒸白丝、油汆参鲦、田螺塞肉、蚌肉烧咸菜、小炒螺蛳等土菜。

田螺是一种长在水田及岸滩的大螺蛳,肉厚、味鲜。田螺塞肉的方法是:先把田螺的肉从壳中用缝衣针挑出,混入猪肉斩烂后再塞进壳中红烧。

蚌肉烧咸菜,将蚌肉切成小块加入咸菜烧炒而成。取蚌肉的方法是:先用菜刀切开蚌壳,再借助菜刀从蚌壳中挖出蚌肉。

小炒螺蛳,是将螺蛳先油煎,再红烧、翻炒而成。螺蛳的肉也可用引线(缝纫针)挑出,烧成"咸菜炒螺蛳头肉"。

参鲦和鳑鲏都是小鱼。参鲦身体稍长;鳑鲏身子扁而略宽,头尾较小,

做虾糟

163

长不足6厘米。这两种鱼味道都很鲜,也很受农民欢迎。参鲦可红烧,也可晒成鱼干后炖着吃。鳑鲏一般红烧,民间有"三片鳑鲏六碗汤"的调侃语。

2.肉类菜

农民吃的肉类传统菜肴,有蹄髈、方肉、红烧肉、鸡肉、鸭肉、鹅肉、羊肉、糯米塞脏、小肠汤、油卜(塞肉)、面筋(包肉)、百叶(包肉)、猪头肉等。

平时农民很少吃蹄髈、方肉、羊肉。要好(关系亲密)的客人来了,有时才会杀一只鸡或鸭,热情招待一下。待到过年或者办婚丧喜庆等大事时,有时也会杀一头猪。杀了猪,蹄髈、方肉、下水都有了。

肉类菜肴中的蹄髈、方肉,在烧煮前都要用酱或酱油浸渍一段时间,然后加水、酱油、酒、糖等作料,先用旺火烧,再用文火烧。鸡肉、鸭肉、鹅肉,既可红烧,也可白烧,烧成鸡汤、鸭汤、鹅汤。至于爊鸭之类,大多是由商家烧煮的。

面筋,在农村很受青睐。面筋大多从面粉、麸皮里淘洗出来。麸皮是小麦最外层的表皮,即小麦被磨成面粉时留下的麦壳。淘洗面筋的过程,称"汰面筋"。方法是:将面粉放入面盆,加入适量的清水、少许食盐,搅拌上劲,使之形成浓稠的浆糊状。搁置1~2个小时后,放在清水里淘洗。把面粉中的活粉漂洗掉,剩下的就是面筋。

面筋可作素面筋,放入鸡、鸭、排骨等汤中烧煮;也可将精肉斩烂后作馅包入其中,烧成面筋汤。周庄一带,还以鸡脯肉、鲜虾仁、猪腿肉作馅,将面筋放入鸡汤内烧煮,并称之为"三味圆"。

3.蛋类菜

鸡蛋、鸭蛋、鹅蛋是常用的农家菜。除了炖蛋、煎蛋、炒蛋、蛋饺、荷包蛋、囫囵蛋(连壳烧煮)外,还可制成咸鸭蛋、皮蛋等。

煎蛋,即将鸡蛋在碗中打碎后,打成蛋浆,倒入镬子中用菜油煎煮。农家常将青毛豆剁碎后,拌入蛋浆,煎成的蛋称"毛头子煎蛋"。

蛋饺,就是将蛋煎成饺子形状。有包馅的,也有不包馅的。馅心一般为剁烂的猪肉。旧时也有用猪肉加入猪油、白糖为馅心煎成的蛋饺。

腌鸭蛋的方法有多种。最简单的,是将鸭蛋洗净后放到调制好咸淡的盐水中,用甏封存。一般20~30天就能食用。

清代《陈墓镇志·物产》中记述的腌皮蛋方法是:用松竹灰、炭灰和盐捣成的浆料为原料,将鸭蛋放在石臼中拌和,用勺子捞起后封入坛中。后来,腌皮蛋改用以草木灰、生石灰调成的混合物作浆料,鸭蛋从料桶中捞起后,还要滚上一层砻糠。腌皮蛋比腌鸭蛋技术性来得强,腌得不好难以尝口。因此常有专门腌皮蛋的人挑着担子走村串巷。

4.家常菜

农民餐桌间最常见菜肴,有煸青菜、煸长豆,蒸茄子、炖蛋、丝瓜蛋汤、炒茭白丝、毛豆子烧咸菜、酱毛豆等。

煸青菜时,先要把青菜洗干净,滤去水分,取适量的菜油倒入镬子中,熬至半熟,再倒入青菜,用铲刀煸炒,半熟后添加食盐。

蒸茄子,就是把茄子洗净后,直接放在饭镬里蒸,架在水面上;同时在镬中放入碗架,碗架上搁一只内放油、盐、酱油、水、蒜等调料的碗。米饭烧好,茄子也酥了。打开镬箄,用筷子夹出茄子,放在有调料的碗中,将茄子用筷子划碎,在作料中拌和,即可食用。

炒茭白丝,就是把茭白剥去外壳,洗净后先切成片,再切成丝,然后熬油镬煸炒。茭白丝也可放入鱼、肉中作辅料,还可以晒成茭白干。

毛豆子烧咸菜时,可用青毛豆,也可用晒干的黄豆。如果是后者,则要在烧前把黄豆用水浸泡,使其发软。

酱毛豆,用酱和黄豆制成。先要将毛豆煮熟、烧软,再加入酱烧炒。这道菜不仅味道鲜美,还能存放数天不坏。

农民在无菜拌饭时,常常泡一碗酱油汤"救急"。酱油汤只要往碗中加入菜油、酱油、盐,用开水一泡就成了。如果再加点大蒜、葱花,则既香又鲜,很能下饭。

5.小零食

平时,农民还喜欢用炒毛豆、盐水豆、五香豆和发芽豆、焐熟藕,做下粥、下酒菜或茶点、小吃。

炒毛豆,就是把晒干的黄豆放在镬子里干炒。炒时放入适量的盐、糖等调料,以增加口味。熟了的黄豆会在镬中跳跃,发出"哗哗啪啪"的声音。

毛豆还可放在脚炉中爆,称"爆毛豆""煨毛豆",方法是:打开脚炉盖,在灰面上放一张纸,纸上放毛豆。毛豆会被发烫的炉灰煨熟。

盐水豆,以蚕豆作原料。先熬油镬将豆炒至半熟,再添加盐水烧煮。烧至发软"汤"干,即可食用。

制作五香豆,以蚕豆作原料,将硬豆浸软后,要在镬中放水、放盐,把豆烧熟、烧软烧干。再添入甘草、五香粉。

制作发芽豆,以蚕豆作原料,先要将豆浸入清水中,使之发芽。再像炒豆一样翻炒,使之成熟。这种豆比一般的蚕豆要香甜。

菱既是一种蔬菜,也是一种杂粮。生吃甜嫩解渴,熟吃酥香饱肚,菱肉还可用于炒菜,并用以酿酒、磨粉制糕。

藕可生吃,也可熟食。如果将糯米填入藕孔蒸熟,则称"焐熟藕"。吃时切成片状,既可当零食,也可端上菜桌当蔬菜。

6.豆制品

豆制品也是农民的家常"菜谱"中不可缺少的。昆山农民把制作各种豆制品,统称"做豆腐"。

光绪年间《昆新合志·物产》中,除了陈酒、白酒之外,记载的就是豆腐。志书称:"豆腐,各处俱有,惟邑中所造最柔嫩可口。油煎之为油豆腐,压之使干为豆干,皆远胜他邑。"

昆山自产自销的豆制品,有豆腐、油豆腐、白坯(豆腐干)、油卜、百叶、板干丝、素鸡、臭豆腐等种类。以前,农民吃豆制品不需要上街购买,不少村里有私人开设的豆腐作坊,每天清晨一些外村的商家也会摇着小船在村中的河滩上高声叫卖。

做豆腐以黄豆为原料,有浸豆、粉碎、扯浆、煮浆、点浆、定型等工序。

做豆腐时,先要将黄豆放入水缸里用清水浸泡,去除杂质,再用磨子带着清水磨黄豆,将黄豆磨成豆浆。然后把豆浆放入纱布内,边加水边轻轻扯动,以滤清豆渣中的豆浆。

生豆浆放入锅里煮熟,就成了熟豆浆。豆浆可直接饮用。如果在烧煮豆腐浆时用石膏点浆,舀入垫有纱布的木框内,再用纱布盖好,冷却后就成了豆腐。

如果做成豆腐干,则要用盐卤点浆。把豆腐干切成三角状,放入油锅内"捞"一下,就成为油豆腐;切成方块,放

磨豆腐浆用的磨子

入油锅内油炸,可做成油卜。

如果所用石膏为生石膏,那么必须放在灶肚里用火煨熟,然后敲碎,用清水化成石膏水,待沉淀后去除杂质,才能用于点浆。

点浆,就是放入凝固剂让豆浆凝固起来。点浆要有一定经验和技术。浆水放少了,豆浆就结不成块了;如果放多了,豆腐就不嫩了。弄得不好,豆浆会变成棉絮状的废料。

做百叶的方法较为复杂。先要在木框内垫上纱布,再浇入一层豆浆,将纱布的四边折起包好豆浆。再垫上一块纱布,舀入一层豆浆。如此层层相叠。当数框豆浆叠好后,要堆叠起来,上面放一块木板,木板上压一根树棍。树棍的一头穿在榨架上,另一头压上石头。

榨架的形状像一座小木梯,上面有若干个级头。随着装有豆浆的木框不断下沉,树棍要逐渐往下插。三四个小时后,豆浆中的水分被压掉,百叶就做好了。

素鸡是用豆腐干做成的。把数块豆腐干用纱布包起来,卷成圆柱状,用纱线扎紧,再放在镬子中烧熟,就成了素鸡。

臭豆腐,是将豆腐干或油豆腐放在咸菜卤中浸渍而成的。农家在腌制咸菜时,留下了许多发臭的菜卤,把从豆腐坊里买的豆腐干或油豆腐浸在里面,隔一天两天就能食用。

陆家镇泗桥村的豆制品历史悠久,很是有名。相传在南宋时就有了,在民间享有"素菜之王"的美誉,如今依然名扬四方。

7.腌咸货

有条件的人家,冬季腊月还要腌一点咸鱼、咸肉(猪肉)、咸鸡(俗称"腌鸡")、咸鸭(俗称"腌鸭"),以备开春后食用。

传统腌制腊肉要经过压缸、复腌、醉制和风腊等加工程序。乡村中腌肉的一般方法是:将肉放入缸中,搽上食盐,压上菜石。隔3天翻缸,倒掉血水,搽上新盐,再次压缸。复腌三四次后,捞出晾晒。

鸡、鸭和鹅肉的腌制方法相似,翻缸、腌制的时间要比腌肉短一些。鱼的腌制,

农民腌制的腊肉

数量少时则不需要翻缸,腌制一星期左右就可捞出晾晒了。

在乡村,品尝腊肉是一种享受,晾晒腊肉也是一种享受。春节过后,农家的屋檐下往往挂满了腊肉。

同时,蔬菜中的青菜、塌菜、藏菜、菜苋、萝卜、大头菜、洋姜等,除了吃新鲜的外,也经常被腌制。

腌一般的蔬菜,先要将菜洗净,放在阳光下晒成半干,然后腌入菜缸。也要搓盐和压缸、翻缸。

腌制好的菜苋,俗称"鳗鲡菜",它是用菜薹的嫩心作原料腌制而成的。菜薹古称"小白花油菜",也称菜花头,俗称"菜苋""菜剑",是食用油菜的头部。

光绪年间《周庄镇志·物产》载:"油菜,冬种春生,撷食其薹,曰'菜剑',并可腌藏。二、三月开黄花,田畴如散金,四月收其子压油。"

每年暮春,油菜抽薹时,农民就摘下嫩嫩的菜苋,像青菜一样地煸了吃。吃不完的就把它腌了。腌菜苋一般不用菜缸,而是用小甏作容器。甏口要用箬叶和黄泥密封,经数月后才可开甏。腌好的菜苋鲜味十足,还有一股浓郁的清香。这种菜可当吃粥菜和茶点生吃,也可用来炒肉丝、炒鱼杂、炒蚌肉。

8.酱类菜

农民的吃粥菜主要是酱菜,有酱、腐乳、咸菜、萝卜干、酱瓜、榨菜、咸鸭蛋、皮蛋、洋姜等,其中部分是自己亲手腌制的。

以前,农民在夏天家家都要做酱、腌酱瓜。酱是以豆类、面粉为主要原料制成的糊状调味品,酱瓜是用黄瓜和生瓜腌制成的瓜条。

做酱要先要做"黄子"。黄子用黄豆或蚕豆和面粉做成。黄豆先要煮熟,然后放入面粉中揉,粉揉熟后要做成面饼或面条,用麦柴覆盖。待黄子出霉后,取出晒干,添加盐、糖等作料,放入酱缸中拿到场头曝晒。为防止鸡鸭等的误食,酱缸往往搁置在用砖块或石块垒叠的菜园墙头上,或放在方凳上垫高。

在强烈的阳光下,酱缸里的黄子会渐渐融化成糊状的酱。大约晒上20～30天时间,当呈糊状的酱被晒成紫红色时,酱便成熟了。

此时,如果把洗净腌制好晒成半干的黄瓜、生瓜放进酱缸里继续曝晒,瓜条就会逐渐被酱成酱瓜。如果把酱瓜捞出放在阳光下曝晒,酱瓜会变硬而成为咸瓜条。

当然,黄瓜和生瓜也可不放在酱缸里而直接用盐腌制,经过多次翻缸、晾晒后用酱油烧制成酱瓜,但这种方法远不如浸在酱缸里简单、省事了。

"童子黄瓜"是最鲜脆嫩、香甜的酱瓜。腌制时,要用大拇指般粗细、二三寸长的小黄瓜作材料,一层黄瓜,一层黄子,装入甏中,压紧后封口。

做酱用的黄子

用黄豆制成的酱,称"黄豆酱";用蚕豆做成的酱,称"豆瓣酱"。豆瓣酱是黄豆紧缺时才做的,味道比黄豆酱略逊。

旧时,较为贫苦的农民,做好的酱、腌好的酱瓜往往要吃上大半年时间。加上咸菜和萝卜干,一年的吃粥菜就基本解决了。

三、乡俗糕点

糕点是糕饼和点心的总称。糕点在乡间既是一种日常点心,也是一种传统美食,还是一种乡俗礼仪食品。

1.糕

昆山乡村中的糕有糕、年糕、麦糕、丰糕、粢饭糕等种类,其中的糕又可分为一般的糕、撑秧糕、重阳糕等。

糕,是一种圆盘形的米糕。制作糕,俗称"粧糕"。糕有用竹蒸粧的,也有用木蒸粧的。用竹蒸粧成的大糕,直径45厘米左右,比竹匾略小,高4至5厘米;用木蒸粧成的小糕,直径20厘米许,高6厘米左右。

粧糕先要牵磨,即把大米磨成米粉。所用的磨子一般是有磨架、磨盘、磨晃的大磨。牵磨至少要两人合作,其中一人在磨盘上拗磨(将米粒添入磨盘上的圆孔内),一人把住磨晃推拉。有时也可两人掌磨把。米粒被磨成米粉后,从磨盘的边沿流出,落入下面垫着的牵磨匾中。牵好的米粉经过磨布筛的数次筛滤,去除杂质后才能用作糕粉。

粧糕用糯米粉和粳米粉作原料。竹蒸粧的糕,一般用大米3.5公斤,按5:2的比例混合,即糯米2.5公斤,粳米1公斤。如果在米粉中混入南瓜泥,则粧成的是

农妇在粧糕

南瓜糕。

粧一盘糕,也称粧"一蒸糕"。粧糕要经过筛粉、手粉、装蒸、封面、划块、蒸煮、出蒸、盖印等步骤。

筛粉,就是筛滤糕粉。先绕顺时针方向转动,再向逆时针方向转动,使有用的米粉从筛中过滤干净。一筛粉筛完后,把杂质倒掉,继续筛粉。

手粉,就是用手掌将生粉搓揉至熟粉。方法是:展开双手的手掌,一掌在下,一掌在上,搓揉糕粉。手好的糕粉要再筛滤一遍,并不停地将筛中结成的粉块用手指捏碎,以提高糕粉的利用率。

装蒸,就是把糕粉装入蒸内。方法是:把蒸放入匾中,用蚌壳(今用铁皮簸箕)一蚌壳一蚌壳地将筛好的粉舀入蒸内。如果要粧铺糖糕,则待糕粉装到一半后,用笤帚扫平,铺上一层红糖,再在红糖上加铺糕粉。

封面,就是妆点糕面。方法是:用绢筛在糕面上筛盖一层细白的糕粉,使糕面细腻、和顺、美观。

划块,就是将装在蒸内的糕,用菜刀划成块状。横划3刀,竖划3刀,共划成"四四十六"块。

蒸煮,就是把生的糕蒸熟。方法是:将装在蒸里的糕放在灶头上的镬子里,隔水用柴火蒸煮。

出蒸,就是把蒸熟的糕从蒸中倒出。方法是:先把糕面反扣在镬撑的背面,铺上粽叶,再把匾罩在糕底,倒翻过来,把糕扶正,使糕面朝上。

盖印,就是在每一块糕上盖一个个带有"囍"字的红红的印章,同时在糕的边沿涂上一圈红色。

粧糕或以家庭为单位,婆婆和儿媳作一对搭档;或乡邻间选择一户人家,约定时间,把大家需要的糕放在一起粧。

农民做的米糕、干蒸圆团

这样既显得热闹,又节省了资源,还促进了婆媳、乡邻之间的和谐。

年糕,是一种条形的糕,农民也常自己制作。年糕用糯米粉做成。制作时,先要把米粉揉成粉团,然后隔水蒸熟,再用扁担压扁,切成条状。

麦糕,或用面粉制成,或用米粉(粳糯相杂,糯米粉占比稍多)制成。厚薄和大小均与人的手掌相仿。面粉做的比较松脆,糯米做的较有黏性。做麦糕常用寒豆(豌豆)作辅料,在揉粉时浇入圆豆汤,做好后下面垫上棕叶,用刀在糕面切出一排似断非断的条纹,然后放在竹蒸里蒸煮。

煮熟的麦糕,呈寒豆的紫色,泛着油亮的光泽,糕面上留着完整的寒豆,吃时有一股寒豆的清香。

丰糕,是用面粉蒸成的糕,直径与用竹蒸粧的米糕相仿,但较之略厚。状如面包,但比面包丰满、松软。糕面常嵌上百果。制糕时要放入酵头,农家的酵头是隔夜用面粉加水拌和做好的。面料馊了,就变成了"酵头"。糕制好后,同样放在竹蒸中蒸煮。

丰糕一般在小麦收获后,用新上市的面粉做成。丰糕取"丰"和"糕"(高)之意。吃丰糕有"年年丰收,步步登高"之寓意。

2.团

昆山糕点中的团子,有青团、圆团、酒酿团子等。形状有大有小。大的拳头一般,小的像玻璃弹子。颜色有白的,有青的。

青团和麦芽塌饼均为青色,在清明时节上市,不仅被用作祭祀用的供品,还在乡间被当作美食普遍食用。

青团

制作青团的主料是糯米粉,辅料为浆麦草。浆麦草是从田野里割来的麦子状草料,浆麦草洗净后要加入适量的清水捣烂,榨取青汁,再用石灰水点浆。馅用红枣和赤豆添加新鲜的猪油、白糖炒成。

制作青团时,先将米粉做成粉团,将馅做成馅团,再将馅团包进面团中,然后上笼蒸煮。出笼时浇上一层熟菜油,团子就变得青翠欲滴、油光发亮了。

正仪文魁斋的青团很是有名。据资料反映,这里的青团南北朝时期就有了。

如今其制作技艺也得到了良好传承。

圆团，一种是在腊月廿四晚上吃的落汤团子，有拳头般大小，称"汤团"；一种是用蒸干蒸而成的扁圆形团子，俗称"干蒸圆团"。二者都用糯米做成。

落汤圆团的馅，咸的为肉馅、萝卜丝馅，甜的是赤豆馅。干蒸圆团除了这两种馅，还可用咸菜、菜干混杂蛋皮做馅。

干蒸圆团蒸好后，一般要装在匾里。为防止粘连，匾底先要铺一层米粉。团子上还可撒上芝麻。中间要用筷子蘸上用红纸泡成的红色点上一个红印，以示吉祥、喜庆。

小圆团，就是元宵，在正月十五元宵之夜食用。有包馅和实心两种。馅也分荤素，荤者包肉丸，素者为芝麻、赤豆泥。

酒酿团子，用糯米水磨粉为原料做成，比元宵略小，不包馅。放在酒酿中烧煮。这种团子既糯软，又有酒酿的甜味。

还有一种小团子，是用糯米粉做成的，也不包馅，常以青菜作佐料煮成，汤很滑腻，俗称"小瘪嘴圆团"。

3.饼

乡俗糕点中，塌饼的种类恐怕最多了。塌饼是一种用面粉、米粉、大麦粉甚至麸皮做成的土饼。"塌"字，在昆山话中有"扁"的意思，如"塌鼻梁""凹塌"，因此，塌饼是一种"扁塌塌"的饼。

民间制作的塌饼，直径一般为七八厘米，比被称作"汤盏"的小碗的碗口略小，厚度不超过2厘米。种类较为丰富。

塌饼从总体上看，有实心塌饼和包馅塌饼两种；按口味，有甜塌饼、咸塌饼之分；按照食材，有糯米塌饼、南瓜塌饼、面塌饼、麦芽塌饼、菜花头塌饼、秕塌饼等。

实心塌饼是不包馅心的塌饼。包馅塌饼所包的馅心有荤有素，素的馅有赤豆泥、豆瓣泥、萝卜丝、山芋泥、咸菜等；荤的馅有鲜猪肉、咸猪肉、蛋皮等，但大多也与菜干、咸菜相混合。

以赤豆泥、豆瓣泥、山芋泥为馅心的塌饼，又称"甜塌饼"；包有肉类、咸菜、萝卜丝等馅的塌饼，又称"咸塌饼"。在做好的塌饼面上撒一层芝麻，就成了"芝麻塌饼"；在塌饼中包有盐挤菜、(短时间腌一下的青菜)咸菜、金花菜等馅心的塌饼，又称"菜塌饼"。

糯米塌饼,是以糯米粉为主料做成的。特点是糯软、黏性足。但光用糯米粉做容易粘嘴、粘手,因此还要加入适量的粳米粉。

面塌饼,是用面粉做的。一般用小苏打或自制的酵头发酵,故而比较松软,吃上去有面包的味道。

南瓜塌饼,是在粳、糯米粉中掺杂南瓜泥的塌饼。南瓜泥是把南瓜切块烧熟后捣成的浆料。这种塌饼称得上是色香味俱全:色,是南瓜的金黄色;香,是南瓜的香气;味,是南瓜的甜味。

麦芽塌饼,也称"青塌饼",先前用麦芽粉(今也用糯米粉)作主要原料做成。麦芽粉是用发芽的大麦碾成的粉。饼中还要添加石灰草做辅料,石灰草俗称"将军头",是一种生长在田垄间的多瓣、阔叶草料。

栖塌饼,是用栖碾成的粉做成的。栖是从大米中筛滤出来的碎米,

麦芽塌饼

以前农村生活水平低,栖也被当作粮食,并被用来做塌饼。

栖塌饼是一种实心塌饼,较粳性和淡性,吃时可蘸点白糖,或用刀剖开后中间夹入糖料,以增加口味。

菜花头塌饼,用米粉为原料,以菜花头干、咸菜为馅心做成,馅中还可夹杂一些用鸡蛋或鸭蛋煎成的蛋皮。

塌饼尽管是一种"粗俗"的食品,但制作时要手脑并用,也有"技艺"可言。做塌饼一般有备料、手粉、做饼坯、包馅、熯(方言读"hüě")等工序。

备料,就是准备材料。塌饼的材料有粉料、草料、馅料等。料的好坏直接影响塌饼的质量和味道。

粉料同样要先把米放在清水中淘洗,去除米粒中的灰尘和杂质,淘洗后要放在通风处晾干,然后用石磨牵(碾)成米粉。

面塌饼和麸皮塌饼的粉料中,需加入适量的糖料,以去除苦味。以前农家生活贫困,所放的糖料往往是一种被叫作"糖精"的颗粒状甜味剂。

做麦芽塌饼时,从田野中挑回来的"将军头",要先去除根部和黄叶,在洗

净、晾干后放入碗盆中用小木棍揉成草泥。揉好的草泥要腌制一下，以去除其中的苦味。

塌饼的馅料要提前制作。做赤豆馅或豆瓣馅时，要事先把馅料放入镬子中添水烧煮，待熟软后加白糖或红糖翻炒，炒至汤干后盛起，待冷却后待用。做萝卜丝塌饼所用的馅，是用白萝卜刨成萝卜丝后加入少许菜油、酱油、葱、蒜等作料拌成的。

手粉，就是用手揉粉。粉的粳糯可根据各人的爱好和口味调节，但基本的原则是：既糯软可口，又不粘牙、粘手。揉粉时，米粉要放在圆盆中。先在粉中加适量的清水，将粉和水拌和，再用双手反复揉捏，直至生粉变成熟粉（柔软可制饼的粉）。

做饼坯，就是将揉好的粉做成饼坯：先取一团熟粉放在两掌中间来回搓捏，使成圆团形状。如果是实心塌饼，则直接把"圆团"揿（压）扁即可。

做麦芽塌饼时，要把麦芽粉和草泥充分揉和，以只见青色、不出草茎为最佳。草泥要适量加放，加多了饼就做不圆整，加少了就无独特口味了。

包馅，就是把馅料包入饼坯中，用筷子或勺子作工具。包馅时，先把搓好的粉团捏成碗状，待包入馅心后再将"碗口"捏拢，掐去"柄子"（上端多余部分），最后把饼搓圆、揿扁。

"㸆"也是一个方言词汇，意思是：用极少的油煎。"油煎"一般火力较旺，如煎蛋、煎鱼；而"㸆"的火力不太旺，其后续工序为烧煮。㸆塌饼的方法为：先将镬子加热，再沿镬边倒入少许菜油，待油半熟后沿镬圈贴（俗称"霍"）上塌饼。为防止饼坯自由滑落，霍塌饼要由下而上进行。

塌饼一面霍好后要继续加热，待饼底生成饼皮（俗称"盖头"）后用铲刀铲松塌饼，将其翻转过来再㸆另一面，待生成饼皮后，沿镬边添加少许清水（俗称"滂水"）。然后盖上镬捺，用文火烧煮。

如果是㸆糖水塌饼，则在㸆至半熟后要浇上调制好的红糖水。待糖水烧至似干非干时，塌饼便可出镬。

栖塌饼不用菜油㸆，而是放在粥镬里利用煮粥的蒸汽蒸熟的。因为下面是粥，所以栖塌饼只能贴在镬子的边沿，数量也有限。

栖还可做栖圆团。栖圆团是一种比象棋略大的扁团子，在烧粥时边做边放在粥中。农民干的是体力活,粞圆团能起到充饥作用。

除了糕、团子、塌饼之外,农民还常把粽子、油鸡、面枣子、馒头、面包、面衣、炒米糕、巧果、煨山芋等当点心。

清明节、端午节前后人们都要裹粽子。粽子由粽叶包裹糯米制成。裹粽子时,先把粽叶摊在掌心,再将米料和馅心放在粽叶上,折成粽子后,用柴稻或棉线绕扎。

粽子有三角、四角、秤砣、枕头等形状,有白水粽、赤豆粽、枣子粽、肉粽等种类。裹好的粽子要放在镬子中用文火煎煮,至飘出香味后,再焖一会,才可食用。

油鸡,是一种粉制油氽食品。状如幼儿的手掌。呈金黄色,上部连接,下部分片,轻薄、松脆、喷香。制作时,先擀面皮。面皮要擀得薄而有韧性。擀好后用刀切成豆腐块大小。将面皮对折,一面剪成手指般粗细的条状。翻转每条面条,使成绞状。面坯煎好后,还可沾上一些芝麻,这样可使味道更香。待稍干后,就可放入锅内煎煮了。

未煎煮的油鸡

农民自用的馒头和面包一般也自己制作,遇上造屋抛梁、进屋、做寿等大事时,才到镇上的食品店里购买。自制的馒头、面包也都用竹蒸蒸煮,只是大多是用自制的面粉酵头发酵的,加上技术有限,因此没有店里的松软,但俗语云:"瘌痢头儿子自赞好。"农民照样吃得有滋有味。

以前,乡村里经常有流动的爆炒米摊,摆放在河岸上,为农民爆炒米。炒米,即米花,用爆炒米机爆成。炒米可直接用来吃,还可以做成炒米糕。把爆好的炒米趁热倒入方形的浅框中,加上白糖,匀和,刮平。待炒米稍冷却凝结后,用刀将炒米切成小块,就成了炒米糕。

烧饭、烧菜时,将山芋(红薯)放进灶肚中,埋在灰中,称"煨山芋"。等到饭、菜烧好,山芋也就煨熟了。煨熟的山芋很是香甜。

以上这些乡俗糕点,既是一种"下里巴人"式的乡间美食,也是百姓衣食住行

裹粽子

的一部分，还常在民俗活动中"显山露水"。

农民在田间劳作，干的是体力活。出工时吃一块米糕、一个塌饼，脚头就会硬气不少；劳动歇息时，塌饼可聊以充饥。

民间有"立夏见三新"的习俗，即立夏日要吃三样时鲜食品。南港和张浦的"三新"中，就曾选用过内包金花菜的菜塌饼。

农历八月廿四为稻生日，农民还用新糯米做"糍饼"，用于祭灶。糍饼是用糯米和赤豆做成的包馅塌饼。糍饼还在妇女裹足时食用，寓意脚骨像糯米饼团一样柔软。

新婚娶亲、建房、进屋（乔迁）、做寿等礼仪中，糕是必不可少的。糕与"高"谐音，有"芝麻开花节节高"等寓意。

旧时，农民过日子较节俭，亲戚之间往来一般不买礼品，而是做一盘半篮干蒸圆团相送。香喷喷的，有时还冒着热气的圆团，散发出的是亲友之间经年累月的温馨。

当然，圆团、塌饼也不会天天都做的，这就让那些馋嘴的孩童，常把痛痛快快吃上一回喜欢吃的塌饼，当成一种享受和渴望。乡间有一首儿歌这样唱道："嗯酿嗯酿好吃，白狗黄狗看吃，做仔（了）麦芽塌饼勿界（给）倷（你）吃。"这首童谣唱出的是吃塌饼时的"幸福感"。儿歌中"嗯酿嗯酿"，是塌饼吃在嘴里发出的声音，有自得其乐之意；"勿界倷吃"并不是小气，而是让你羡慕、口馋。

如今，各种美食铺天盖地、纷繁璀璨，而米糕、圆团、塌饼、油鸡依然以不变的姿态坚守着自己的乡俗秉性，也让人们常常回望那青灰色瓦楞间缓缓升腾的袅袅炊烟……

第二节 穿戴之俗

穿戴,是穿着和佩戴的意思。人们的穿戴随着社会的发展和纺织技术的进步而不断变化。

昆山人在清代至民国时期的穿戴,深受满族服饰和吴文化的交叉影响,农村的纺织业兴旺,农民的穿戴特色鲜明。

一、制衣做鞋

制衣,就是做衣服;做鞋,就是做鞋子。农民的穿着包括衣裤、裙子、鞋帽、头饰、发饰等。这里主要说的是传统穿着及其制作。

1.穿戴

先来看看,清代至民国时期,昆山的妇女在一年四季中所穿的衣服,以及身上的穿戴及妆扮——

春秋季节,上身穿短衫,内着肚兜,外加大襟罩衫。罩衫一般用花布、士林布缝制而成;或用花布做本身,缝接浅士林布袖子。裤子一般为深色布或黑色布大裆裤。

夏季,穿着以棉布夏布衣衫为主,内穿肚兜。中青年的肚兜用花布做成,以红绒线或银链条将肚兜系在颈上,垂于胸前。如果气候炎热在家劳动、休息或乘凉时,有时上身只穿肚兜。

冬天,一般上身都穿着棉袄,内有毛线衣,外加罩衫,下穿夹裤、棉裤,服装式样与春秋季略同。

服装在乡间俗称为"衣裳"。衣裳有上衣、下裳之分。综合起来,妇女从头到脚的打扮大致为——

头上戴包头,老年人有的还戴头帮。上身穿大襟衣衫,夏天穿单衫。年轻人有的穿贴身的肚兜。春秋穿夹衫,冬天穿布袄。腰间系布裙、围兜。下身着大裆腰的裤子。小腿裹卷膀,穿绣花鞋、袜统。

大襟衣衫，是一种衣襟在一侧的衣衫。上有大襟和小襟，大襟在外面，小襟在里面。钮襻系在大襟上，钮洞开在小襟上。男人的衣襟比女人的略长。

布裙，也称"作裙"，有长、短之分。年长者的布裙以黑布长裙为主，年青人的布裙以深、浅士林布短裙为主。

旧时，妇女在田间劳动、做家务、走亲戚时都可系上布裙。男人在参加搭棚、打轩等劳作时也穿布裙。

女人的布裙以青色和蓝色为多，比男子的稍短，下端约在膝盖。男人的布裙以黑色和灰色为多，长至脚踝。

布裙上端装腰，两侧打裥，裙面上窄下阔。腰的两头均有带子。女人的布裙，带子上织有"卍"字样和"寿"字形及菱形等图案，带子一端有红绿流苏装饰。

与布裙搭配的是围兜。围兜俗称"系腰扇""二官裙""移身"等，锦溪、张浦均称"褡腰头"，是女人系在布裙上的小布裙。

围兜用黑布或蓝布做成。有双层、单层之分。里层较大，约1.2尺见方，外层稍小。两层之间缝有暗袋。面上的一块，边角上绣花，四周滚边。有的两侧缝有琵琶头状或竹叶状的花饰。

围兜

包头

围兜的腰间两侧用钮扣各连接一块线板状的饰物，俗称"褡腰板"。褡腰板上绣有各色花纹，两头都系有红绿流苏。

包头，盛行于昆南部分农村，用黑色、蓝色棉布做成，长8寸至1尺许，宽7～8寸，展开时呈梯形，面上绣花，四周滚边，两角有系带，带端也有红绿流苏。

包头布包在头上时，把有带的两角兜至发髻上方系住，流苏正好挂在发髻两旁，带的两角在发髻下方，披在背上，像一双知了的下翅。

包头的上部包至眉心，两侧的云鬓稍稍露出，使妇女的半个头部含而不露，显示出了水乡女子朴质典雅的含蓄之美。

肚兜，又称"抹胸"，是用于护卫胸腹的贴身内衣，形状多为正方形或长方形，对角设计，上角裁去，成凹形浅半圆状，下角有的呈尖形，有的呈圆弧形。

肚兜上常有"麒麟送子""凤穿牡丹""年年有余"等图案，这些图案有多子多福、生活美满、吉祥幸福等寓意。

大裆裤是一种叉腰裤，用布带系在腰中。脚管有中有小，有的用花布或浅色布做脚管贴边。穿着时腰的前部要交叠一部分。

中老年人的小腿上有的裹"卷膀"，卷膀用青色或黑色布缝制，一般是里外两层，上下用带扎紧。

不过，各地的服饰也是有微小差别的。比如周庄妇女的穿着接近于吴江，有的头上戴的是花毛巾。张浦的女性穿着接近于角直，青蓝布的包头上有白色的接角。

清末明初，昆山的男性农民，一般上身穿对襟短衫，下身也穿大裆裤。脚穿布鞋或蒲鞋，头上有的戴毡帽。富户和私塾先生，有的也穿长衫马褂。

2.制衣

传统服饰的制作较为繁复，有裁剪、缝制、添纽襻、缝钮洞、熨烫等步骤。其中女子的大襟单衫较具有代表性。

裁剪，是给衣服定型，用滑石粉、竹尺、裁缝剪刀作工具。裁剪时有一定的"口诀"，但还要根据具体情况作调节，其中经验十分重要。

土布的门幅大多在1尺至1尺2寸之间，最阔的不超过1尺4寸。因此用土布制作一件女子大襟单衫，要用4幅布并在一起裁剪。

裁衣的大致方法是：先将布拼在一起，纵向折成两层，用滑石粉按照尺寸和比例打出样稿，再裁剪出衣服的大概样子。

传统女子服饰

大襟单衫的衣长一般2尺左右。大襟的大小是胸围的1/4，袖口的大小是袖子的1/5。按照胸围3尺2寸、袖宽2尺来计算，大襟的尺寸是8寸，下摆比胸围大2

寸,袖口宽4寸。

样稿打好后,要在前面的衣片上挖出领圈。从左侧(穿着时在右侧)的袖下端开始,挖出呈"S"形曲线的大襟。大襟的顶端直达领口的中间。

接着,要依照大襟衣片的样子裁出小襟。小襟覆盖在大襟的下面,襟口要比大襟落下半寸,以便穿着时被大襟盖住。

大襟单衫的两侧要裁出向内略收的弧形,以便将衣服做得靠身。两个侧边(俗称"靠腰")都开有3.5寸至4寸的开胯摆缝。衣服的底边要裁出弧形(俗称"圆势")。

因为门幅较狭,所以即使用4个门幅拼在一起,衣袖依然很短,因此要另外用布料裁剪,将衣袖拼接上一段。不过,为了节省衣料,小襟、领子、贴边等也可以凑在裁下的布料上裁剪出来。贴边是沿(缝)在大襟、袖笼、袖口上的布条。

最初,拼接是凑布料或者出于劳动需要,有时一种布料暂时紧缺,就拼上临时凑来的布料;肩膀和肘子处容易磨损,就拼上厚一点的布料。后来,拼接逐渐成为一种时尚。在女子大襟和后背都可用与本身色差较为明显的布料拼接,以显示水乡服饰的迷人魅力。

锦溪一带的拼接比较简单,大多是一种"本能"的拼接。南港一带的拼接衫,在大襟和衣袖的中部也作拼接,这样衣服就在朴质中多了一份艳丽。

钮扣和钮襻在大襟一侧。盘钮襻,也称"打葡萄结",有打"勳条"、打"虎王结"、盘三个步骤。使用的工具是剪刀、缝衣针和镊子。

称钮襻为"葡萄结",是因为盘好的结像一串葡萄的样子;称其为"虎王结",是因为盘好的结又像老虎的头。

蝴蝶钮襻

盘钮扣时,先用剪刀将布沿斜角剪出一根根布条,再将布条折成两层,用缝衣针缝住,称"打勳条"。接着,用一根勳条在大拇指和食指上绕成圈,将一面的布条头折起穿入两个圆圈中,调节长短,收紧两头,这样虎王结就打成了。

盘,就是将虎王盘结便成"老虎头"。方法是:将虎王结中间的圆圈用镊子挑出,把另一根勋条穿入虎王结中心的圆圈,用镊子通过挑、拧,调节布圈的大小和松紧度,同时收紧一个个布圈。最后,将先前穿入的另一根勋条抽出,使小拳头的头部留出一个小孔。这样一个钮襻就盘成了。

缝制,就是把裁剪好的衣服拼接起来,并在适当的部位缝上贴边。用的都是手工操作,靠一根引线(缝纫针)穿针走线。

大襟布袄,俗称"扯襟布袄"。裁剪和缝制方法与大襟单衫基本相同,只是尺寸要放得较宽松一些,一般照量好的尺寸放出4~5寸。

布袄的外套做好后,中间要翻进棉絮。一般的布袄翻棉絮1市斤左右。翻絮的方法是:先把衣套从内向外翻出,将棉絮扯成薄片,铺在夹里上。铺好后再翻转衣套,使棉絮进入布袄里面。

布袄的夹里是通过缝制布袄外套时在两面的腋下各留的口子中翻出来的。棉絮铺在夹里上后,再从这个口子里翻进去,缝住口子。

扯襟布袄中色彩最华丽的是女子在出嫁时穿着的织锦缎布袄。织锦缎是一种布面织有花纹的色彩艳丽的传统丝织品。这种布袄在制作时比一般的布袄多了一道工序——刮浆。即在布料裁好后,要在织锦缎的反面刮上一层用面粉糊成的浆,以增加布料的硬度,便于缝制。

女子系在腰间的布裙,用土布缝制时也要4幅门面,裁成前后两个裙面。每个裙面的中间1/3为皱褶起来的裥。两个裙面的镶接处,各1/3宽度是重叠在一起的。

缝制布裙的裥,称"打裥"。打裥先要将布皱褶成若干个层面,再用缝衣针细细缝制。裥的上端是细密的花纹,下部松散。花纹有"人字片""十字绞""八结""满天星"等。

布裙做好后,还要在裙边上沿(缝)上颜色较为鲜艳的贴边。继而缝上布裙的腰,在两边缝襻,编织好腰带。腰带一般长度过膝,用各色纱线编成,可编出各种花纹。

水乡服饰的设计和制作,大多源于农耕劳动。比如,大襟短衫衣身宽大,而袖口窄小,适应于插秧、拔草、耘草、割稻等田间劳作。大裆裤则比较宽松,下蹲和走动较为方便。卷膀可防止劳动时小腿遭受虫叮、蛇咬。作裙,原是女人遮羞之物。妇女在田间劳动时需要方便一下,有裙片的遮挡,就可大胆放心地随地解决了。

农民穿着传统服饰在演戏

后来，这些服饰被不断美化，有的部位被绣上了花饰，并被赋予了各种寓意，成了女子展露美姿、表达心愿的装扮。而当青年妇女身穿大襟衣衫，腰系作裙、围兜在大街上行走，在田埂上忙碌，在夕阳中暮归时，一幅民俗风情画作就在不经意间产生了……

3.做鞋

旧时，农民平时穿着的鞋子多为布鞋，并都是由妇女缝制的。鞋的形式有普通的船鞋、蚌壳鞋、扳节头鞋、绣花鞋、下田鞋等。船鞋的形状像木船，蚌壳鞋的形状像蚌壳，扳节头鞋的头部略微翘起，下田鞋是劳动时进入水田时穿着的鞋。

母亲闲着时，就为子女扎底、做鞋；年轻的媳妇，常为丈夫做鞋；未婚女子，有时也为未婚夫做鞋。做鞋是母亲生儿育女的一种责任，做鞋是女子对丈夫温柔忠孝的一种情怀。

做鞋子先要做鞋底、做鞋面，也都是靠手工完成的。把鞋底和鞋面拼合起来，就成了鞋子。

鞋底的材料是水铺底。水铺底用零星的布片糊贴而成。糊贴前，先要将面粉放在钵头里添加热水打成浆糊，再将布片略作修剪、整理。浆糊既要薄，又要黏性强。

糊水铺底要用春凳或调作台面，方法是：先用布头蘸上浆糊涂在台面上，再把布条一块一块地贴上去，贴成一个约2尺5寸长、1尺5寸宽的长方形。照这样的方法，一层浆糊一层布片地叠贴。糊贴到5至6层的时候，一片水铺底就糊好了。糊好后要贴在墙上或者门板上，待晾干后揭下来，放在太阳底下晒。

农民一年四季常穿鞋，因此一次要糊好多块水铺底。晒干后的水铺底高低不平，因此还要放在床席底下压平；或搁在调上，翻过春凳压在上面。

做鞋底俗称"扎底"。为什么称为"扎底"呢，因为鞋底要用一种被叫作"扎底针"的长度为1寸半的大引线（缝衣针），一针一针地扎成。

扎底前，先要把4层水铺底叠起来，将根据尺寸打好样的鞋底纸样用针线定（缝）在水铺底上，再用剪刀沿纸样的边缘剪下来。鞋底片子可用布条沿（缝）上边,也可以是毛边(不缝)。沿有边的底做成的鞋,称"嵌边鞋";毛边做成的鞋,称"毛边鞋"。

扎底的方法是:先将针从鞋底的正面(上面)穿过鞋底,再从反面(下面)反穿过来。要先扎中间一排,再扎两边。扎底时,鞋底很硬,无名指上一般都要套上一个铁制的底针窠。针穿进鞋底一半

水铺底

后,用底针窠抵一下针屁股,就省事多了。有时候,针钝了,扎底的人就把针在额头上划一下。其实划一下,针是不会锋利的,但感觉上就是锋利了。

鞋面,就是鞋帮。鞋面布要根据鞋样裁剪。鞋样也是用纸剪成的。将鞋样放在布料上,用线定(缝)牢,沿着纸样剪下,就成了鞋样。

鞋面布要裁出面子和夹里。面子用色布,夹里用白布。做棉鞋,要在面子和夹里中间翻(塞)进棉花。做绣花鞋,要在鞋面绣花。

绣花鞋上绣的花样也要事先画好纸样。绣花的材料是彩线,花是用细小的绣花针采用刺绣的方法手工绣上去的。

绣花鞋是乡间最美的鞋,待嫁的闺中女子一般都要为自己做好几双绣花鞋,在出嫁时穿在脚上,在闲暇时晒在场上,显示自己的心灵手巧。

二、纺纱织布

纺纱,是把植物纤维捻在一起纺成纱;织布,是将所纺的纱织成布料。人们常常把纺纱和织布连在一起,称"纺织"。

明代《天工开物》称:人们所穿衣服的原料都是自然界所提供的,其中属于植物的有棉、麻、葛,属于禽兽昆虫的有裘皮、毛、丝、绵。

明清时期,昆山所用的纺织材料有棉、麻、丝等;所织的布料有棉布、麻布和丝绸等,大部分为民间的家织布。布的品种多样,但统称"土布"。

旧时,昆山农村所织的土布,有的是用蚕丝织成的,有的是用苎麻织成的,有的是用棉纱织成的。

宣统年间《信义志稿·物产》载:"里中营业向以夏布为大宗……里中妇人务农

居多,农隙以织麻为女工。"从中可见,明清时期昆北纺织的繁忙程度。

1.纺纱

旧时,用于纱织的麻,多为苎麻,它是一种多年生草本植物,茎皮纤维坚韧而有光泽,是编结、纺织、造纸的重要原料。利用隙地种麻和家庭绩绻,既可为纺织准备原料,又可当作农家副业。

苎麻一般在"黄梅"时节和"大伏"里收割。苎麻割后,要浸在河中沤麻,使麻皮上的绿色褪去,然后捞起刮除麻壳和胶质,理齐头尾,晒干捆好。把麻皮从麻秆上剥下来的过程,称"绩绻"。方法是:人端坐在矮凳上,双膝盖一块黑布,左边放存有麻皮的竹匾和盛水的钵头,右边置椭圆形的绻桶。用指甲把麻皮劈成近似头发粗细的麻丝,盘放在绻桶内。

康熙年间《昆山县志·土产》载:"棉布,五、六、七保,十二、十三保之人俱以纺织为业。六、七保所织尤佳。"其中的五、六、七保,主要在昆南。旧时,锦溪、周庄、张浦、千灯的农村,半数人家都备有纺车、布机,用于纺织土布、棉线、腰带等织物。

织布前先要纺纱,纺纱前先要弹棉花。棉花去籽后纤维板结,并一朵朵分开,只有弹得蓬松并连成一体了,才能用于纺纱。

旧时弹棉花都用手工操作。弹棉花用一张木制的大弓作工具,弓长4尺左右,弓的口部绷有用牛筋做的弦。

弹棉花时,师傅将弓用细绳系住背在背上,一手握弓,靠近摊在板上的棉花,一手用弹柱频频击弦,使棉花渐渐疏松,成为棉絮。

如果要将棉花弹成被絮,就要由两人操作。将棉絮弹成被絮状后,两人要分站两边,将棉絮用纱纵横交错布成网状,固定在棉絮上。上面的棉纱布好后,用木制圆盘压磨棉絮,使纱线紧贴棉絮,然后将棉絮翻过来,用同样的方法压磨。

用于纺纱的棉絮,还得擀成棉条。擀绵条要在桌面上进行,先要摊上台布,以免棉絮被桌面粘住。再从棉絮上撕下一小块棉花片,铺成平面,用一根光滑的木杆将其压住,卷起棉花片,然后手握一块木板,擀着木杆来回推揉。棉花片要撕得厚薄均匀,擀压时要松紧有度。擀压三五遍后,抽出杆子,这样一根用来纺纱的绵条就搓成了。

纺纱用纺车作工具,古代的纺车有手摇纺车、脚踏纺车、大纺车等。昆南的纺车主要是手摇纺车,由支架、底座、绳轮、摇柄、锭子等组成。车架和底座均为木质,纺轮大多用长条竹片做成,上面绕有棉线或草绳。

织布椅、纺车

民国《昆新补志》载:"纺车锭,他处以铁为之,邑多用木,尖锐而长,纱较宽匀而佳。"其他地方的锭子是铁的,唯独昆山大多数是木壳锭子,这样就显得很独特。不过为了使其坚固耐磨,木壳锭子的周边也要嵌一圈铁条。

纺纱者坐在车前,装好锭子,将棉条一头往外拉出,搓出纱头,缠绕在纱芯上,就可纺纱了。

纺纱时,用右手转动纺轮,带动锭子的转动。左手捏着棉条顺势往后拉,使棉条随锭子的快速转动绞捻成纱;左手再向前送回,棉纱便就势缠绕在锭子上。手中的棉条快完时,取另一根绵条,将两个头捏在一起,面条就会自然而然地被接上。纱绕满一杆后,取下锭子。

纺纱

纺好的棉纱可用来织布,也可用来合(读"gē",搓合的意思)成扎鞋底用的鞋底线。合鞋底线的方法为:用2根纱线折成4股,中间套在细小的钩子上,两两分开,像搓绳一样搓动手心。搓完后在线尾打结。将纱折起来,中间套在钩子上的原因,是使鞋底线头部留有"鼻头"(小孔),以便在扎底时穿针引线。

2.染纱

纱纺好后还要染色和蒸煮。染色就是给棉纱上色。染色前先要将棉纱从锭子上摇(绕)到付纱床(也称"小纺车""小摇车")上,使之成纱圈。

先前,农民上色采用的是土法。即将颜料加入热水,倒进缸内,放入纱线浸泡,捞出、晾干。颜料可从镇上购买,也可就地取材。

据地方志记载,昆南的百姓曾用从湖荡底部舀起的菱叶、菱壳腐烂后的污泥,作为"棋子布"和"雪里青布"的染料。

为使颜料被充分吸收，并染色均匀，同时使布料长久不褪色，布料染色后还要放进蒸笼里蒸煮，然后捞出、挂起晾干。

3.浆纱

如果用于纺纱，纱被染好后还要浆纱。浆纱也称"上浆"，增加纱的硬度。清代《陈墓镇志》称：扣布有的上浆，"有拍经、刷浆二种。"

康熙年间《淞南志·物产》称："刷纱棉布，以浆敷帚，刷干上机。较之扣布，终逊紧细。今淞南五保诸村落多业此。"

拍浆，就是直接把纱放入盆中，反复搓揉；刷浆，也称"刷经"，是在纱经好之后，把浆用刷子直接刷在纱线上。刷经织出的布比拍浆织出的布更为结实。

4.织布

昆山所织的布品种繁多。光绪年间《昆新合志·物产》称："木棉布，出东南门外，有标篦、杜织二种。出千墩者，名'白生'。"木棉布，是以木棉花的棉絮为原料纺织的布，主要产自城外东南门外的乡村，有两个品种，出自千灯的堪称上品。

志书又称："苎布，出东南乡村附郭者，名'惠安'。出真义(正仪)及石牌者，有'清水杜织''加长机白'等名。出管家浜者，名'铜板'。出祁家浜者，名'祁布'。祁布最称精白。"苎布，即夏布，是以苎麻为原料编织而成的麻布。因所做的衣服常用于夏季衣着，凉爽适人，故名。昆山的许多乡村都出产苎布，因产地不同，叫法也各不相同。其中出自巴城祁家浜的祁布最为白净。

据宣统年间《信义志稿·物产》记载，正仪杨庄的夏布销售到山东等地，所以村落被俗称为"山东庄"；韩庄的夏布销售到东洋高丽(朝鲜)，所以村落被俗称为"洋庄"。杨庄百姓用夏布做成的蚊帐及衣衫，凉爽不粘，坚固耐用，是当时市场上颇受欢迎的麻织品。

织布

光绪年间《昆新合志·物产》称："罗布，全以芒作经，以棉纱与芒相间织之。形似罗，曰'罗布'。药斑布，出安亭镇，以药涂布染，清白成交，今之'紫花布'。"罗布，是用"芒"和棉纱交织而成的，"芒"

或者是一种麻皮,因为这种布呈网格状,故得其名。药斑布,主要出自安亭镇,因用草药染色,故名。布纹清白交叉。后来这种布又被称为"紫花布"。

光绪《周庄镇志·物产》中记载的棉制品,有棉纱、棉布、綟布、棋子布、雪里青布等。其中的綟布,是古代用蚕丝织成的布;棋子布,用白棉纱间杂青棉纱交织而成,因织成的小方块成棋盘纹,故名。

据周市的地方志记载,咸丰年间,周墅(周市)惠安乡生产的夏布庄收綟店生意兴隆,"惠安"品牌的夏布曾远销日本、朝鲜。20世纪50年代中期,周墅的兰泾、和平两个高级社继续生产夏布。直至60年代化纤产品问世,这里的夏布才逐渐被淘汰。

织布用的纱有经纱和纬纱两种。经纱是在机织物中垂直布边方向的纱。纬纱是在机织物中平行布边方向的纱。

传统织布机都是用手工制作而成的,由机架、缯、筘、脚踏板、转轴、交竹、纱轴、布轴等组成。

筘,是用细密的竹片做成的穿纱长方形机件,经线从筘齿间通过,其作用是把纬线推到织口。

缯的大小与筘相仿,上下各有一根横杆,用竹竿或木杆做成。中间是无数根纵向排列的密匝匝的棉线,用于分隔经线。

织布时引导纬线在经线中穿走的机件,称"梭子"。梭子的形状像小船,两边略尖,中间空。梭子中间穿一根芦苇秆子,称"纡子"。纡子插在装有弹簧片的梭芯上,纬纱就绕在纡子上。

传统织布的工序比较繁复,开机织布前先要完成经纱、整经、穿缯、穿筘、绕梭芯等流程。

织布机上的梭子

把织布所用的经状的纱线按照所织布料的尺寸、花色,通过排序、交织固定在纱轴上,也叫"经纱"。前一个经纱是名称,后一个经纱是动词。就像用裹网捕鱼也称"裹网",用"赶网"捕鱼也称"赶网"一样。

农民经纱时,要找一块数十米长的场地,一面摆放穿有纱筒的经串,对面摆放

用夏布做的衣裳

土布

架有木轴的经架，中间放有若干木凳，由数人一起操作。

纱经好后，中间用两根交竹把纱线分隔成上下两层，然后穿入缯中。穿缯，就是把经线一根根从缯丝的圆孔中穿过。

缯穿好后，还要把经纱穿到竹筘中，称"穿筘"。穿筘时要把纱头一根根分开，依次穿入筘的齿缝间。

清代《陈墓镇志》称："茧布，经用白棉纱，纬用酱色，或深或浅，相间织成。"可见，经纱、纬纱的不同颜色，能使织出的布形成丰富的色彩。

如果设有2个缯，则经纱的颜色就有两种，布机上就要设置4个踏脚。如果要使纬纱有两种颜色，那么要准备2个梭子。

织布，就是将纱织成布匹。织布时，人坐在织机后部。双脚上下踩脚板，不时将两层纱线分开；一手操控木筘，一手投递梭子，并轮流交替。

经过无数次的木筘推拉、穿梭往来，一个（小匹）布才能最终织成。割断纬纱，就能取下布匹。

清代《陈墓镇志》载，扣布"阔八寸六，长一丈八尺五寸"，"阔布，阔一尺四寸，单穿长二三丈"。从中可看出一匹土布的大致长短。

如今，周庄的贞丰街头仍开有土布作坊，店门口有纺车纺纱，店内有木机织布。周庄的土布制作也被列入了"非遗"名录。

第三节 居住之俗

居住习俗的内容十分庞杂,涉及方方面面。最主要的是房舍的建造、装潢,家具的添置,环境的布置。

一、农舍式样

农舍,即农村里的房舍。以前,昆山的普通农舍,除了草棚,都为砖木结构,或五路头三间,或七路头三间。五路头即5檩,有5根梁;"七路头"即7檩,有7根梁。

每间房屋面阔3~4米,每檩深1~1.5米。整撞房屋的长度在9~12米左右,进深在4~5米左右。这些农舍的式样大多为"遏舍",也有一些为"硬山顶"(俗称"硬山头")或"悬山顶"。屋脊一般为甘蔗脊、雌毛脊、纹头脊(俗称"蚱蜢脊""手枪脊"),有的还有高高翘起的"扁担翘脊"。

遏舍房,是山墙的两头减去了正梁,使屋顶向下压。屋面也像在垂脊处分拆出戗节,在脊的中间翘起,形成9脊。硬山顶和悬山顶的屋面,均为2坡5脊,即1条正脊,4条垂脊。不同的是,前者侧面的屋顶与山墙齐平,后者侧面的屋顶悬在山墙之外。

说是房屋三间,有时候也不全属一户人家。比如弟兄两人成家立业了,父母没有钱,盖不起房子,就自住横屋,把原有的房屋一分为二,哥哥一半,弟弟一半;哥东弟西,哥哥住东间,弟弟住西间。中间一个客堂就各自使用一半,俗称"合(读"gè")客堂"。

旧时,农村较为殷实的人家,除了灶屋间(厨房间)、客堂、房间(卧室),还要布置"家堂"和"退堂"。家堂,设置在客堂的后部,是

旧时的农舍

189

敬神、祭祖的地方。中间设神坛,前面设香炉,左右两边按长幼次序排列祖宗牌位。退堂,在家堂的后面,是交流、商量较隐秘私事的地方。也可在里面摆放囤窠,储藏粮食。用木板与客堂隔开,边上开一扇小门。

有的人家除了正屋,还有横屋。横屋可单独建在正屋的对面(俗称"下场头"),也可横在正屋的一侧,俗称"仄转";或三间一仄转,或三间两仄转。

有的人家在屋后或横屋的侧面,开一个只有屋顶而前后无墙的墙门。墙门里能吃饭、乘凉。临水人家穿过屋室的墙门,可到达河滩上淘米、洗衣。

当然,也有一部分极端贫困的农户,居住在草顶砖墙的屋子内,或草顶泥墙的棚子内,两房一堂,食宿一室,屋矮窗少,阴暗潮湿。富贵人家,则不但屋舍整齐,还有院子和圆堂。圆堂,是一种约定俗成的叫法,并不是圆的厅堂,而是较高较大的厅堂。

二、房屋构建

建造房屋是人一生中的大事,因此要请风水先生前来看宅基,并选定黄道吉日作开工的日脚(日期)。

房屋的建造需木作、瓦作相互配合,统筹兼顾。大致流程为敲桩—行线—定界—打夯—排宅脚—做屋架—竖屋—砌墙—做屋面—夹刷—配门窗—做地皮—砌灶头。

1.敲桩

木匠和泥水匠中的大师傅,都称"作头"。木匠是搭建房屋木构架的主要工匠。其中的作头师傅,是负责搭建梁栋的人。

当木匠中的筑头把房屋式样和相关数据交给泥水匠中的筑头后,泥水匠就要对房屋敲桩、行线。

敲桩,就是定址,即由作头根据房屋的走向、大小钉下木桩,并在木桩的头部包上红布,以示喜庆,也兼作驱邪。也有的地方房屋的4个角上都要敲上木桩;有的地方先是敲两个桩头,在行线时补上其他桩头。

如今昆山翻建农房,由建管部门委托村委会干部敲桩,敲桩仅仅是一种"手续"和仪式而已,往往只在房屋的中间敲一个桩头,表明上级部门已同意村民建房了。

2.行线

行线，就是泥水匠中的作头按照所造房子的开间(相邻两个横向墙体间的距离)、进深(房间的深度)，依据所钉的桩头用兜方测出四面的墙角，在地面上拉出墙体的中心线，画上石灰印。线行好了，房屋的大致轮廓也就确定了。

泥水匠在行线

造房子时还有一些特定的称呼，比如所造房屋的主人，称"东家"；建造房子的地方，称"作场"；亲戚邻居前来帮忙，称"相帮"等。线行好后，房子就要建造了，这些相帮也陆续登场。在农村，各家办事时都会叫来相帮帮忙，称"喊相帮"。相帮的人东家是不需要付工钱的，只要准备好饭食和点心就行了。

3.定界

行好线后，木匠中的作头师傅要根据房屋的檐高、屋面的式样和进深定界。"界"就是两根梁之间的距离，五路头为4界，七路头为6界。每界的宽度在3～4尺左右。

同时，根据每间房屋的辖数计算出椽子的多少。两根椽子中间的距离称"辖"(方言读"huà")，如14辖、16辖、18辖等。

然后，根据房屋的进深，按折率算出房屋的栈势。折率有对折、5.5折、6折等。如果房屋的进深为8米，按照5.5折计算，山头的高度应该是2.2米。

4.做梁

在做完了这些生活(活计)之后，木匠才能断料(锯木)、打眼、筛榫、刨木……制作房屋的梁架。

木匠在测量、计算房屋各个部位的尺寸和构建木结构房架时，使用的家生(工具)除了锯、凿、钻、刨、斧外，还有作凳、兜方、墨斗、箐等特殊用具。

作凳，是工作时使用的条凳。兜方，是大的角尺。墨斗，是由墨仓、线轮、墨线(包括线锥)、墨签组成的弹线工具。箐，是用竹片做成的蘸墨水画线的笔。

旧时的屋架较复杂，屋架都是木结构的。一般的梁柱都用杉木做成。椽子也可用杉木，也可用杂树。梁柱刨好后，要抹上桐油。

打夯

5.打夯

砌筑墙壁前,先要在宅脚上开挖夯沟。夯沟的宽度比墙壁的厚度宽一些。如果在用农田作宅基的新宅上开夯沟,深度要挖到"爽泥"为止。地皮的上层为表皮,再下面是青泥,青泥的下面是黄泥。黄泥的土质坚硬,俗称"爽泥"。宅脚筑在爽泥上地基就不会下陷了。

夯沟开好后,要在4个角上分别放进用红布包好的铜板或铜钱,以示镇宅。然后开始打夯。打夯,就是把沟底的泥土夯实。夯柱用粗大的木段做成,下部按上铁箍,分系4根粗索。

打夯时,由2人把住上部,4人合力拉索。将夯柱高高拉起,重重砸下。再提起来,放下,周而复始。打夯是一件很劳累的活,都由男性相帮来完成。为互相鼓励,增强"士气",有时大家还要唱《打夯歌》。

6.筑脚

宅基夯实后,四周填上泥土或三合土,泥水匠就可筑脚了。筑脚,就是砌筑墙体的墙脚,也称"绞脚"。墙脚的宽度一般在4块砖长。高度在地面之上。墙壁就砌在墙脚的中间。

旧时,在原宅上翻造房屋,如果夯沟开得很浅,往往不需要"绞脚",而在夯沟中排上一条条青石或黄沙石做宅脚就行了,因此称"排宅脚"。墙砖就砌在石头上面。

7.竖屋

老式房子,在墙脚砌好后就要竖屋(有的也写成"树屋")。不设墙柱的房子,在山墙砌好后才竖屋。竖屋,也就是搭建起房屋的木结构构架。房屋的构架有梁、帖柱、枋(穿插构件)等,中间用榫卯镶接。

竖屋前,东家也要请风水先生看日脚。届时,亲眷都要前来送礼祝贺,送"造屋盘","盘"即礼品。东家要留匠人和亲眷吃"竖屋饭"。

竖屋由木匠主持。先竖起帖柱,东家要给大师傅封洞(红包)。同时,还要把封洞放在山头上的中帖上,小木匠负责摸封洞,俗称"摸鸟(方言读"diào")窠"。

上梁前，正梁中间要包上菱形红布，布上绣有"福禄寿"图案和建房年月。中柱上写有"立柱喜逢黄道日，上梁巧遇紫微星"等吉利字句的红对联。同时，东家要把"发禄袋"挂在正梁正中，袋中装有馒头、米糕、万年青、花生、粽子等。

旧式民宅的梁、椽子和山头板

房屋正中的梁，称"正梁"，正梁下面依次为金梁、步梁、边梁。如果九檩式房屋，步梁则分为上步梁、下步梁。相对应的山墙帖柱，为中柱、金柱、步柱、廊柱，民间统称"步廊柱"。

上梁的一般顺序是先东后西，由下至上。多间房屋梁与梁之间的连接有的用榫卯结构，有的垫有托木（俗称"居"）。

新中国成立后建造的房屋，墙壁中没有"步廊柱"，在山墙砌好后才能竖屋。竖屋也仅仅是上梁、钉椽子而已。

上正梁时要举行"抛梁"仪式。届时，鞭炮齐鸣，匠人边上梁边说吉利话，并把亲友送来的馒头、糕团、糖果和东家准备的铜板等向下抛撒。

抛梁时还要高唱《抛梁歌》。匠人在鞭炮声中，边喊唱边将托盘中的食品、果品顺东、南、西、北方向抛向新屋的四周，意为"财源滚滚来"。

8.砌墙

旧式农舍梁柱架设好后，开始砌墙壁。砌墙用青砖作建筑材料，用灰沙作黏合材料。灰沙由沙泥、石灰拌和而成。

泥水匠使用的砌筑工具有泥刀、夹板、角尺、线柱、泥桶等。如今，还使用水平仪测量墙体的水平。

砌墙时，先砌山墙，后砌檐墙，先砌外墙，再砌内墙。山墙，是房屋侧面上部成山尖形的横墙。檐墙是房屋外部前后的墙。

有墙柱的房屋一般砌单墙。单墙是厚度为一块砖宽的墙壁，墙体平砌而成，上下层之间的砖缝错位。墙角用"榫卯"结构（俗称"火叉榫"）镶接。

山墙有单壁的，也有的是夹墙。夹墙，是前后用两层砖侧砌而成的中空墙，砖

旧时砌墙用的灰沙

砌的方式为二横一竖。

9.钉椽

屋架竖好后,木匠开始钉椽子、撩檐、勒望。椽子,是梁上承托望砖和瓦片的条木。撩檐,是檐口椽子上部的横木。勒望,是金梁和步梁上的木条。撩檐和勒望都是为防止望砖下滑而设置的。

椽子用铁钉钉在梁上。椽子与椽子之间,要"雌"(下)"雄"(上)相合。因此相接的椽子要在头部削去一部分。钉在步梁和边梁间的椽子大头要钉在檐外。

椽子要钉得距离均匀、上下成线。钉椽子前作头师傅要从正梁上由上向下观望,另一木匠在檐口由下向上观望。椽子望直后,用箐在梁上画线作标记。

10.铺瓦

墙砌好,椽子、撩檐、勒望钉好后,开始做屋面。做屋面由泥水匠完成,分关望砖、关(铺设)瓦、做屋脊三道工序。

望砖一层层铺在椽子上。关望砖和关瓦时,要在每间房屋的屋顶分别做一个天窗。天窗上铺设较薄的玻璃,好让光线透进房内。

瓦片先底部朝上,称"底瓦",铺成瓦沟,利于卸水。再瓦面朝下,称"面瓦",面瓦盖住底瓦间的空隙。普通农家屋顶铺设的瓦片都是平瓦,较富裕的农家,屋檐处铺设瓦当和滴水做装饰。

关瓦的同时还要做屋脊。屋脊的中间略低,用瓦竖向堆叠,用纸筋砌筑,两头(脊头)大多砌成扁担翘脊或平脊。

11.夹刷

屋面落好后,要对墙体夹刷。夹刷就是做墙面,即用夹板将纸筋夹(涂)在墙面上。纸筋用石灰和沤熟后的稻柴打制而成。

墙面粉刷,俗称"刷白水",用石灰水作涂料。粉刷墙脚,俗称"勒脚",用下煤(烟囱里的积灰)作涂料。

12.配门

配门窗,就是给新建的房屋配上门和窗户。门有大门、房门、边门等。窗一般都是嵌在半墙的半窗。

门是木门。做门先要做两边的门框。大门一般为4～6块门板拼成。最中间的2扇是活络的,上装门轴可以开合,分设在两边的门板是固定的。

门的正中设一根竖木,称"户次"。户次是活络的,可装可卸,中间装有用于套褡链锁门的铁拳头。

窗是木窗,框是在砌墙时嵌在里面的,只要配上窗格和扇就行了。至于窗户纸,就由东家自己配设了。

13.做地

旧时,农家房屋的地面大多为泥地,房屋建好后,只要把泥地用铁搭整平,浇上水,用木榔头敲打结实,用砖块拍拍平就行了。

较为富裕的农家,卧室、客堂、圆堂、院内场上都可设砖块。砖的品种有小青砖、彭光砖等,甚至方砖。

14.砌灶

落好屋面,开始砌灶头。灶头砌在灶屋间的一角,一头紧靠墙头。一只完整的灶头由灶脚、烟道、灶面、灶台、灶壁、灶肚、灶山、烟囱等部分组成。

灶脚,是灶的下部。灶面,是灶的台面。烟道,是烟从灶肚进入烟囱的通道。灶台,是放镬子的地方。灶壁,是灶台上部的墙壁,灶肚,是烧柴火的地方,上为火膛,下为灰膛。灶山,是灶壁上部的长方形平台。烟囱,是烟道上部的出烟通道。

灶壁侧边和灶肚口之间,还分别设有灶摸洞。灶摸洞,是灶台侧边放火柴的长方形小洞。灶壁侧边的灶摸洞有上、下两个。

砌灶头,俗称"支灶头"。以青砖、望板为材料。"支"是支撑起来的意思。支灶头要请技术好、有经验的泥水匠来完成。

泥水匠在砌传统灶头

灶头上的镬子、汤罐

支灶头先要定样。方法是:将镬子罩在地上,确定式样和大小,然后在地面上画出外圈的基线;或用砖块在地上摆成一只灶头的样子。定样时,下要考虑灶头后柴仓的大小;上要顾及屋顶椽子的位置,烟囱须凑在两根椽子之间的"辖"中,这样才便于穿过屋顶。

样定好后就可以筑脚了。筑脚就是砌起灶头的台基。要一头紧靠房屋的墙壁,砌出灶脚和灶肚下部的长方形灰堂,并留出灶摸洞。外圈用一块砖平砌,内侧的灰堂要开口子。

支灶头在砌砖时,用烂泥(黏土)而不用灰沙作材料。这是因为烂泥的韧性比灰沙强,且烂泥烧熟了就会变得像砖块一样坚硬。如今农村支灶头依然用黏土而不用水泥、黄沙。这是因为水泥、黄沙遇到热量容易松散,灶头容易坍塌。

灶脚筑好后,火膛、灰膛与墙壁之间的空当要用泥土和草木灰填实。灰膛外部用两块砖并排平砌封口,中间横向并排摆放三四根炉条。炉条的两侧分别用一块望砖压住,两头用砖平砌,缩小开口的长度。

压炉条不用青砖而用望砖的原因是:望砖比青砖薄,加上炉条的高度正好与青砖的高度吻合。接下来的砌筑中,如果遇到需要"薄"的地方,也要用望砖砌。

灰膛,是用来存灰的地方,当灶膛里的灰积存多了影响火力的旺盛时,就要用火钳将灰捅几下,使灰通过炉条漏进灰膛,再用灰扒将灰扒入粪箕运出。

灰膛的上部是火膛。砌火堂前,还得将镬子倒扣一下,画出镬子的边沿,确定火膛的大小,然后砌灶肚的门口。砌筑方法是:在两个灶门的两侧和中间分别砌一个砖墩,均用两块砖交叉平砌,砌到5块砖高后封住灶门。灶门口呈"Λ"形,是将两块砖分别用泥刀敲去一角侧向拼搭而成的。

与灶门同时起砌的是"卷膛"。卷膛就是圆形的火膛。卷堂底部根据画好的镬圈线,用一块块砖竖起来砌筑。

接着砌烟道。烟道在灶肚的门口上部,与灶肚相连,底部用两块砖搭角(对角)平砌,使中间留出通烟的空隙。上部是一个长方体,中空,用砖侧砌而成,厚度为一个砖长,高度据灶壁的高低而定。砌烟道时,还要在外部侧面留好灶摸洞。

烟道砌好后,留出烟囱部位,其余用砖平砌封顶。然后砌烟囱。

烟囱的一面紧靠墙壁,呈方形,长度和宽度均为一个砖长,均用砖侧砌。为增强牢固程度,砖要横竖错位相嵌。烟囱砌到屋顶后,匠人要爬上屋顶,将椽子相应部位的瓦、望砖揭开,在屋顶上把烟囱砌高六七块砖头,然后关好望砖和瓦片,用纸筋嵌好缝隙,以防漏水。

烟囱砌好后,就要砌灶山了。砌法是:先在烟道上用单砖侧砌出灶壁。砌到需要的高度后,用木板在中间一隔为二。这样,灶山就形成了2个层面。上层用于放置祭灶用的烛台,下层用于放置烧菜的油钵、盐钵等作料的容器。

灶壁是直立的墙壁,与灶脚同宽。灶壁下面烟道与镬子之间的墙面要开一个半圆状的孔,嵌入汤罐。汤罐是一个铁制的罐头。汤罐内放入冷水后,可借助煮饭烧菜的火力余热把水煨热。汤罐无盖,上面放祭勺和广勺。

灶壁砌好后砌灶台。灶台是放置镬子的地方,因此要砌一个镬沿。镬沿要凸起一些,便于摆放镬子。砌筑时,要将镬子朝天放在火膛上,嵌入碎砖后用纸筋环镬圈搪(涂)实。

接着,砌灶面。灶面上要放置碗碟、揩台布等杂物,因此要比灶脚向外冒出三四厘米。为操作方便,高度不超过肚脐。为避免碰撞,转角处要略带弧形。

灶头的毛坯砌好后,要在灶头的四周夹上纸筋,刷上石灰水。灶脚下部同样要用下煤勒脚(涂黑)。

最后,在灶壁上绘上寓有"年年有余""连生贵子"等意的鲤鱼、莲藕等图案,在灶壁侧面写上"火烛小心"四字。

灶头砌得好,火就势旺,烧饭煮菜就很顺畅;砌得不好,会"烟不出,火不着",把烧火的人熏得眼泪直淌。而火势的旺或萎原因全在火膛。火膛的空间大了,空气进入就多,柴草就能充分燃烧,火势就旺了。但火膛太大,里面的砖块容易松散,也会影响烧火。

15.排床

住进新建的房屋,先要把马桶和床搬入卧室,安置床铺俗称"排床"。排床时,先要放高升,不但要把床装好,还要在床的四个脚分别垫上内包铜板或铜钱的红包。

16.开井

197

有的人家,房屋造好后还要在院子里凿一口水井。大户人家的井也设有轱辘,一般的农家只要有一只打水的吊桶就行了。吊桶为木质,形状比提桶略小,档缩在桶内。档的中央有一个铁箍,用于系绳子。打水时,放入吊桶,用手将绳子往内一拉,桶口一侧,水就会进入桶内。

17.筑园

假如场地宽广,还可在场前用枪轩围一个菜园,种些瓜果蔬菜和杂粮,在场角种植几株栀子、月季,甚至在旁边辟一个竹园。

竹园里的竹子可用来编织竹篮、粪箕、土堑、羊箪,或做成晾衣竿、钓竿。有竹园的人家就多了几分清凉,多了几分地气。春天,雨后的竹笋破土而出,挖出来就可当菜吃。夏天,在竹园里还可以开出一方阴凉之地,用于乘凉、喝茶……

18.搭棚

房屋的周边,要搭一些棚子,比如养猪的猪棚、养鸡的鸡棚、存放草木灰的灰棚、茅坑上面的坑缸棚等。

夏天时,为了避暑乘凉,有的人家还要在门口的屋檐下搭建一个凉棚。凉棚顺着屋檐向外伸出,用毛竹作骨架,草轩作屋顶,一般不设墙面。有了凉棚,夏天就可把客堂中的调、春凳搬出来当饭桌,坐在小凳子上不紧不慢地吃饭、喝茶了。

拾漏

19.拾漏

房子还要不断修理。大的修理有换顶、补墙等。换顶就是屋顶破损了,重新换上梁橡,重新铺盖望砖和瓦。

最简单的是拾(方言读"ng é")漏。拾漏,就是爬上屋顶,把因猫抓老鼠、树梢的侵扰等原因弄碎的望砖和瓦片换掉,把漏水的地方修好。

三、家具添设

房子造好了还要添置、更换或重新布设家具。普通的三间农房,一般东面为房间(卧室),中间为客堂,西面为灶屋间。每间房子的用处不同,布设的家具也不同。

1.灶间家具

昆山农家的灶屋间中,常摆放饭桌、碗橱、水缸、酱缸、钵头、氅、提桶、饭桶、罩篮、竹篮、竹蒸、面盆等用具。

此外,柴仓里还有灰扒、火钳、烧火凳和出灰用的竹粪箕。灶头上有铲刀、洗帚、碗架、砧板,墙壁上设有刀架、挂有筷筒。

有的农家灶屋间里还要摆一部用于磨豆浆的手摇小磨。使用的铁搭、铁球等农具有时也放在墙旮旯里。

饭桌,是用于吃饭的小方桌子。结构简单,有的只有一个台面,4只脚,脚上有几根串(桯)。有的有2个简单的抽屉。

碗橱,用于存放碗盆餐具和剩余的饭菜。有竹、木两种,有立厨和矮厨之分。一般靠壁摆放在西面。

立橱一般为木橱,上层用木板隔成3~4个单元,摆放盛有饭菜的碗具。中层为抽屉,存放杂物。下层有"暗仓",放置不常用的餐具。

矮厨大多为竹橱,较为低矮,要放在桌上或挂在壁上。只有1~2层,结构简单,空间狭小,但搬动灵活。

水缸,是储水的陶制容器,有大有小,近似于倒置的圆台体。摆放在紧靠灶头的一侧,上有木盖。

每天清早,农民都要用提桶从河中提水,把水缸装满。等杂质沉淀后,缸中的水就可用来煮饭、烧水、做菜了。

提桶,是用于提水的木桶。由桶身和桶档组成,常置于水缸盖上。因乡间俗称打水为"提水",故得其名。

水缸用了数天后,缸底会有不少沉积物,此时就要把这些东西用水勺舀入提桶,清理出去,再在水缸中装上新鲜的河水。

用于舀水的工具有拗勺、广勺、祭勺(方言读"jǐ",有辅之意)三种。拗勺是木制的勺子,上有木柄。广勺和祭勺,均为铜质勺子,上装木柄。祭勺小于广勺,

提桶

农舍中的厨房

同(放在中间)在广勺里。拗勺比广勺略大,也放在水缸盖上,用于从水缸、镬子中舀水。因要手握柄子把水用劲拗起,故名。广勺和祭勺均用于从汤罐、水缸中取水,或在镬子中舀取汤料。

酱缸,是一种形状像脚桶的"矮脚"陶制浅缸,常被置于场头,专门用于腌瓜、做酱等。

钵头,是形似水缸的陶器,形状矮小,直径和高度均为20至30厘米。主要用于存放饭、粥、汤、酱、酱瓜、馅、螺蛳等杂物。

甏,是一种口小腹大的陶制盛器。装酒的甏,身子高而略瘦,口小,称"酒甏",主要用于存储黄酒和白酒。用于装绍兴黄酒的甏,称"绍兴甏"。形状略小的"矮脚甏",常用于腌制咸菜、萝卜干、禽蛋之类,也可存放大豆、黄豆等种子、果实。

饭桶,是用于盛放米粥、米饭的桶。木质,有盖,有的两边还有便于端拿的短档。粥饭放在桶里能保温。

面桶,即脸盆,也称"面盆",主要用于洗脸,旧时有铜质和木质两种,形状基本相似。木面盆比铜面盆略大,使用也较广泛。制作糕点时,木面盆还常用来揉粉。

面盆不能随意摆放,要放在面盆架上。面盆架是一个多脚木架,专门用于搁置面盆,有的上下有数层,可放置多个面盆。

刀架,大多用一根竹竿中间开槽制成。钉在厨房中的墙壁上,中间插菜刀等刀具。这样既卫生,又节省空间。

碗架,是用于炖菜、炖饭的竹架。用4长4短8根竹片穿成,中间有5个方格,形如一个四面封口的"井"字。

烧饭时,先将碗架放在锅中的热水或饭菜上,再将盛有冷饭、冷菜的碗盆炖(搁)在碗架上。随着米饭的成熟,冷饭、冷菜就会被蒸汽炖热。

洗帚,用比牙签略粗的细圆竹条捆扎而成。高和宽都不足10厘米。因形状像扫帚,故而称之。主要用于洗清铁锅上、锅盖上的饭菜依附物。

灰扒,是用于从灶肚里扒去柴草灰烬(俗称"退灰")的工具。头部是一块长方形的木板,木板中间装有竹柄。

铲刀,是一种铜质铲状餐具,装有木柄,用于炒菜、盛饭、盛菜等。不用时常搁在镬椽上。

没有横屋或退堂的人家,囤窠一般也放在灶屋间中。囤窠中放一只汤盏(小碗)或竹罐,淘米时用于舀米。

厨房中还有一种特别的"装饰":挂有大大小小的竹钩或木钩。这些钩子用绳子悬挂在房梁下,或者系在屋檐下。竹篮和筲箕在不用时,就挂在钩子上。

2.房间家具

房间(卧室),是农家摆放日用家具最集中的地方。小小的空间里,除了床、橱、柜、桌、椅等外,还有桶、盘等用具。

床和铺合称"床铺",一般的人家都有。高档的是拔步床,中低档的是三弯段、板床,贫困的只能睡铺。

明清时期流行的拔步床,是形制最高大、最豪华的床。因小姐迈着碎步,绕床走一圈需要百步,故又称"百步床"。这种床,上部有床顶,下部为床座,前面有廊庑,四周设矮围屏,形成一间独立的"小房子",给人"床中床"的感觉。

一般的床,床前都设有"调板"。调板是形状像调的矮脚木几,由一块长方形的木板制成,四个角上都有矮脚。作用是方便上床和下床。拔步床的调板在廊庑里面。廊庑两侧是两个空间,可放置小桌子、马桶、梳妆台、首饰箱、灯盏等。围屏上雕有象征吉祥如意的图案。

清末,家境尚好的人家,逐渐时兴使用正面有床檐、楣板和侧屏的"三弯段"雕花床。其花板的图案有回纹、花鸟、走兽、人物等,色彩艳丽。

民国时期,使用最广的床为板床。板床结构较简单,由床顶、床座、立柱、楣板、床板组成。床顶用围栏固定,有板。上部有较狭的雕花楣板。床围下段配有围板或围栏,或用小料拼合插成几何纹样。床板为活动木板或竹榻、棕绷。

铺,是最简单的床。有竹夹铺、木板铺等。竹夹铺用竹榻当床板,木板铺用门板、木板等当床板。

搭铺俗称"搁铺",大多用长凳当铺

板床、调板

脚或用竹制的铺架搁成。凳子紧张的人家,用砖块、绍兴甏垫脚也能马马虎虎搁一张铺。

子女多的人家,往往要搁多张铺。房间(卧室)里搁不下,就把灶屋间"勤"一下,用砖壁或板壁隔开,打一张铺。

夏天,天气炎热,晚上睡不着觉,也可临时卸下大门上的门板,在场上搭一张露天铺,挂一顶蚊帐,吹着凉风,睡到天亮。

有时,家里来了客人,需要住夜,床铺紧张,就临时搭一只"柴地铺"。柴地铺搭在客堂或横屋的地上,用稻草作底,上面铺上褥子或席子。

床上用品除了被褥、席子、枕头外,还有蚊氏(蚊帐)和蚊氏摘钩,夏天还要在床头放上一把老蒲扇。旧时的蚊帐都为纱帐。蚊氏摘钩用铜、铁、锡等金属制成,挂在蚊氏的两侧,用于钩挂蚊氏。老蒲扇,是由蒲葵的叶、柄制成的扇子。扇边常缝一圈布条或麦辫。因"蒲"与"婆"方言同音,故而称之。

床脚边的小桌子,称"上火台"。上火台上摆放着蜡烛、油灯、火柴、剪刀、镜子、木梳等用具。

梳妆台,是女子用于梳妆的台子。台面中间装有镜面,两边各设一个梳妆匣。梳妆匣也称"镜匣",俗称"洋镜箱",是梳头用的匣子。梳妆台也是女子的陪嫁品,妇女每天都要梳妆打扮。即使再忙也要站在梳妆台前理一理头发,往头发团上插几个簪子。

还有一种台子,台面呈长方形,有的4只脚的底部有用木条串成的搁脚板。因有多个抽屉,故俗称"抽头台";又因大多用于算账,故也称"账台"。台面上放有算盘、毛笔之类用具。大多摆在靠窗光线较亮的墙边。

马桶,是大小便的必备之物,用杉木做成,有盖。通常放在床脚边、调板一侧。旧时生孩子就生在马桶里,因此马桶也叫"子孙桶"。有拎档的马桶,称"拎桶",也称"便桶"。形体扁矮的专供小孩使用,称"扁桶"。便桶不光是有"大小便"的意思,还有拎出拎进较方便之意。

每天清晨,农家都要倒马桶。先把马桶里的粪便倒进坑缸,再在河里用马桶辖洗消马桶,然后将马桶放到檐下晾晒。马桶辖洗是一种竹制的洗帚状用具。"辖"字,方言读"huà"有分开之意;消,是绕着圈洗刷的意思。

冬天的夜上,天气寒冷,老人或卧病之人不便下床,就用夜壶暂存尿。天亮之后,再把尿液倒入粪坑。夜壶用搪瓷、陶泥等材料制成。壶体呈椭圆状,上面有拎档。称其为"壶",是因为像茶壶一样有嘴。

夜壶

上火台上摆放的灯盏,早先是油盏,油盏大多为碗形,用陶泥制成。有的下部为灯座。油盏中放有用棉条搓成的灯芯,用菜油作燃料。后来人们又使用以煤油(火油)为燃料的照明灯盏,因煤油最初来自国外,故这种灯被称作"洋油盏"。

有一种高脚的煤油灯,称"燎炮灯"。燎炮灯的下部为玻璃灯盏,内存煤油。中部为灯头。灯头中穿棉条灯芯,用旋钮控制亮度。上部为玻璃灯罩,称"燎泡"。点上火苗后,套上灯盏,更加明亮。

农家使用的衣橱大多为立式衣橱。正面为两扇大门。里面分两个单元,左右用板隔开,中间设有抽屉。门上设铜锁,不装镜子。橱的上面放衣服,下面放被褥和鞋子、帽子、绒线之类的东西,抽屉里常放钱币和首饰。

农家存放衣服、鞋袜和杂物的柜、箱类家具,还有皮箱、板箱、小官箱。有文人的人家有的还有文柜。

板箱,是用木板做的长方体箱子。皮箱,是用皮做的箱子。它们大多为女子用品,新娘出嫁时也常作嫁妆。箱内放新娘的私房杂物,比如贵重的衣裤、绣花鞋、布料、首饰等。

小官箱,是一种长方体的小木箱。常作新娘的嫁妆,内放香袋、手巾等用品。迎亲时用红布包好由新郎家派人背走。取名"官箱",有"升官发财"之寓意。

文柜,是近似正方形的木柜。正面有竖盖,盖上有搭钮,可以上锁。上部和下部均有一个较大的抽屉,两侧各有一排小抽屉。中间是正方形空当。文柜在能识文断字的农家才能看见,抽屉中存放较贵重的笔墨、首饰等用品。空当中放书籍资料。

房间(卧室)是圆作器具较为集中的地方,除了马桶,还有鞋桶、套桶、浴桶、脚桶、米桶、木掇、果子桶、西瓜桶等。

鞋桶

脚桶

鞋桶,是呈椭圆形的木桶,两侧有握柄,有盖。专供丈夫用于放置鞋袜。握柄的形状似两个牛角,意思是丈夫是使牛的好把式,能耕善耙,会过日子。

套桶,是呈圆台状木桶。分桶身、桶盖两部分,上有两爿镶合的盖子,两侧有便于搬移的耳朵状"捏手"(握柄)。常放于调板一侧。桶中专放小孩的衣服和尿布。称其为"套桶",寓意要将孩子套住,不让他们遭受病魔、邪气的伤害。

浴桶,是呈椭圆形或盆状的木桶,比脚桶大。旧时无淋浴房、浴缸,都用浴桶洗澡。桶内注水后,人可坐在里面洗澡。

脚桶,为木盆。比浴桶小,比面盆大。有大、中、小之分。主要用于洗脚,还常用作浸洗被单、鞋帽、衣服等,也用于浸泡杂物(包括宰杀家禽)。一般外部漆红漆,表示喜气;内部漆荸荠漆,犹如红木,有富贵祥和之感。

米桶,是存放大米的木桶。有盖。用途与囤窠相似,将米、粉等储存其中可防虫、鼠的侵害。

木掇,是圆台形的木桶,形状多种,有的有拎档。常用于存储禽蛋、种子、食品、小物品等,也常与面桶、脚桶、子孙桶等用作女子的嫁妆。

果子桶,是用于存放果品的木桶。部分形似木掇,有盖而无档。有六角、八卦多种形状。六角果桶形体美观,比较高雅。八卦果桶的桶盖上有八卦图形,象征阴阳协调、家庭和睦。

西瓜桶,形似果子桶,有盖。盖分两瓣,中间有插销。有拎档,档成弯月。桶身两边都有握柄。用于存放黄豆、蚕豆、鸡蛋、鸭蛋等物。西瓜桶因常作女子的随嫁品,寓意婚后生活,像西瓜一样甜蜜,故而得名。

3.客堂家具

客堂，是待客的地方。农家的客堂不单单是接待客人的地方，各种家具、农具也搁置在客堂里，有时里面还会临时存放稻谷、麦粒、菜籽、蚕豆、芝麻等农副产品。

客堂里摆放的家具，主要有八仙桌、交椅、长凳、杌子、调、春凳、坐车、摇篮、榻等，此外还有织布机和匾、筛、筐之类的竹器。

八仙桌，是用于吃饭、饮酒、会客的大方桌。相传因张果老、铁拐李等"八仙"曾围桌就餐而得名。平日里，八仙桌一面被靠在墙上，上面放着茶壶、茶杯之类的用具，两边各放一只交椅。朋友来访、乡邻有事相商，主宾分坐交椅上，喝茶议事。

交椅，是一种凳面为方形、上面有靠背的座椅，仅容1人就坐。有木交椅、竹交椅和藤交椅等，最高档的是"太师椅"。

招待客人吃饭时，要把八仙桌移放在客堂中间，周围各放一条长凳，每边可坐2人，共围坐8个人。

长凳，是长条形木凳，长1米许，高48厘米许，宽18厘米许，有两对"八字形"的脚，可坐2～3人。

杌子(拟音，杌发音为"ngé")，是面呈正方形的木凳。边长40厘米许，高50厘米许，有4只脚，可放置东西或坐人，也可当小孩的餐桌。

交椅、长凳、杌子，都是坐具，统称"矮凳"。有一种比长凳低矮的小木凳，称"小矮凳"，常由孩子坐用。

调(拟音)，是长条形桌子。长2.5米许，宽55厘米许，高50厘米左右。可替代饭桌，两边摆放低矮的凳子便可供多人围坐吃饭。夏天晚上，将调搬到场上，人可坐在上面一边乘凉，一边谈天说地，甚至平躺在上面，数点天上的星星。

春凳，也是长方形木凳。供两人以上坐用，也可用于吃饭、乘凉或睡觉。高与调相仿。长度1.8米左右，宽约是调的1/3。

坐车，是供幼儿入坐的"车"。木制或竹制。后面为座位和靠背，前面为滑板。底部有踏板。有4只脚。幼儿坐进坐车后，用销子固定滑板，就不能站起身来。滑板上有数个小孔，可前后滑动，调节空隙大小。滑板还兼作桌面，供幼儿搁手、玩耍。

立囤，有的为木质，有的用稻草编成。有方形和圆台形两种。圆台形立桶的口部直径36厘米许。底部直径60厘米许，高75厘米左右。木囤的中间有隔板供孩子站立,隔板可升降。小孩长到两三岁,就不睡摇篮,放进立囤里。

摇篮,是婴儿的睡具,有用木、竹、柳条制作的,也有用稻草编制的。分上下两部分,上部为困篮,下部为脚架。孩子睡在里面,可左右摇晃哄其入睡。

隑榻,是供人坐用或躺卧、读报、看书的竹制小床。脚架活络,可以收放。因方言称"靠"或半躺为"隑",故有其名。

有砻、大磨的人家,也要将砻和磨子放在客堂里靠窗的地方。砻柄、磨晃常用绳子悬在梁下,不用时挂在墙面。

茶壶桶,是放置茶壶的木桶。有时也放在客堂里的台子上。茶壶桶有的呈多

边形,有的呈圆台形。大小与木掇相似。泡好茶的茶壶放在桶中,可起到保温和保护茶壶的作用。

茶壶桶的设计很精妙。桶的口部有一个孔,可让茶壶嘴伸出;拎档上有木销,拔去销子才能打开桶盖。桶的两侧各有一个把手,用于插拎档。

茶壶桶

4.其他家具

有些杂用类的家具,往往随处摆放,或者经常被移动。客堂前的界檐和横屋都是"杂货铺",除了农具,也可摆放汏、纺车、栲栳、山笆、菱桶、粪箕、榔头、菱桶、梯子等。

菱桶,是椭圆形木桶,形状与浴桶相似,因用于采菱而得名。桶长1.4米许,宽90厘米许,高33厘米左右。采菱时,一头坐人,一头放菱。

梯子,呈长方形,有木梯和竹梯两种。木梯用两根木杆做主架,中间设若干木板踏级,竹梯用两根粗长的杆子做主架,中间横穿若干短杆。

梯子是农家爬高时必用的工具。造房子竖屋、铺瓦,修屋拾漏,堆叠柴草,修剪树木等都要用到梯子。

梯子可随意借用。借用放在屋檐下、横在猪棚里的梯子时,如果见主人不在也不需要打招呼,用好了还在原处就行了。

另外,农家还有一些零零星星的用具,如吊水桶、脚炉、提灯、汽油灯、秤、榨床、算盘、砚台、作刀等。

提灯,因有拎档,可用手提,故名。灯的底座内装煤油,上端有棉纱灯芯,旁边有控制火苗的枢纽。铁丝做的外罩内是玻璃灯灯罩。

农民在夜间外出行走、捕鱼时,常手提着提灯照明。提灯因灯火的形状较美,故又俗称"美火灯";如果驶风时挂在桅杆上,就被称作"桅灯"。

脚炉,是铜制炉具。由提梁(拎档)、炉盖、炉身(炉膛)、炉底组成,炉身都状圆而稍扁。脚炉用砻糠作燃料。用灶肚中的稻草放入脚炉引燃砻糠,称"抄脚炉"。

脚炉主要在冬季烘(暖)脚、取暖时使用,不用时常被搁在床前的调板上,晚上被放进被窝,但有时也被拿到界檐角里,在孵日旺(晒太阳)时烘膝、暖脚。

脚炉

秤,用于称人或货物的重量。有大秤、中秤、小秤之分。一杆秤由秤杆、秤纽、秤钩、秤砣组成。秤纽有头钮、二钮之分,头钮称出的重量是公斤,二钮称出的重量是市斤。用秤称物时,小秤用手拎住秤纽;大秤用扁担或杠棒穿在秤纽中,两头各一人扛在肩膀上。

榨床,是榨取甘蔗汁的用具,由木凳、压架、榨板组成。凳面向一端倾斜,并有圆槽与流汁口相通。压架立在凳面上,中加横枨,榨板尽端插入枨下。把甘蔗放入榨板中,手握榨板上的手柄,采用杠杆原理压榨甘蔗,蔗汁便可流入放在下面的容器内。

5.家具修造

床和橱是木制家具中的大件,当然是要请木匠打制的;还有一些制作技艺更强的圆作家具,得由箍桶匠打造。

打造家具有选料、出料、制坯、成型、出细等步骤。选料就是选用木材,出料就是锯割木材,制坯就是做出坯料,成型就是拼装,出细就是刨光、打磨。

传统家具的拼接不用胶水,而用榫卯结构。榫卯结构是两个木构件上一种凹凸结合的连接方式,凸出部分叫"榫头",凹进部分叫"卯眼"。

农村一般的家具选用杉木、楝树、榉树、桑木做成,高档的家具用香樟木、黄梨木、红木做成。

打造三弯段床,要先做好床的轮廓,再雕刻花板。柱子上开有槽子,侧屏是插入里面的。楣板是"靠"(榫卯相接)上去的。

雕花床上的花饰,有狮子滚绣球、凤凰穿牡丹、松鼠采葡萄、祥云、翠竹等等,寓意生活的幸福、美满。木匠做好床架、床板后,要请雕花匠雕花。雕花时,先要用复写纸将图案印在床板上,再用线锯锯出花样,或用凿子凿出花纹,再精细雕镂,用刨子刨光,最后用沙皮打磨。

雕花匠有的来自本地,有的来自外地。但都得在东家的家中雕花,东家要留吃中饭。工钱可暂时欠着,到过年时前来收取。

打制一只"八仙桌",先要把木料通过加工处理,做成脚、面、框、腰、串等坯料,并在镶接处开凿好榫卯,然后敲打拼装起来。

桌子面上的木板与边框的拼接也用榫卯镶接,板与板之间的拼接用两头削尖的竹钉串连。

有的八仙桌的腰部(侧面)和脚上,梳妆台镜框的四周,都可镂刻、浮雕装饰性的吉祥图案。

乡间的箍桶匠,或在街上开设固定的作坊,或挑着一副担子走村串巷,为人们打桶、箍桶。

打桶有选料、断料、分割、劈削、侧刨、钻眼、拼合、拍底、上箍、嵌增、出细等工序。

打桶时,先要将木板或木段做成一块块弧形的桶板,再将每块桶板的侧面刨出斜面,然后将桶板放入铁箍内拼合成桶状,在桶底内侧开好沟槽,配上圆形桶底。

箍桶匠

桶圈的拼合是关键,为使桶身圆整、紧密,桶板侧面要不断地放进按照斜率设置好角度的角尺中测量,并边测边刨,调整斜面。

桶底配好后,要换上新的铁箍,用刨子刨光,用砂皮打磨。有的地方还要雕刻简单的花纹,最后抹上油漆。

散了架的木桶,农民也舍不得扔掉,

用铁箍重新箍起来继续使用。箍桶时,遇到墙板烂掉的,要换上新板;如果桶底坏了,要重新拍底(换底)。

菜刀、剪刀等生活用品都由铁匠打制,从集市上购得。农村也有铁铺打造刀具,光绪年间《昆新合志》载:"剪刀,尚明澉造最佳。"

刀具钝了,磨快后才用得顺手。旧时有专门的磨刀师傅掮着工具(凳、箱),吆喝着:"削刀磨剪刀——"在村间出没。谁家的刀具钝了,喊一声便可随地摆摊。磨剪刀时,师傅坐在长凳上操作。先将刀片拆开,用石磨砖粗磨或砂轮打磨,再用砖磨细磨。磨好后将刀片装起来,用布条检验剪刀的快钝。

铲刀、铜勺等铜器,则由挑着铜匠担四处游走的铜匠制作。铜匠担里装着火炉、风箱、坩埚、煤块等工具和燃料,担子上挂着的铜片"叮当"作响。

烊铲刀、铜勺时,先将铜板、铜丝或旧的铲刀、铜勺等废铜放入坩埚。待铜融化成铜水后,去除杂质,就可倒入手掌般大小的泥模。待铲刀或铜勺成形、稍待冷却后,打开泥模,取出毛坯,用锉刀光边,锉出装木柄用的钉眼,铲刀、铜勺就烊成了。

镬子出现裂缝或沙眼时,就得找补锅匠补锅。补锅匠常在口中喊着:"生铁补镬子——"招揽生意。

补锅时,先将铁块放在坩埚内,将坩埚放在火炉中燃烧。待铁块熔化成铁水后,用圆形草木灰垫子承接铁水,从锅外裂缝处挤入锅内,再用圆柱状布刷快压铁水。反复多次后,破裂处才能补合。

制作秤,称"钉秤"。钉秤先要做秤杆。秤杆用柞木或红木做成,上面要按量好的尺寸用铝丝做出一个个秤星。秤杆配上秤钩、秤砣、秤盘、秤钮,一杆秤就做成了。

碗碟碎了,同样能补了再用。钉碗时,先要把碎碗用线绑牢,再在碗上用金刚钻钻眼,打上钉襻,然后涂一层防漏的粉胶。

扫帚有大有小,大的为竹枝做的竹扫帚,小的有高粱秆扫帚、稻草扫帚、芦花扫帚、落帚草扫帚等。

竹枝扫帚,以毛竹梢做材料,用铁丝扎成,主要用于打扫场院。高粱秆扫帚,以高粱秆的梢为材料,用麻绳扎成,把手上绑笋壳。稻草扫帚,是用清白稻草捆扎成的,把手用竹竿做成,梢部要用榔头跌软。

绿落帚草和绿落扫帚

芦花扫帚，用石芦（芦竹）的梢捆扎而成。选用芦花初开时的石芦梢为最佳。这种扫帚很柔软，用于在室内打扫绝佳。制作时，先截取芦梢的上部，将根部用细麻绳分步绕扎在竹竿上，再在扫帚的中部用细麻绳分步编扎，最后将梢部用剪刀修平。

落帚草，是一种草本植物，株丛紧密，分枝多而细，农家场院多有种植。长高后的落帚草本身就像一把扫帚，拔下一株，晒干了，去除叶片，稍作整理，就是一把现成的扫帚。

节节高是带钩的竹竿，悬挂在屋檐下，主要用于钩挂竹篮、筲箕等竹器用具和清洗后需要晾晒的鞋子。制作时，只要截取一段带有竹枝的竹竿，在去除枝节时留下三四寸长的根部，使其有若干上翘的竹钩就行了。节节高虽小，但寓意深刻。民间常用"芝麻开花节节高"的俗语，祝愿人步步高升，形容生活越来越美好。

挂钩是竹枝、树杈做成的钩子。用绳子挂在屋内的梁架、窗户和屋檐下，挂竹篮和杂物。只要截一段树杈就能做成。屋檐下或草屋的一角挂一个挂钩，钩子上挂一只小篮或筲箕，这也是乡村里的一种风景点缀。

四、民间娱乐

旧时，昆山农民的娱乐种类很多，有精华，也有糟粕，具有积极意义和优秀传统文化基因的主要有看戏、听书、唱山歌、猜谜语，以及各类民间舞蹈。

1.看戏

农民所喜欢看的戏，主要是社戏、庙会戏、春台戏和节令戏，其次是木偶戏、皮影戏、马戏、猴戏（俗称"猢狲赤膊戏"）等。

社戏，是农村中春秋两季祭祀社神所演的戏，用以酬神祈福，一般在庙台或在野外搭台演出。

清代《陈墓镇志·风俗》载："镇有文会、诗会、社戏，或一月一举，或一月二举……"说明当时的社戏活动颇为频繁。

农村祭祀社神（土地神）的活动，称"做社"。做社有春社、秋社两种。春社大多在立春后第五个戊日举行。秋社大多在立秋后第五个戊日,新谷登场后举行。做社的目的是酬谢社神,祈求丰收。

做社的规模有大小;小者数家,多由同姓、邻里或耕作在同一字圩农田的农户自愿结合;大者聚集一村,甚至数村农户合办。每次活动由一家主办,轮流当值,所需费用按户或按田亩数分摊。除了祭祀活动外,还要请民间戏班唱戏一至三天。参与秋社活动的农家在田中要插黄色"太平旗"。祭祀完毕后,每户人家出席一人到主家聚餐。

演社戏的庙台有两种:一种是建在庙宇大殿前的天井内的戏台;一种是筑在庙门口水面上的戏台,称"水台"。清代时,张浦姜里村的东岳庙前就有水台,农民摇船从四面八方前来,不需上岸,坐在船上就能看戏。

庙会戏是庙会期间在庙会场头演出的戏。大多请民间剧社演出,有的还与社戏合为一体。

光绪年间《周庄镇志·风俗》载:"(三月)二十八日,天齐王诞辰,东岳庙左(东)演戏三日。近乡田作多停工来游,俗称'长工日'。"周庄的东岳庙会,要演戏三天,附近乡村的农民(包括长工)都会停止田间劳作前来看戏,因此被称为"长工日"。

春台戏,是春季演出的祈农祥之戏。在二三月间演出,有的也演至初夏,常在旷野或麦田中临时搭建戏台。

光绪年间《周庄镇志·风俗》载:"入春以来,各乡村次第演春台戏,几无虚日。"进入春天以后,农事较闲,春台戏便开始登场。"次第",一个接一个的意思,"各乡村",说明附近的乡村都演春台戏。

社戏、庙会戏和春台戏大多请"草台班"演出。草台班是指民间剧社,所演的戏被称作"草台戏"。

节令戏,是在春节、端午、中元、中秋等传统节日里演出的戏,戏的内容有的也与节令有关。

宣统年间《信义志稿》载:"近镇村庄,自新正至初夏,各有台戏。或循例而无岁不演,或乘兴而随时特举……塘南村庄又有演花鼓戏。""新正",指农历新

看戏

年正月或农历正月初一。"塘南",指至和塘(娄江)之南。正仪农村所演的这种戏曲,介于春台戏和节令戏之间。

民国时期,周庄曾演过"龙戏节"。这里的龙戏节源于一场街头火灾。火灾烧毁民房百余间,因此地方上以"水龙"开道,进行消防练习,并演戏酬神。

新中国成立后,社戏、庙会戏都停止演出。而以文工团、俱乐部为演出团队的新的年节戏,则在乡村广泛开展。这种戏往往在春节时举行。村中能说会唱、擅长吹拉弹唱的农民也纷纷参与其中,充当演员和琴师。演戏前,用水车的车盘、橹子、船板为材料搭建舞台。临演时,敲锣打鼓引场子。村民们会邀请外村的亲戚前来看戏、吃饭。附近村上的农民也会前来看戏。

2.听书

听书,就是到书场里听说书(评弹)。书场大多设在镇上的茶馆里。茶馆里下午生意清淡,为招揽顾客,就请来艺人说书。

清代时的尚明甸、南星渎、吴家桥、陶家桥、歇马桥都曾设为镇,这些"村落"中的茶馆中有的也设书场。民国时期,逢年过节或农闲季节,淀山湖畔的杨湘泾及金家庄、度城、神童泾、榭麓等村的茶馆里,同样常开设临时书场。

农民不但喜欢听书,还喜欢把听来的故事到处"演绎",作为饭后茶余的谈资和消遣,并且喜欢将"三国""水浒"里的故事,编进山歌、谜语。

3.猜谜

农民还将猜谜当作相互间的娱乐。劳动歇息时,外出行船时,晚上在桥畔、在月光下乘凉时,出几个谜语,猜一猜,可以"戒戒讨气"(打发时间)。

昆山俗称谜语为"妹妹子",将猜谜语,称为"猜妹妹子"。"妹妹子"通俗易懂,都和日常劳动生活有关系。有的尽管文字很直白,却绕来绕去,也颇让人费一番心思,并在恍然大悟后,增长知识。如:谜面:近看是你,远看是你,横看竖看勿是你。谜底:照片。照片上的明明是你,但照片是照片,而不是真的人。让你兴致顿生。

有些谜语采用比喻(多为隐喻)、对比、拟人等修辞手法,把谜底生动形象、若隐若现地藏在谜面中,让人在猜谜的同时,感受民间智慧之美。如,谜面:一个老老,起么起得早,嘴里衔蓬毛。谜底:烟囱。这个谜语虽不长,却把烟囱比作人;把炊烟比作毛,形象贴切,乡味十足。

五、唱歌跳舞

旧时,农民所唱的歌主要是山歌(民间歌谣),跳的舞主要是民间舞蹈。山歌随时可唱,舞蹈则一般在节庆或民俗活动中才出现。

1.唱歌

昆山的山歌形式多样。按内容和作用分,有劳动歌、仪礼歌、时政歌、生活歌、情歌、童谣等;按形式分,有长歌、短歌、盘歌等;按情感分,有抒情歌、叙事歌。此外还有杂歌、号子等。

另外,短歌中仅有4个句子的山歌被俗称为"四句头山歌"。这种山歌尽管内容简单,但语言凝练,意境深远。同时,人们又把在田间劳作时唱的内容与农民的生活和感情息息相关的山歌,统称为"田头歌"。

康熙年间《淞南志》是昆山记载山歌最早的地方志。志书中记载的山歌有两首,其中一首是大家熟悉的《月子(月亮)湾湾(弯弯)照九州》。还有一首是《南山头上鹁鸪啼》,歌词是:"南山头上鹁鸪啼,见说亲爷娶晚妻。爷娶晚妻爷生喜,前娘儿女好孤凄。"这两首山歌,反映的都是劳动人民的疾苦。前一首山歌则在南宋时期就在江南广泛流传了。

唱山歌因都用方言土语,语言通俗易懂,曲调简单质朴,引吭高歌时有"喊"的味道,因此有的地方称"喊山歌"。田山歌在耘稻、割稻、牵水、摇船、乘凉时都可喊唱。可单独喊唱,也可众人合唱,以增添劳动的干劲。

习惯上,人们把昆山的山歌分为南北两派:"昆北民歌"和"昆南民歌"。昆北民歌流传于巴城、周市一带;昆南民歌流传于张浦、锦溪、周庄、淀山湖等地。

山歌虽然是人们即兴演唱的歌曲,是一种口头文学,但其中不乏经典之作,昆北民歌中的《搭凉棚》《划龙船》《田中娘子》都是脍炙人口的精品。

其中的《划龙船》是一首号子,开头一段为:

农妇在唱山歌

锦溪船娘在唱山歌

"领:拨开(仔格)船头(仔格)梢(哎哩哩哩伊也哩),划起仔龙船唱山(仔格)歌(哎哎哩);合:(溜溜溜溜来)划仔船(溜溜溜溜)彩,(溜溜溜来也哩)划彩船(哎哎哩)。"从这段山歌的唱词中,不难看出农民划龙船时的干劲;从这首山歌的衬词中,显示出了昆北山歌鲜明的地域特色。

昆山田山歌中的短歌,最为精彩的算得上是劳动歌和情歌了。前者写的是田间劳动的艰辛和苦中作乐,后者大多是一种心灵的倾诉。

《耘稻歌》在劳动歌中具有一定的代表性,各地的唱法基本相同,但歌词却同中有异,段落也有长有短。其中大市的歌词是这样的:"耘稻要唱耘稻歌,两脚弯弯泥里拖。身围一条水草裤,手指头上篗来箍。双眼看清棵果稞,十指尖尖捧六棵。"这首山歌主要记录了耘稻的过程,从中还可以看出大市一带的农民耘稻时所穿的是草裤,手指上戴的是"节头笼"。

情歌在昆南的山歌中数量最多。情歌从字面上理解是歌唱爱情的歌曲,但是山歌中的情歌则有探情、调情、偷情等内容,是一种"私情"之歌。

昆北有一首情歌唱道:"郎唱山歌实在崭,唱得荷花朵朵开;唱得楼上小姐开窗看,踮起脚尖跌下来。"崭,在昆山方言中是"赞"的意思。山歌唱得荷花开了,还迷恋了楼上的小姐,使她一不小心跌了下来,这是一种夸张手法,但说明山歌唱得情真意切,迷人心魄!

情歌中也有渲染柔情蜜意的。昆南有一首山歌唱道:"结识私情结识恩上恩,做双鞋子送郎君;薄薄鞋底密密扎,情哥哥着仔(穿了)脚头轻。"旧时,给未婚的郎君做一双鞋子,便是男女之间的浪漫了。女子把对情郎的爱全部密密地"扎"在了薄薄的鞋底里,胜过了所有的甜言蜜语!

"盘歌"也是田山歌中的一种,昆南俗称其为"盘答头山歌"。这种山歌的特点是一问一答,男女相互对答。问答中显示才华,测试智慧。如果是摇船的大姑娘跟田间的小伙子盘答山歌,或者是打渔的大姐和小叔在船头盘答山歌,那就是一种天籁之音了!

山歌有独唱和合唱两种,通常以独唱多见。旧时昆山的农村中村村都有歌手,会唱山歌的人特别招人喜爱。如今,无论是昆北还是昆南,依然有不少老年山歌手在传唱着山歌。

2.跳舞

民间舞蹈同样是农民的一大娱乐。昆山的民间舞蹈方式有舞龙、舞狮、踩高跷、挑花篮、荡湖船、舞蚌壳、跳马灯等。

旧时,在每年的上元(正月十五)、中元(七月十五)、下元(十月十五)三个节日的晚上,村民都会到庙场上进行舞龙比试,以祈求风调雨顺,国泰民安。

舞龙之龙,是以竹篾编制篮段为身用彩纸或彩布为皮糊扎成的"彩龙",由龙首、龙身、龙尾构成。

一般的龙,头尾和身体都是相连在一起的。但陆家有一种龙,龙体每一节都是分开的,舞龙时才相连在一起,这种龙被称为"段龙"。一般的龙,篮段均为单数,或为11节,或为13节。但段龙因龙身要留出"断痕",故或为9节,或为11节。

舞龙时,绣球在前,龙身在后。舞龙者手举"巨龙",按着锣鼓的节拍,在绣球的引导下,做出挥、摇、仰、跪、奔、跳等动作,并在龙头和龙尾之间相互穿插。旧时,龙身内挂有灯烛,故也称"龙灯"。晚上舞龙时,灯烛在龙体内闪烁,显得扑朔迷离。

段龙在表演时,每人手握木柄举一节龙身,左右晃动,使龙身在空中翻滚游走,产生"形断神连"的艺术效果。相传,陆家段龙舞与龙太子降雨有关,因此多在正月初一拜年、正月十五闹元宵、农历二月初二龙抬头时表演,有消灾降福之寓意。

舞狮,就是跳狮子舞,俗称"调狮子"。旧时,民间常用舞狮来驱邪避鬼。每逢新春佳节以及其他喜庆日子,人们喜欢开展舞狮活动。狮子用彩绒做成,项系铃铛。舞狮时,表演者在锣鼓音乐

陆家段龙舞

舞狮

挑花篮

下装扮成狮子的模样,做出狮子的各种形态动作。

昆山最有名的民间舞狮自然是周市舞狮了。周市舞狮始于清代光绪年间,传承至今已有100多年历史。传统舞狮主要分南狮、北狮两大派系。周市舞狮属北狮范畴,是由河南光山、开封等地农户带来的。当时,那里的不少人因贫困而逃荒,来到周市乡下定居,并用舞狮来挣钱糊口。

周市舞狮在表演时,能模仿真狮子的看、站、走、跑、跳、滚、睡等动作,能展示"抖毛""打羊桩""滚角落""撒娇""拜四方"等技巧,十分精彩,能为各种喜庆活动增添热闹和欢乐。

挑花篮,是由妇女表演的舞蹈。有数人参加,每人挑一根小竹扁担,扁担两头各系一只花篮,花篮上缠红绸带。挑花篮的舞步为秧歌舞步(又称"四方步"),舞蹈时用锣鼓打节奏,有时还形成不断变化的队列。

打莲湘,又称"打莲厢""霸王鞭"。道具"莲湘",用七八十厘米长的细竹筒做成,每节中开有若干方孔,内嵌铜钿或铁片。打莲湘时,每人持一根莲湘,左右交换击打手、臂、胸、腿等部位,击打的次数每个部位4～8次不等。所唱曲调大多为《秧歌调》。

荡湖船,又名"采莲船",北方称"跑旱船"。道具"湖船",用竹和彩布做成。每条船由2人驾驶,"船娘"和"艄公"首尾配档。船的左右各数人伴舞。表演时,"船娘"将湖船系在腰间,晃荡船只;"艄公"在一旁划动船桨;伴舞者变换队列,载歌载舞。

挑马灯,也称"撺马灯",主要在周庄、锦溪一带流行。"马灯"是用竹篾做骨架、糊以丝绵纸或彩布做成的马状道具。因头尾内设置灯烛,故称之为"灯"。"马颈"

上挂有铃铛。

嘉庆年间《贞丰拟乘》载："上元,有马灯之戏,择童子之姣好者扮为故事,锣鼓喧闹。"由此可见,当时的马灯表演是:容貌美丽的孩童在喧闹的锣鼓声中,扮演戏剧中的精彩故事。

如今看到的周庄的马灯戏,一般以队列形式出现,根据乐声及帅旗的指挥,扮演《杨家将》《岳飞传》等戏文。

锦溪一带民间的跳马灯,则形式较为松散、随便,均由妇女参加,常由多人表演,一人一骑,跨在"马"上,在鼓乐声中作各种奔跑、跳跃动作。

划灯是周庄独有的民间艺术。产生于清代康熙年间,由镇北郊的白家浜村(当时称"百家浜")兴起。

光绪年间《周庄镇志》载："镇东北有村,曰'白家浜',于七八月间,有划灯船之胜。"白家浜的划灯活动早先为"十年一举",后来为三五年举行一次。时间在农历七八月之间。

划灯是在船上表演的。事先要提前一月扎制好各式彩灯。每条船上挂50至70盏彩灯。船舱中用高凳搁起一个木砻,木砻连着彩灯。灯船用桨滑动。划船时七八只船同行,首尾衔接。船上敲锣打鼓,人伏在舱中转动木砻,彩灯随之转动。两岸观者如堵。到了晚上,灯船游弋于月光之下,灯光和月色两相辉映;波光流翠,彩灯摇曳,美不胜收!

以前,周庄的划灯表演"必半月而罢"。附近各村中的百姓纷纷前来观看,从远处赶来观赏的船只停靠在岸边,"水道为之阗咽(堵塞)"。

第四节 出行之俗

简单地说,出行,就是出外或远行。出行的方式很多,粗略地分有陆上出行、水上出行、庙会出行等。

一、陆路出行

陆路是对水路而言的,是在陆地上行走,不坐船只。昆山农民的陆路出行方式,主要是步行、过渡、坐轿。

1.步行

步行,即徒步行走。步行出行都是一些短途的行走,比如上街购物、走亲访友、出外看戏、去附近的庙宇烧香等。

步行,也不是光凭脚就能完成的,有时还要靠桥梁和渡船。乡村内外水道纵横,步行必然会遇上河道,这时要借助桥梁和渡口到达彼岸。

桥梁搭建在较狭窄的河道上。乡村里的桥大多为竹桥或木桥。有的桥梁只有几根木头,因此被称作"独木桥"。

一座完整的木桥和竹桥,由桥桩、桥面、桥栏组成。桥桩呈"八"字形,中间一般都有短木支撑。

木桥的桥桩为木桩,桥面纵向或横向铺设木板,桥栏也用木杆做成。竹桥的桥桩大多为毛竹竿,上面铺设竹竿或竹制的跳板。栏杆也是竹竿做成的。

石桥在乡村里也能看到。有石梁桥,也有石拱桥。最简单的石梁桥,因为河道狭窄,往往只有两三块石条。

乡村里的石拱桥与市镇上的没有明显区别,既有单孔拱桥,也有多孔拱桥,都被俗称为"环龙桥"。

竹桥

比如,位于张浦镇稍里村的稍里桥,为花岗岩质地三孔石拱桥。始建于清代顺治年间。今仍东西走向跨于南塘河上。

再如,位于锦溪镇虹泽村的圣福桥,为三孔石梁桥。始建于明代嘉靖年间。今仍东西走向跨于村内河道上。

竹木桥的建造比较简单,只要把材料准备好,请几位村上的木匠、竹匠敲敲打打,十天半月就造好了。

石拱桥的建造要花上几十担白米,从外地请来石匠,从山上运来石料。建造时,还要在河中搭建"阴架"(桥架)。桥墩石用石灰和糯米砌筑,拱圈用榫卯镶接。

桥梁的建造也像造屋一样,要选定黄道吉日放样。开工时要高放高升,祭祀桥神和土地爷,有的还要唱一台宣卷。

短途出行一般早上出去,中午或晚上就能回家。出行时,除了带上一些干粮,还要抬头看看天气,估摸着有雨的话就带上一把雨伞或一个斗笠。

旧时,乡间的道路都是羊肠小路。遇到下雨天,道路泥泞不堪。每当这时,农民就干脆把鞋一脱,光着脚板走路。

夏天上街,戴个草帽,顺便还可当扇子,扇几下凉风。冬天上街,围上围巾(男),戴上包头(女),把手镶在袖管里(称"镶龙管"),也可御寒。

男人步行上街,有时挑着担子,担子里放着杂粮、鱼虾;女人步行上街,常臂弯里操一只竹篮,篮里放着鸡蛋、菜油。到了街上,大家就各行各的事了。所带的东西该出售的出售,该送人的送人。回家时,顺便带一些油盐酱醋。

有时上街,也会相约邻居结伴而行,这样路上也就有了伴侣,谈谈说说图个热闹,遇到事情也好有个照料。

走亲戚出行,往往要准备相应的礼品。礼品有米糕、干蒸团子、塌饼、油鸡等,如若去看望产妇,还得配上一包包得四角方方、中间贴上一条红纸的红糖。

步行走亲戚,要在阡陌上穿行。男人"吧嗒吧嗒"地抽着旱烟或水烟,女人腰中掇一只放着礼品上盖包头布的竹匾。这时候,无论是水稻移栽后的闲档,还是油菜花初开的早春,身穿大襟短衫的年轻农妇,都是那样的楚楚动人!

清明时分,除了上坟,农民也会出门到村外或田间放风筝,拽着自己制作的土风筝,在乡道、田埂上奔走。

重阳节时,农民常常结伴而行,到附近的山上看染霜的枫叶,登高望远。有时甚至扶老携幼,全家出动,并带上粽子、糕之类的点心。

2.过渡

较为宽阔的河道,为方便陆上出行有的要设置渡口。昆山乡间历史上较有名的渡口,有吴淞江上的周巷渡、急水港上的陶公渡等。

光绪年间《昆新合志》称:"周巷渡,今为义渡,县南周巷村口,旧名'退军渡',宋韩世忠退军于此,故名。"周巷渡是昆南经过吴淞江到达昆山城的必经之路。被称为"退军渡"的原因,是南宋名将韩世忠曾在此击退过金兵。周巷渡是乡里的百姓集资建成的"义渡",由乡绅出钱请船工摆渡,坐船过江的人不需要支付渡资。

张浦姜里渡口

光绪年间《周庄镇志》载:"镇北急水港,为往来要津。向无渡船,人常病涉。崇祯四年,陶唐谏设方舟以济人,并捐田以食操舟者,至今称'陶公义渡'。"急水港河道宽阔,水流湍急,平常很难过河。陶公义渡的设置,为人们陆上出行时进出周庄打开了通道。

一个完整的渡口,由码头、渡口、渡工组成,有的还设有凉亭、水井、踏埭等附属设施,过渡者可在此歇息、乘凉、烹水煮茶。

有一种临时性的渡口,常设在两个独圩墩之间,是为生产出行而设置的。渡船上不设渡工,船的头尾各分系一条绳子与对岸相连,过渡者只要拉动绳子就能到达彼岸。这种渡口,昆南被称作"随渡",昆北被称作"绳渡"。"随"字,在昆南方言中有拉的意思,比如把网从水里拉起来称"随网"。

3.抬轿

昆山的农民一般不会坐轿出行,乡间没有山道,道路也较狭窄,即使是富人也没有坐轿的必要。轿子大多是为出嫁的新娘子准备的。讨新娘抬花轿,也仅仅是短途的行走,路途较远时都要用船只(见后)。

昆山的轿子形状和其他地方的基本相似,用木柱做框,木板做墙;门帘或用布做,或挂一些珠帘。轿顶有的比较朴素,有的有福、禄、寿字及吉祥图案。花轿则要披红戴绿。

抬轿子其实是扛轿子。讨新娘抬轿子,新娘坐在轿中,前后各有两人扛着。轿前有敲锣打鼓的"相帮",或丝竹班子吹吹打打。

二、水路出行

北宋沈括的《梦溪笔谈》称:"苏州至昆山七十里,皆浅水,无陆途。"旧时,昆山从农村到城内大多靠走水路。

1.摇船

水上出行就要使用船只。生产出行或出远门,一般用较大的船;上街购物、走亲戚出行,一般用较小的船。

昆山的船是用橹作推行工具的,因此农民到一定年龄,就要上船学摇船。摇船有三门简单的学问:把橹、扯绑、撑篙。

把橹,就是掌橹,动作很简单,用手掌把住橹脏,一推一扳就行了。但把橹要用力均匀,灵活自然。既要使橹板转动自然,又不能让橹从垫脐上掉下,还要把握好行驶的方向。

扯绑,就是用手捏住套在橹梭上的橹绑来回推拉。一人摇船时,扯绑由把橹的人兼带:右手把橹,左手扯绑。两人摇船时,一人把橹,一人扯绑。扯绑者要与把橹者配合默契。

撑篙,就是站在船头掌持竹篙。当船只要与河岸、桥柱或船与船之间碰撞时,用竹篙用力撑开,以保护船只。

清末民初时,昆山的每个乡镇都有航船。航船是作短途行驶的载客、运货的船只。航船定期行驶于城镇之间,民间有"摇航船"之说。

航船的形状有点像绍兴的乌篷船,船舱中也搭有船棚。摇航船往往夫妻、父子(女)搭档。船上备有用于烧饭的行灶、睡觉的被褥和用于驶风的篷帆。

农民生产出行更是离不开船只,除了装运粮食、积肥外,到陆路不通的独圩墩上去种秧、割麦,一般也要用船只。

农妇在摇船

农民摇着船在干农活

上街时，如果购买的东西较多，或买卖猪羊和购买生产资料，带着病人去医治，也会摇船前往。

到水路不通或陆路需绕远的地方走亲戚，也常摇着小船。山歌中的"摇啊摇，摇到外婆桥……"记录的便是这一乡俗情趣。

中老年人常常出门烧香。路近的(比如镇上、隔壁村上)就步行，出门时提着一只香篮，香篮中放着香烛。往往也是结伴而行。路远的(比如杭州灵隐寺、苏州上方山)，那就得坐船前行了。

乡间有一种坐船的方式称"乘船"。乘船，就是顺便搭乘别人的船只。无论路程多远，乘船都是不需要花钱的，这是祖上留下的规矩。

旧时，乡间的戏班、宣卷班出外演出也要摇船，船上备着乐器和行头。农民出门看戏、看宣卷，也常摇船。于是，戏场或广场附近的河埠头，往往挤满了横七竖八的船只。

摇船自然也会遇到危险和麻烦。大集体时期，去苏州讨粪，要经过不少大的湖泊，比如昆南的澄湖、万千湖、淀山湖，昆北的阳澄湖、傀儡湖等。碰上雷雨天，瞬时狂风乍起、巨浪滔天，浪头会肆无忌惮地从船头船尾穿过来漫过去，随时面临翻船的危险。好在农民大多数有着充足的经验，有高超的摇船技术。每当大浪袭来时，船头便会顶着风浪行驶，化险为夷。

还有一件让人头痛的事情，那就是如果遇上迷露(浓雾)天气，早晨起来撑开船头，在湖荡里摇了半天船，发现船兜了个圈子，又回到了原来的地方。这就只能是怨天怨地了。

2.驶风

农民水上出远门，常常要在适当的时候驶风行船。驶风，就是借助风力推动篷帆，使船快速前行。用于驶风的船，称"驶风船"。水风船不是专门打造的，普通的农船搬上樯子、篷、舵、戗板就成了驶风船。

驶风的第一步是搀(竖)起樯子(桅杆)。搀樯子，就是把樯子插进船头面梁上下的"上帆潭"和"下帆潭"内。一般要两人合作：一人捆起樯子，另一人从樯子的中段扶正方向。樯子揿好后，将两块"桅夹板"插入上帆潭中，按上"桅夹销"，固定樯子。这时候就可扯篷了。

扯篷，就是拉动系在篷上的绳子，使篷顺着樯子上葫芦(滑轮)中穿着的纱绳缓缓上升。待布篷升到樯子的顶

驶风船

部时，将纱绳在樯子上打上"樯裹结"。篷扯起后，拔起橹，将舵嵌进艄舵盘中间的圆孔，放到水中(俗称"落舵")，穿好舵梗(柄)，就可驶风了。

驶风时，"艄公"坐在船梢，一手掌舵，一手掌控着缭脚绳，双脚撑住船舷，根据风向调控篷面的朝向。船头上要坐一位船工，专门负责控制戗板。戗板插在船舷一侧，要用双手用力揿(按)住，使之不余出水面。

驶风船的本事是顺风、逆风、横风都能行驶。逆风驶风，俗称"折戗"，可通过"转缭"和"掉戗"，使船顶风成"之"字形前行。

"转缭"就是拉动缭脚绳，使篷产生90度转弯，从而调整船行的方向；"掉戗"就是将戗板从船的一侧换到另一侧。在转缭的瞬间，船只会迅速向一侧倾斜，稍不留神船就会侧翻，这时船工就要凭借"掉戗"和经验来控制船行了。

在驶风的过程中，艄公得时刻注意风力和方向的变化，不时收放缭脚绳，转动舵梗，使船在风浪中平稳行驶。

当然最惬意的是，夕阳西下时，遇到顺风顺水，一边驶着风，一边端起酒碗，高高兴兴地喝酒。昆南有一句俗语："喝酒使顺风，各个好弟兄。"意思是一边喝着酒，一边在顺风中驶风，就可称兄道弟，把不愉快的事情抛到九霄云外！

3.背牵

水上出行，如果遇上了潮水或大风，逆水行走时，船会退而不进，或行进缓慢，此时往往需要背牵。

背牵，即拉纤行船。至少要两人以上才能进行，其中一人在船头撑篙，以免船头被岸滩搁住。人多时，可边背牵边吆喝(喊劳动号子)或者唱歌，相互鼓励。

三、庙会出行

庙会,也称"庙市",中国的市集形式之一。唐代已经存在。在寺庙节日或规定日期举行,一般设在寺庙内或附近。举办目的是祈求风调雨顺、五谷丰登、六畜兴旺、国泰民安。

1.赶庙会

庙会,是由寺庙的祭神拜佛活动发展而来的。早先仅有香客到寺庙烧香,后来商贩们看到寺庙里人多热闹就在外围摆起小摊赚钱,渐渐地形成了定期活动。再后来在寺庙的这种活动中,人们又把各种娱乐活动带了进来,这就成了庙会。

既然是寺庙的盛会,那么无论是佛寺还是道院就都有庙会了。庙"会"一"开",附近的百姓便会纷纷前去赴庙会,并在祭神拜佛的同时,娱乐一下。

庙会的形式在各个朝代均有所不同。到了清代,"迎神赛会"也结合了进来,内容更加丰富。什么是"迎神赛会"呢? 就是把神像抬出庙来游行,并举行祭会(祭祀仪式),用仪仗鼓乐和杂戏迎神出庙,周游街巷,以求消灾赐福。

明清至民国时期,昆山的各个乡镇都有庙会活动。如:巴城正月十五有"土谷神会",七月十五有"城隍赛会";周庄中秋有澄虚道院"斗姆会",四月初八,全福寺有"浴佛会";陆家车塘村七月十五有"能仁寺会"。至于"猛将会""解钱粮",则各个乡村都有。

康熙年间《淞南志》载:"(三月)初三日,为玄帝诞,远近各就庙中焚香祭赛……四月初八日,为佛诞辰,诸寺院有'佛浴会'。"玄帝,是指玄天上帝,为道教神仙。农历三月初三,相传为玄帝的生日,于是千灯镇各村的百姓都要到玄帝庙中

张浦姜里庙会

举行庙会活动。农历四月初八,是佛祖释迦牟尼的诞辰,称浴佛节,又称佛诞日、佛诞节等。因此不但是千灯,其他地方也都要进行隆重的"浴佛"盛会。

宣统年间《信义志稿》载:"三月二十八日,各村民环输纸帛,舁神送至东岳庙,谓之'解钱粮',互相争

胜。"东岳庙是奉祀东岳大帝的庙宇。农历三月廿八日,是他的诞辰。因此大家都要到庙中解钱粮。

锦溪莲池禅院庙会

解钱粮,是民间对烧香、拜佛的泛称。"钱粮",就是锡箔等冥币。锦溪的通神道院,每年的农历六月廿四,也有解钱粮仪式。张浦庙会中的解钱粮,要把菩萨抬到打拳船上,一边敲锣打鼓请拳师练武,一边呐喊助威分撒纸币。

清代时,昆山较为完整的庙会活动,有开光、进香、演草台戏、走会等形式。庙会活动期间,百姓的出行十分繁忙。

出庙会前,寺庙附近的村民要把菩萨新漆装金,穿上新袍,插上新旗。开光日,要把菩萨抬至庙场上,搭棚、摆香案,供人进香敬拜。

石牌的东岳庙进香时,队伍前边有12个男孩穿着一色的服装,戴着一色的草帽,手拿小凳,表演各种优美动作,称"童子拜香"。

花桥的圣帝殿,每年农历三月二十七日举行盛大庙会,来自昆、青、嘉三县的香客成千上万。

不少庙会在进香仪式后,要在离佛台五六十米的对面搭一只戏台,请来草台班演庙会戏,因此百姓都要争相看戏。

走会,有"朝老爷""水上出巡"等形式。朝老爷,就是抬着菩萨出巡奔跑。水上巡会,是把菩萨抬到船上摇到村中兜一圈。

张浦农历八月中旬举办的庙会,前后要举行3天时间。八月十五日,开光、演戏。八月十六日,解钱粮。八月十七日,走会。

张浦庙会在走会时,由12人分抬府城隍庙、县城隍庙、猛将庙中的三尊菩萨,巡游市镇一遍,由"肃静""回避"两牌引路,众"衙役"手执木杖、铁索随行其后。像钦差出巡一样。

庙会场头有各类民俗表演,如舞龙、舞狮、踩高跷、荡湖船、龙舟赛、打拳船、扎肉、摇快船等表演。表演者大多都是当地的农民。

庙会期间,商贩云集,卖艺、说唱、耍猴一齐登场,剪纸、捏烛皆设摊表演,炒米糕、海棠糕等各种美食摊点汇聚于此。像张浦的姜里村、淀山湖的碛硙村那样规模较大的庙会,在举办期间村上家家像过节办喜事一样,买肉杀鸡,置办酒席,邀请亲眷朋友吃饭。

2.赛龙舟

康熙年间《昆山县志》载:"端午……有龙舟竞渡之戏,向时(以前)六门(六个城门)各制一舟……"

龙舟,俗称"龙船",船体狭长,配有雕刻的龙头和龙尾,用桨划船,比赛前船身扎满各色彩绸。

相传,吴地划龙舟是为了纪念春秋时的吴国大夫伍子胥。吴王夫差在农历五月初五把伍子胥杀了,并把他的尸体装入袋子中沉江,因此划龙舟大多在端午节举行。

但是,旧时昆山乡间的划龙舟,并不单单在端午节举行,同样也在庙会场合中露面,并成为重要的娱乐活动。

宣统年间《信义志稿》载:"七月中旬,三世佛头又设城隍水会两日,景村泛龙舟,集庙内,以保青苗。"农历七月中旬,正仪的景村在城隍庙举办水上庙会时,举行的龙舟竞渡为的是保庄稼不受干旱、病虫和鸟兽等危害。

民国《巴溪志》载:"里中每届中元,城隍赛会,龙舟竞渡。先一日,神坐社船,往巴城湖西坛地,祭无祀孤魂。祭毕,船向北进至斜堰闸常界乃还。所谓巡阅边防,古傩之遗意。神船在巴城湖时,社船十余衔接,鼓吹喧阗。龙舟亦歌唱驰驶,旗伞煊耀,人声雷动,巴水鼎沸。绕神三匝,首夺锦标,高呼得意。夕阳辉映。绎络归舟。有声有色,兴非浅也。"

划龙舟

志书的这段文字,生动地描述了巴城在中元节期间,城隍赛会中社船和龙舟竞渡的热闹场面——

先是由神船(载着神像的船)装着泥菩萨到巴城湖边祭祀无人祭祀的鬼魂。祭祀完毕后船向北巡游至常熟边界,然后返回。

神船回到巴城湖时,十多船只首尾

相接,敲锣打鼓,热闹非凡。同时,会集在湖中的龙舟开始歌唱行驶起来。

龙舟上插着色彩鲜艳的旗伞,湖面上人声鼎沸。龙舟绕着神船疾驶三圈,获得第一名的得意地高呼。直到夕阳西下,龙舟和神船才陆陆续续地返回村中。

每逢农历六月廿四,大市双庙也举行龙舟竞赛。划船手都是体魄健壮的青年,他们的身上穿着马褂,腰间围着纱巾,英姿飒爽。这些船划手,先要到庙内点香、焚烛解钱粮,然后一齐来到船上做好比赛准备。哨声一响,龙舟齐头并发,竞相争胜。霎时间,锣鼓声、吆喝声、划水声响成一片。

石牌曾举行过的赛龙舟,由14名身强力壮的青年参加,2人抱龙头,12人划船,相对分坐龙船两边,以击鼓、拍钹为号启动比赛。比赛时,船桨在有节奏的鼓、钹声中同起同落。鼓、钹声戛然而止后,划船者齐声高唱划龙船歌,悠扬的歌声响彻两岸。

3.打拳船

打拳船,也称"擂台船""哨船",即在船上表演拳术。一般也在庙会上出现。旧时,昆北、昆南的庙会活动中,都出现过打拳船。

据民国《巴溪志》记载:中元节庙会期间,当地的乡农在七月初要聘请拳师学习武艺。拳师教会大家使用刀枪剑戟、掷石锁、飞钢叉等本领。大家学会武术后,才能登船参加比赛。

志书还称:表演时数十条拳船游行至市河。每条拳船上系着彩绸,船头设桨,船尾放橹。船身能容纳数十人,人站在替舱上表演武术,旁边还有人敲锣打鼓、呐喊助威。

打拳船尚武的目的,是为了显示每个村民的强壮有力,有警告强盗、恶霸切莫轻易进村侵犯、侮辱村民的意思。

4.扎香肉

扎肉,是在庙会中的行像(抬着神像出巡)时表演的。扎肉,也称"扎香",表演扎肉的一般是未结婚的童男子。

扎肉的形式多样。张浦一带的扎肉,大多是用铜钩卡住手臂上的皮肉,下悬烛台、香炉等物,重量在15公斤左右。

花桥一带的扎肉,大多是用银针穿在手臂上,下面挂各种物件,轻者挂花篮、香炉、蜡钎及各种装饰品;重者挂石锁、铁锚、小型石狮子等。

有的地方的扎肉表演,银针要扎入人的手臂中,以表示对神的虔诚,同时也显示了年轻人的强盛。

5.摇快船

摇快船,主要在昆南举行。先是在庙会活动中出现,后来又进入了婚俗礼仪和其他节庆活动中,包括正月十五的元宵节和七月十五的中元节。

康熙、乾隆年间编纂的《陈墓镇志》中,有"三月二十八日,东、西岳庙(东岳庙、西岳庙)进香,看快船"的记载。由此可见,至少在清代中期,摇快船在庙会活动中已十分盛行。

相传,摇快船是在明代顺治年间,由陈墓(锦溪)秀才陆兆鱼发明的。陆兆鱼在起兵抗击清兵南下时,摇着快船一举攻克了苏州城门。后来快船又在青浦、吴江等地传播开来。

快船比一般的农船大,船身狭长,长度为11米左右,船头翘起,船尾下塌。一般由较富裕的农家打造,专用于比赛,有时也用于出租。

快船一般配三支橹,船梢的右侧配一支大橹,称"头橹";左侧配一支中橹和一支小橹,分别称"二橹"和"三橹";船头设一支3米多长的大桨,称"踏头"或"把头";船头两侧外舷各装有12根毛竹,称"出笼竹",这些毛竹既可作船的护栏,又可在遇上突发的斗殴事件时抽出来防身。

快船的船头设两支6米开外的竹篙(称俗"龙篙"),有两人撑篙。三支橹前均有长长的跳板搁出船舷,上面站立扯外绑的人。

摇快船一般有40多人参加。三支橹的橹把、橹绑上都有人把持。其中大橹、二橹上的把橹、扯绑都要替换。踏头、龙篙都要有专人把持。

快船模型

旧时,昆南东岳庙会中的摇快船,场面最为壮观。姜里的东岳庙会有时有20多条快船同时出现,称得上是水上奇观!

快船比赛时,往往要在设定的水域中打数个回合。哨声或铜锣一响,快船立刻像龙舟一样飞射而出。

大橹上的橹绑三绑一替。当橹绑第三绑被拉进时,替绑者往扯绑的人肩上

228

一拍作提醒,接过橹绑往外推出,完成一次替绑。因为前一个扯绑的人实际上未扯满三绑,故也俗称"二绑半"。

快船驶到限制线时,要来一个180度转弯,此时需多方形成合力:把橹者要迅速扳艄,然后将橹板撤起,使橹脱离水面;撑篙者将竹篙插入水中;踏头同时刺入水中。

摇快船最精彩的场面是:扯绑的人扯每一绑都要跺脚呐喊,船舷外的跳板不断击打水面,打得浪花飞溅。有的快船比赛还在船头配以锣鼓助威。两岸观看的人常常人山人海,或呐喊助威,或欢呼雀跃!

6.唱宣卷

宣卷,是宣唱"宝卷"的简称,宝卷源于唐代、五代的变文。早先主要是讲唱经文和演唱佛经故事。清代同治、光绪年间才发展为民间说唱艺术。

宣卷流传广泛,种类不少。昆山宣卷是苏州宣卷的分支,有木鱼宣卷(平卷)和丝弦宣卷(花卷)两种。木鱼宣卷在演唱时用击打木鱼、磬子来控制节奏,丝弦宣卷用二胡、笛子、琵琶、扬琴、笙等丝弦乐器伴奏。

清末至民国时期,昆山的周庄、锦溪、大市、陆杨、石浦、花桥等乡镇有宣卷班子和宣卷艺人的说唱活动。

宣卷与佛教有着很深的渊源,昆南地区的庙会场头宣卷是必须要表演的,因此看宣卷也是人们赶庙会的重要目的。

当然,宣卷还在婚礼、寿庆、做社场合演唱。在花桥一带,农民有时也会在农闲时节请人演宣卷。陆杨一带的办丧事、收六神有时也会演宣卷。"六神",是道教中的说法,道教认为人的心、肺、肝、肾、脾、胆各有神灵主宰。"收六神"是道士的一种"收魂"仪式。

宣卷艺人多为农民,农忙时操持农活,农闲时排练演出。宣卷有数人表演,以唱为主,说为辅,大多为坐唱。其中一人为"主宣"(说唱卷本),其余为"帮腔"(俗称"和调")和伴奏。

宣卷演出不需搭台,演唱时只要并排摆两张八仙桌,桌上铺一块红色

庙会场头的宣卷演唱

庙会场头的海棠糕制作

台毯就可以了。主宣端坐正中,手执醒木或折扇、手帕。两边坐帮腔。所演的剧目,大多从民间传说和传统戏曲中借鉴而来,如《借黄糠》《秦香莲》《梁山伯与祝英台》《顾鼎臣》,等等。

醒木一响,宣卷开场。主宣用方言说唱,还跟演评弹一样说噱逗唱。帮腔俗称"和调",唱词结束要附上"阿弥陀佛"的尾腔。

旧时,陆杨、石浦所演的大多是木鱼宣卷,称"念宣卷"。锦溪、周庄等地的宣卷大多为丝弦宣卷。大市则二者皆有。

大市的"念宣卷",由一人念唱(称"上手"),1人和佛(称"下手")。唱词一般为七字句。剧目与苏州评弹相似。表演方式是:上手拉着简单的长短调,一面敲着木鱼,一面照本念唱,节奏很简单。每唱几句后加一段说白。上手唱完一句,下手接着和佛(唱"南无阿弥陀佛")。

陆杨一带称主宣为"佛头",表演者为1~8人不等,佛头领唱,其余和佛。表演方式为:佛头依着故事,拉着一定的腔调,敲着木鱼,照本念唱。石浦一带,将宣卷表演称作"念长卷",念长卷的方式,也是由艺人依着故事,拉着长腔,敲着木鱼,照书本念唱的。

周庄地方志称:这里的宣卷,演出人员一般为6人,艺人在乐器伴奏下有说有唱,演唱的曲调以民间小曲(如《四季调》)为主,掺和申曲、锡剧等,很合农民口味。

锦溪地方志称:这里的宣卷,剧目很丰富,有长篇、短篇、选段、唱段之分,开场时演奏《三六》等江南丝竹曲调为静场。表演惟妙惟肖,曲调糯软好听,地方特色尤为鲜明。

如今,锦溪、周庄一带的庙会活动中,依然有戏曲和宣卷表演。届时,附近的中老年村民都会赶往现场,坐在"勃到棚"(临时搭建的木棚)中看戏、听宣卷。

第五节 节事之俗

婚,结婚;丧,居丧;喜,喜事;庆,节庆。昆山的农村民风淳朴,婚丧节俗也是丰富多彩。

一、四时节俗

旧时,在昆山的乡间,逢年过节最为热闹,人们平日里辛苦劳作,图的就是节日快乐、合家团聚。

除了除夕、元宵、清明、端午、中元、中秋、重阳、冬至等,昆山的一些乡村还有自己的"村节"。

1.春季节日

正月初一,旧称"元旦",俗称"年初一"。新岁伊始,万象更新。起床就要放"开门炮仗",以示吉利。

光绪年间《昆新合志》载:"元旦,启门放爆竹三声。悬祖先像,具香烛茶果,男女肃衣冠,依次展拜……禁扫地、乞火、汲水及用针剪。"康熙年间《淞南志》载:"元旦,悬祖考像于堂中,男女参毕,始贺尊长,无贵贱长幼,交相庆拜。亲朋里党持名束投谒,谓之'贺岁'。"

大年初一,家家门上贴好春联,室内挂上年画,客堂里摆上香烛、果品等供品。全家男女老幼都要穿上新装,祭拜祖宗。此日,禁忌扫地、向邻居讨要火种、从河中取水、动用缝衣针和剪刀,有"聚财"之意。早餐有吃汤团的,俗称"百岁圆",以求福寿;有吃年糕的,寓意生活节节升高;有吃赤豆汤的,以求甜蜜团圆;有吃面条的,寓意长寿。

吃过早饭,大人要到亲朋好友家拜

贴春联

周庄的正月初五接财神场面

年，庆贺新年。小辈还要给长辈拜年、祝福，长辈要给小孩"压岁钱"。信奉神佛的，清晨要赶到庙宇烧香拜佛，或结伴至寺庙点罗汉、卜流年。大人和小孩都要穿上新衣服。出门时，如果路上遇见熟人要互相拱手，道贺："新年快乐！""恭喜发财！"

从年初二开始，亲友互相走访，或品茶，或留饭，以示亲谊之情，俗称"吃年酒"，一般要延续到年初九。

康熙年间《淞南志》载："农家则晨起以观风云，卜水旱、疾疫。离镇数里外居民，竞望延福寺浮图。云气清朗，则风雨调和。雾重主水。"新年伊始，农民特别关心一年的收成。因此在年初二清晨，千灯一带的农民要登上秦峰塔观望风云，根据云气的变化，预测当年是否风调雨顺。

初三日，为"小年朝"（天庆节），相传有天书下降人间。也有不扫地、不乞火、不汲水的习俗。晚上还要将衣服、鞋帽藏起来，以避病疫。民国《信义志稿》载："正月初三，高墟男女相率登墟上，谓之登黄泥山，又谓'登太平'。"此日，正仪黄泥山一带的百姓，要争登黄泥山，称"登太平"，以祈求一年中太平安康。

光绪年间《昆新合志》载："初五日，祀五路神（俗称'烧利市'），始开市。"开市，就是开始营业，也称"应市"。

正月初五，为"五路财神"诞辰。不但是店主，农家也要争先起早高放爆竹接"财神"，也有早起隔夕迎接财神的，谓之"抢路头"。

初一到初五，商店不营业，街头小摊贩却十分忙碌。唯茶馆开业，一些老茶客相邀吃橄榄茶。橄榄茶又称"元宝茶"，象征新的一年生活幸福。

新年里，农村有"备年酒"的习惯。新婚夫妇的近亲要为新夫妇备筵席，并邀请亲戚朋友作陪，男女双方家庭互致祝贺，沟通感情。

昆南有一句俗语："过年过到年初八，舔舔狗食钵。"狗食钵就是狗盆子。以前农民生活困难，到了年初八年货都吃得差不多了。

张浦有一句俗话："只有年初九没有年初十，过了初十做生活。"到了年初十要恢复生产了，因此年初九当地农民得抓紧时间到赵陵朝山敬香，顺便游赏一番山景。

正月十五，为元宵节。也称"上元节"。上元，含有新年第一次月圆之夜的意思。上元节是在年节中最为热闹的一天。旧时，各地都要"闹元宵"，昆山有元宵节观花灯、点田蚕（俗称"汰田角"）、走三桥、接灶君、吃元宵等习俗。

光绪年间《昆新合志》载："十五日，上元节，街市设布幔、悬彩缯（彩色绢帛），夜则张镫（古同'灯'），金鼓达旦，曰'闹元宵'。"布幔，布制的帷幕。彩缯，彩色绢帛。镫，古同"灯"。闹元宵重在一个"闹"字，直闹到通宵达旦才能满足！

宣统年间《信义志稿》载："元宵节，各乡村插竹于径，以长绳系连，挂灯累累，谓之'桥灯'，亦有塔灯于佛庙或桥上者。"元宵节前后，市镇将花灯满布街市；乡村也不甘示弱，不仅有挂在桥上的桥灯，还有挂在寺庙佛塔上的塔灯，农民也会出门看花灯。元宵之夜，农家还把扎制好的内置蜡烛的兔、鱼、鸟、兽、花篮等花灯以及走马灯，挂在屋檐下或插在地上。小孩提灯嬉戏追逐，在村中游走。

光绪年间《昆新合志》载："（是日）家家祀灶，或迎紫姑神问（占卜）吉凶，妇女或走三桥。"此日，家家户户都要焚香点烛，陈设供品，接灶君。灶君，又称灶王爷，灶王菩萨。灶王爷从腊月廿四上天，到此日下凡，故家家迎接他回家。紫姑，也称厕姑、茅姑、坑姑、坑三姑娘，是民间传说中的司厕（掌管天下茅厕）之神。迎紫姑说是能逢凶化吉。因此，黄昏时分，妇女要点着灯笼，到厕所、猪圈、灰堆旁，把用稻草、布头等扎成真人大小的紫姑接回家中。晚上，有的妇女还要提灯走"三桥"。走三桥，就是三五名妇女结伴持香走历三桥。说是可免除百病。

光绪年间《昆新合志》载："各家持柴把，燃火于所种田中，周历遍照，儿童跳跃喧闹，间施爆竹声，谓之'照田蚕'。意取田中少虫豸。"照田蚕也称"打田财"。此日，农家要用稻草火把烧田角落，俗称"汰田角"，还边烧边念"汰汰田角落，来年收成三石六"。"汰"，在方言中是"慢慢烤"的意思。汰田角的目的是驱除庄稼地里的虫害，希望稻麦丰收。

二月二，是"龙抬头"的日子，有"春龙节"之称。光绪年间《昆新合志》载："二月二日踏青，食糕，名'撑腰糕'。"相传，此日天上掌管降雨的神龙会抬头。龙抬了头当年的雨水就充沛，有利于耕

汰田角

种。因此,家家都要到土地庙烧香祭祀,敲锣鼓,放鞭炮。以示敬龙祈雨,求上天佑保丰收。

民间有"二月二龙抬头,家家男子剃龙头"的谚语。大家认为,在这一天理发会使人红运当头、福星高照。巴城一带,有的人家还在灶脚壁上贴红纸条,上写"二月二,蜒蚰、百脚、蚂蚁都下地"等字样,以示防蚁避毒。

二月十二,为花朝节,俗称"百花生日"。光绪年间《昆新合志》载:"二月十二日,为花朝节。各花卉粘红纸,曰'赏红'。天气晴,则百果、百谷无损。"此日,人们结伴到郊外游览赏花。姑娘们要剪五色彩笺粘在花枝上,取了红绳,把彩笺结在花树上,称为"赏红"。

三月初三,为上巳节。人们要结伴去水边沐浴,称"祓禊"。祓禊,就是洗濯去垢,消除不祥。光绪年间《昆新合志》载:"儿女皆簪野菜花,听蛙声占水旱。"此日,人们喜欢在头上插野菜的花,并将野菜花抹在灶头上,说是可以杀死虫子和蚂蚁。同时根据蛙声占卜水旱。

清明前一日,为寒食节。光绪年间《昆新合志》载:"(此日)新丧未逾年者,设箬叶粽及青团子以祭。"寒食节,也称"禁烟节"。禁烟,就是禁火、禁烟、吃冷饭。此节原为纪念春秋时期的晋国名臣义士介子推而设。后来因与清明日相近,便与清明连在了一起。寒食、清明是祭祀亡灵的节日。人们用箬叶裹的粽子(俗称"清明粽")和青团子作祭品,并食用之。

康熙年间《淞南志》载:"三月清明节,竞取柳枝插于门户,男女皆佩戴之。无贵贱,各率儿女携酒肴、楮钱、拜扫坟墓。"柳枝可插在门上,也可戴在人的身上。插柳、戴柳有依恋亲人、祛病消灾、祈望丰收等意。楮锭,就是纸钱。此日,儿女要携带酒菜上坟扫墓,在坟前点上香烛。将纸钱挂于墓前。点烛焚香、焚烧纸钱,祭拜亡灵。新亡之人的家里还要摆上酒饭,哭祭亡灵;在坟头锄去杂草,壅上新土,以示对已故亲人的怀念。

清明时节,正值春暖花开之际,人们喜欢乘风和日丽,结伴到郊外欣赏田野风光,谓之"踏青"。

2.夏季节日

光绪年间《昆新合志》载:"立夏日,设樱桃、梅子、麦蚕、窨糕、海蛳等物,饮火酒,谓之'立夏见三新'。""三新"的内容,在昆山各镇大同小异。"新",指新上市的时令食品。在张浦一带，人们通常用米粉和金花菜做成菜饼，加上青蚕豆和咸鸭蛋，作为三鲜。巴城一带将夏鱼（夏天上市的鱼）、竹笋、蚕豆作为三鲜，并吃酒酿、咸蛋、海蛳，以求避疰夏。

什么是"麦蚕"呢？光绪年间《昆新合志》的解释是：炒新麦砻之，如蚕状。可见，麦蚕是新收获的麦粒烧熟后，用砻磨去壳而成的食品；因形状像春蚕，故名。

立夏日，民间还有饭后称人的习俗。光绪年间《昆新合志》载："用大秤称量身躯，以验轻重。"此日，大人喜欢挽着孩子去用大秤称体重。说是立夏测了体重，小孩不会疰夏，并会有好的福气。

立夏前后，蚕豆（俗称"罗汉豆"）开始上市，青豆鲜嫩、清香，此日上桌，故又称"尝新"。

四月十四，俗称"神仙生日"。《昆新合志》载："十四日，为吕祖诞，人家剪菖叶散布街衢。马鞍山前有千人会，年老男妇携果物相赠，不必相识，曰'结缘'。"相传，此日为"八仙"之一吕纯阳的生日，吕纯阳要化身乞丐、小贩，混在人群之中济世度人。

昆山城中的马鞍山前，"轧神仙"活动热闹非凡，乡村里的农家也因希望神仙能光顾村中、门前，剪下菖草的叶子撒在村道上、家门口。菖草，俗称"万年青"。剪了菖叶撒在街上叫"摘彩"，为的是迎接"神仙"降临，俗称"借仙气"。

五月初五，为端午节，也称"端阳节"。康熙年间《淞南志》载："五月五日，亲朋竞以角黍、蒲酒相馈遗。又以雄黄酒遍洒墙壁，以祛杀毒虫。"此日，民间有吃粽子和菖蒲酒的习俗。中午时分，要将雄黄酒洒在墙壁上、墙角里，驱毒杀虫。小孩要在额上用雄黄酒写"王"字，穿虎头鞋、老虎衣，胸前挂蒜头或樟脑丸丝线小粽子、香袋、八卦包，说是能"压邪"。

光绪年间《昆新合志》载："五月五

端午节农家挂菖蒲、艾蓬

日,堂悬神符,瓶供蜀葵、石榴,户悬蒲蓬、桃枝、蒜头。妇女首簪榴花、艾虎于髻。"此日,门外要挂菖蒲和艾蓬,室内用苍术、白芷煨烟,家中瓶供蜀葵、石榴,以消灭害虫。妇女要在发髻上插石榴花和用艾蓬做成的老虎形装饰品。客堂里要高挂钟馗舞剑图,以驱除秽气。

此日,还有吃"五黄"的习俗。"五黄"一般指黄瓜、黄鳝、黄鱼、咸鸭蛋黄、雄黄酒,前四者都是时鲜食品。当然,城中和有的乡镇还要在庙会期间或村中的湖荡中举行热热闹闹的龙舟比赛(见前)。

六月初六,称"天祝节",也称"晒洗日""禾苗节"。康熙年间《淞南志》载:"六月六,晒画、书、衣服,洗灯檠(灯架)垢腻,浴猫狗于河。"此日,人们都将柜子里的衣服,特别是书画拿出来晾晒,为的是杀灭沾染在书画、衣服上的细菌。农家有晒种子、防蛀除蠹的习惯。俗语云:"六月六,猫狗中牲洗浴。""中牲"是方言,动物的意思。人们把猫狗扔入河中洗澡,目的是去除它们身上的跳蚤、虱子。

七月初七,为乞巧节。相传为牛郎、织女在银河鹊桥相会之日,故此日为"巧日",此月为"巧月"。康熙年间《淞南志》载:"七月七日,妇女竞采凤仙花瓣染指甲为饰,又以绒线对月穿针,亦有设瓜果乞巧者。"此日,妇女们用凤仙花捣烂染红指甲。入夜,用巧果祭织女星,祈求织布、绣花之技巧,谓之"乞巧"。在月光下,以线穿针,谓之"得巧"。

另外,农村年满13岁的小女孩要在此日"留头发"、学女红(纺织、缝纫、刺绣),亲戚要送礼庆贺。

七月十五,俗称"七月半",为中元节,亦称"鬼节"。光绪年间《昆新合志》载:"十五日,为中元节,人各荐亡,谓'盂兰盆会'。""盂兰盆节"是佛教对此节的称呼。荐亡,祭祀亡灵。中元节是上坟扫墓、祭拜祖先的日子。

民俗文化表演中的放水灯

此日,农家祀田神,各拿糕团、鸡鸭、瓜果、蔬菜放在田岸交叉口,跪拜祈祷,祈求丰收,谓之"斋田头"。此外,人们还要请祖先吃"蟹壳饭"。有新亡故亲人的人,还请僧道诵经超度,称"新七月半"。

七月半前后,时值"闲档",村民敲锣打鼓,抬猛将神像在田郊巡行,称"游青苗",祈求神灵帮助驱除虫害,使稻禾丰收。

3.秋季节日

八月十五,为中秋节。光绪年间《昆新合志》载:"十五日,中秋节,人家叠重台,爇天香达旦。遇天晴,游人踏月山前。"爇天香,就是点香。入晚,皓月当空,各家置香案于室外,烧香斗,祭月宫,供品有月饼、菱藕、柿子等。一家人团聚在一起,边赏月,边吃月饼或糖芋艿。黄昏时,妇女可出门"走月亮"(盛装结伴在月下出游),儿童可提灯玩耍。吃月饼寓意团圆,吃芋艿寓意甜蜜。

九月初九,为重阳节。康熙年间《淞南志》载:"九月九日,婚姻家馈遗,用粉为糕,五色错杂,谓之'重阳糕'。诗人、文士有登高避疫者。农家竞筑场圃,收贮谷稻。"此日,民间有登高习俗。城中的百姓登马鞍山。锦溪文人喜登文昌阁。巴城的百姓喜登高墟、绰墩山。张浦的农民喜登赵陵山。民间还有吃重阳糕的习俗。昆南的重阳糕,以绿豆糕为最佳,糕上撒些红绿丝,插上三角彩旗。说是吃了重阳糕就会身板硬朗;重阳节登高除了开拓视野、健身外,还有"避疫"之意。

十月初一,下元节,民间称之为"十月朝"。康熙年间《淞南志》载:"十月朔日。谓之'烧衣节'……人无贫富,必祀其先,亦有携酒肴、楮钱以拜墓者。"旧时的人讲迷信,认为人死后在阴间还要穿衣花钱,要择日把他们活着时穿着的衣服烧送给他们,因此此节也称"烧衣节"。

旧时,从此日起,有田亩出租的富裕家庭开始设立限期分批收租,缴不起租米的贫困农民有的开始外出躲债。

4.冬季节日

冬至,既是节气,又是传统节日。康熙年间《淞南志》载:"冬至,亲朋馈遗,交驰于道,亦有如新正拜贺者。晨则祀灶,夕则祀先。"俗语中有"冬至大于年"的说法,故此日有祭祖先、赶庙会、喝米酒、相互邀请吃饭等习俗。俗语还称:"有钱人家吃一夜,无钱人家冻一夜。"冬至的夜饭较为丰盛,不过旧时贫富悬殊,各家的情景并不一样。

光绪年间《昆新合志》载:"冬至日,士绅家拜贺尊长如正旦,亲朋以礼物相馈,富家有施棉袄者。入腊,农家舂米,盖藏经岁不蛀,谓之'冬舂米'。"施棉袄,就是富人送棉袄给贫困的人家。正旦、新正,都是指大年初一。此日,民间还有为亡者烧纸钱、落葬等习俗。

冬至过后进入腊月,农家开始舂米,以备一年之粮。说是冬至过后舂的米,经过很长的时间不会出米虫。

十二月为腊月,初八为"腊八",称"腊八节"。光绪年间《昆新合志》载:"初八,以百果煮粥,名'腊八粥'。"昆山的腊八粥有"粗腊八"和"细腊八"之分。农民大多吃的粗腊八,即用银杏、慈姑、荸荠、红枣、赤豆、绿豆、扁豆、野菜煮成的粥。

一般认为,十二月二十四日为岁末,昆南有"手不动廿四"的说法,意思是:农民自此日停下活计,开始高高兴兴地过年了。

腊月二十四,俗称"廿四夜"。康熙年间《淞南志》载:"二十四日,袚除房舍尘垢。夜祀灶,俗称'灶神上天奏事',焚灯檠以为神舆。"此日,白天家家都要用扫帚、掸帚掸扫檐尘,把里里外外打扫得干干净净,迎接新年的到来。晚上,家家祀灶。

光绪年间《昆新合志》载:"二十四日,拂拭屋宇积尘、祀灶。用糖饼及荠菇送灶神,以篝为轿,以扁豆藤为纤。"荠菇,也称"慈姑",是一种蔬菜,取其"慈善"之意;祀灶用糖饼作礼物,意在甜住灶王爷的嘴巴,让他到天上后向玉皇大帝多说好话,以保来年家人平安。送灶时,用竹制的灯笼作轿子,用扁豆藤作上天的纤绳。灶王爷的神像放入"轿子"后,要四周插上麦柴、柏枝等,用火点燃。

晚餐,各家有团聚吃大汤团的习俗。汤团有圆满、甜蜜之意。当长工的吃过廿四日的夜饭,就算清工钿回家过年。

腊月三十,为除夕,俗称"大年夜"。如遇到月小,就以廿九为大年夜。光绪年间《昆新合志》载:"除夕……祀神祇及祖先。易桃符、春贴,封井。插冬青、柏枝、芝麻萁于檐端。以石灰水画米囤或戟矢于地,以祈年禳灾。以石灰盛布囊印户外,曰'白驴迹'。门倚长炭,名'撑门炭'。闭门放爆竹三声,阖家围炉欢坐,曰'守岁'。"月小,只有二十九天的月份。禳灾,消除灾祸。守岁,通宵守夜。

除夕所做的事情比较繁杂,按照志书中的记载,可将昆山旧时过除夕的顺序梳理如下——

首先是祭祀,祭祀的对象是天地神灵和自己的祖宗。祭祀的时间一般是午后,俗称"过事酒",目的是求家人平安。

接着是换桃符、贴春联、封井。桃符,是挂在大门上的两块画着门神或写着门神名字的桃木板或纸片,用于避邪。封井,就是有井的人家用井盖将井口盖住(至年初三或初四启井),封井时要在井旁点几根香,对着"井神"拜几下。

然后是在屋檐下插冬青、柏枝、芝麻其。用石灰水在院子、场地上画上几个米囤的样子或刀斧弓箭形状的利器。这样做的目的是祈求丰年、消除灾祸。

再接着是将石灰放入布袋中,在门外印上一些白色的像驴蹄一样的脚印,在门上撑好"撑门炭"。

黄昏来临时,一家人环坐在一起,吃"年夜饭"。年夜饭是一年中最丰盛的晚餐,条件好的人家,席上有蹄髈、整鸡、次头(囫囵)鱼等荤菜。

吃过晚饭,放爆竹,关上大门,全家围着火炉坐在一起,边吃瓜子、果品边闲谈,"守岁"至深夜,有的甚至通宵达旦。

二、人生礼俗

礼俗,指礼仪习俗,即婚丧、寿庆、祭祀、交往等各种场合的礼节。每个人都要经历,农民自然也不例外。

1.婚礼习俗

传统婚姻遵循"六礼":纳采、问名、纳吉、纳征、请期、亲迎。"六礼"在周代已确立,以后各代大多沿袭此礼。但是,婚俗礼仪较为复杂,各个地方的风俗并非一模一样。就昆山的婚俗而言,不光是昆北、昆南有差别,就是同一个乡镇也东西、南北有别。

光绪年间《昆新合志》载:"婚礼之有拜门、求允,即古之纳采、问名也。有下定,有大行盘,即古之纳征、纳吉也。有道日,即古之请期也。将婚,则有催妆。"

拜门,即古代的纳采,也就是男方请媒人往女方提亲,得到女方应允后,再请媒人正式向女家送礼求婚。在旧社会里,因受封建思想的束缚,婚嫁都由"父母之命,媒妁之言"决定,这就是所谓的"明媒正娶"。

求允,即古代的问名,也就是男方派媒人到女家询问女方的姓名和生辰八字,取回庚帖后,请阴阳先生合八字。

下定,即古代的纳吉,也就是如果双方八字相合,男方将吉兆通知女方,并送礼请求订婚。

行盘,即古代的纳征,俗称"送彩礼"。因彩礼要装入木盘内,故而称之。订婚时男方送女方彩礼,称"担小盘";将婚时男方向女方行聘礼,称"担大盘"。

古代"六礼"中,其他礼仪中都要用雁作见面礼,称"奠雁",唯独行大盘时不用奠雁。为什么要"奠雁"呢?因为雁对"爱情"最为忠贞,所以人们要献雁为贽礼。后来雁很难抓到,就用鸡鸭替代了雁。

道日,即古代的请期,也就是男家派使者到女家去通知成亲迎娶的日期。女家表示接受后,使者返回复命。

催妆,就是婚礼前二三日,女家要向男家催促送达新婚时的衣着和用品。经多次催促,男家才将凤冠、霞帔、婚衣、镜、粉等送达女家。

据清代《陈墓镇志》的记载:婚前还有"女家有发媒,男家有缠红""讨客目""催妆礼"等礼节。

缠红、报绿,指订婚时男女两家互送约书和信物;缠红,取"赤绳系足"(男女结成婚姻)之意。

讨客目,就是媒人向女方讨取新娘舅父、姑父、伯、叔、父母及养父母名单,以便在男家婚后作交往。

民国《巴溪志》载:"婚礼……(有)庚帖,卜之吉,则诹日告聘,曰'通信'。聘日致文定帖,求允帖……迨吉,必先祝告鬼神,曰'待筵'。"

庚帖,即男女双方交换的写有姓名、生辰八字的帖子。诹日,即商量选择吉日。文定帖,就是订婚的帖子。

迨吉,即嫁娶及时,婚姻美满。为了使嫁娶时顺顺利利,让婚姻美美满满,在嫁娶前必须祭祀祖宗神灵,求他们"保佑"。

据宣统年间《信义志稿》记载:行聘之礼中"必具肉及骨"。女家作的回礼中,"必杂以米豆"。

行聘,即男家送给女家的彩礼。回礼,即女家返还的礼品。有来有往,方能显示相互之间的客套和尊重。

礼品中的"骨肉",一般是指蹄髈之类,送蹄髈寓意夫妻乃骨肉之情。回礼中的"米和豆",寓意五谷丰登。

宣统年间《信义志稿》载:"男子将婚,则请字于塾师、师长和亲邻作字说,装潢,以贺之。"

结婚前,男家要对婚房作必要的"装潢",该贴"囍"字的贴"囍"字,该贴对联的地方贴对联。

如果用现代思维梳理一下，昆山的传统婚俗中，在迎亲之前所要做的事情大体为——

先是男家请媒人到女家说亲。女家将女儿的出生年月及时辰写在红帖子上交媒人送至男方后，男方将帖子供于灶君像前，请阴阳先生合"八字"。

如果双方"八字"相合（没有冲碰），男方就要选定吉日，备礼金、首饰、衣服等送往女方，请求定亲。

定亲之后，男方要选择黄道吉日为结婚日，并通知女方。之后，男方还要送名目繁多的采礼。

迎亲，也称"娶亲"，俗称"好日"。即"六礼"中的"亲迎"。也就是到成婚日，由新郎亲自到女家迎接新娘。迎娶仪式最为隆重。

光绪年间《昆新合志》载："亲迎，则向雁而拜……（有）踏甑、跨鞍、斩蔗、迎龙、接宝、传彩席、撒帐、上花幡诸仪。"

新娘上轿前要踏甑，甑是古代蒸饭的一种瓦器，形同现代的蒸锅。踏甑有别祖之意。清代以后，昆南农村的踏甑，一般把脚在粯糕用的竹蒸上跨一下就行了。

农村里的娶亲队伍

鞍，即马鞍。跨鞍，即新娘被迎娶至夫家，在入门之时，要在马鞍上象征性地乘坐一下。"鞍""安"同声，跨鞍取其平安、长久之义。

迎龙、接宝是婆媳见面之礼。俗话说"望子成龙"，此俗有企望子孙满堂和招财进宝之意。何为"迎龙""接宝"呢？宣统年间《信义志稿》载："娶媳至门，姑用熨斗、米筛迎之，曰'迎龙'；媳递金银器于姑，曰'接宝'。"

"向雁而拜"，就是举行婚礼时，新

婚俗中的"拜堂"

郎新娘对着双雁(由两只鹅代替)焚香交拜,象征婚姻的贞洁。

新郎新娘在举行结婚仪式后,要手握红绿牵巾,徐徐进入洞房。这时候要把麻袋(米袋)一只接一只传递过去,铺在新郎新娘脚下。这一仪式就是传彩席。因"袋"与"代"谐音,故也称"传代",寓意新婚夫妻能生儿育女,传宗接代。

撒帐,就是新婚夫妇进入洞房后,并排坐在床沿,由伴娘或全福女亲抛掷铜钱、赤豆、枣子、花生、稻谷、瓜子等,撒向床内的各个角落。寓意早生贵子。

上花幡,在傍晚时进行,本是夫妻成婚时在花幡面前的祭祖仪式。但昆南一般不用花幡,而是直接到家堂中对着祖宗的牌位鞠躬、唱社(作揖)。

据清代《陈墓镇志》记载,迎娶中还有"三转盘"仪式,迎归后还要"交拜""做花烛""挑方巾""吃和气"。

三转盘,即"轿前盘",就是迎亲之日,男家在轿子出行前送达女家的装有各种菜肴的"礼担"。昆南农村俗称"桌面船"。

迎亲时男家携带的礼品

农村娶亲时的河滩装饰

迎亲之日,大清早男家就要派相帮(帮忙的亲戚、邻居)摇着"桌面船",将一桌菜装在"条箱"(一种长方形的木器)中送到女家。

女家收下鲤鱼和"肚皮痛肉"后,将其他菜都留在条箱中返回给男家。然后接受女家的"行嫁"。

收鲤鱼是因为"鲤"和"礼"谐音;新娘生下时,母亲要忍受肚皮(肚子)痛的煎熬,因此送肚皮痛肉,便是女婿对丈母娘的感激之情。

行嫁,就是送女子的嫁妆。如果嫁妆不多,可由女方派人直接将它们搬到桌面船上,由桌面船送达男家;如果嫁妆较多,则女方要另备船只,装载嫁妆。

人们将新婚,称作"洞房花烛"。

昆山的亲迎仪式中涉及"花烛"的,是"结花烛""移花烛"和"守花烛"。

结花烛,就是夫妻在厅堂中一拜天地、二拜高堂、夫妻对拜之后,点亮龙凤花烛,向南并坐,结成"花烛夫妻"。

移花烛,即在举行"传袋"礼仪的同时,由亲友中的两位少年握着红蜡烛在前面将新婚夫妻引入洞房。

守花烛,就是新婚夫妻要一直坐在床前的花烛前,坐到天亮。有夫妻守住忠贞、白头偕老之意。

新娘自出闺房起就头盖方巾,进入洞房后才能挑去方巾。挑方巾,就是用红绸缚着的秤杆和甘蔗,挑去新娘的盖头。寓意日后生活甜甜蜜蜜、称心如意。

新娘的方巾,有的是由新郎挑去的,有的是由全福女亲挑去的。但光绪年间《周庄镇志》中有"姑为妇脱幪,曰'挑方巾'"的说法。其中的"姑",指的是婆婆。

"吃和气",就是吃"和气饭"。由男家年长的妇女将镬子中盛出的第一碗饭送入洞房,让新婚夫妻各吃一口,寓意婚后的生活和和气气。

除了以上几部志书中记载的婚俗礼仪,在昆山的迎亲过程中,还有一些情节和细节可以作补充——

婚前一两天,女方要请人到男家为新婚夫妻铺新床,铺床一般要请全福之人操作。所谓"全福之人",就是父母双方都健在的夫妻。这样才吉利,才能给新婚夫妻带来好运。

传统的铺床仪式较为复杂,铺床时被子上要放一蒸糕,称"铺床糕"。糕上放一男一女2双布鞋。床上还要放2根木扁担、1根木秤、2根甘蔗等物,并都要贴上红纸,以示喜庆。

床上放扁担,是告诫新婚夫妻婚后要靠勤劳致富;放秤杆,象征婚姻称心如意;放米糕,有高兴、高升之意;放甘蔗,寓意夫妻生活甜甜蜜蜜。

铺床时,床前方几(方桌)上要摆放2根香烛,铺床的夫妻俩点燃香烛后,要并排站着对着新床鞠三个躬,然后将鸳鸯枕、龙凤被等铺在床上。

新婚客堂布置

如今，在昆南乡村依然有铺床习俗，但仅仅是一种礼仪而已。床往往先前已经铺好。"全福之人"来到床前，象征性地掖一下被角、摆一摆枕头就可以了。

旧时，未婚女子是不能修脸的。出嫁前才由母亲或嫂子为她剪齐额发、鬓角，梳头，修眉毛，俗称"开面"。女子开过面，就表示结婚了。

一般人家的嫁妆，有被褥、布匹、板箱、马桶、脚炉等。锦溪东郊的农村有"十八只木桶嫁女"的习俗，而且每只木桶都有寓意。比如，嫁一只手粉桶，寓意新娘子"安分守己"。嫁一只西瓜桶，寓意新婚夫妻像西瓜一样甜蜜；嫁一只面桶，表示新娘子要面子……

新郎到达女家后，要给丈母娘见面佃（也称"上门佃"）。女家要以茶点热情招待新女婿，摆茶结束，新娘才走出闺房。

新娘所坐的轿子一般4人合抬，新娘的兄或弟也要象征性地用手把住轿子上的抬竿，护送姐姐或妹妹上轿，俗称"捧轿"。新娘上轿要由长兄抱到轿中。轿子抬上娶亲船后，新娘要换上新鞋。旧鞋由相帮带回娘家，忌将尘土带到夫家。

以前，经济条件较好的人家，结婚时租用堂船。堂船比快船还大，并搭有头棚、舱棚、艄棚。一般设置两支橹，船头、船尾各一支，船头的叫"牵头橹"。

堂船一般富户才有，除了结婚，还用于烧香或庙会时出租。堂船中设有专门的舱室，供新娘入座、陪客（女傧相）陪伴。吹鼓手在船上吹奏唢呐。

较为贫苦的人家，就用农船临时搭棚做成"花船"。但花船也要披红戴绿，船梢上插数根竹竿。篙子上要贴红纸。请相帮敲锣打鼓。

娶亲船到女家河滩时，要在河中用摇快船的方式来回兜几个圈，俗称"打缺势"。等到媒人出门打招呼，才可停船，抬轿上岸。

快船娶亲

娶亲船返回男家河滩时，也要敲锣打鼓在村河中"打缺势"，等到男家烧柴火迎接方可停船，放高升，抬轿上岸。

娶亲时也常用搭棚快船，这种快船称"花快船"。不过结婚"摇快船"时，一般只架设头橹、二橹，不设三橹，目的是渲染喜庆、热闹气氛。

新娘被娶走后,新娘的亲兄弟(新阿舅)和叔伯兄弟或过房(干)兄弟,要单独摇着小船到男家去做"满日"。

新阿舅到达男家后,男家要举行隆重的"摆茶"仪式。摆茶由新郎亲自陪伴,派茶担或男家堂亲中的男相帮负责泡茶、添茶。

进入洞房后,新婚夫妻要喝合卺酒。合卺,就是结婚男女同杯饮酒。喝酒时,要剖一瓠为两瓢作酒器,夫妇各执一瓢,用线连着,斟酒对饮。寓意夫妻心心相连。

新婚之夜还有"闹新房"之俗。到时,亲友不分辈分长幼,聚于新房中嬉闹,讨糖、讨烟,贺喜取乐。

如果用现代思维梳理一下,昆山农民的传统婚礼,在迎亲之日所做的事情,简单地说就是——

男家由媒人引导备好轿子,摇着娶亲船,到女家迎亲。达到女家后,新郎先给丈母娘上门佃,接着女方摆茶招待新女婿。新娘梳妆完毕后上轿,被抬至娶亲船。

新娘进入男家后,男家点燃龙凤花烛,由司仪引导举行结婚仪式,先跪拜天地,再拜高堂,然后夫妻对拜。

礼毕,移花烛、传袋,新郎新娘被送入洞房。新婚夫妻双双坐床沿,行撒帐、挑方巾诸礼。夫妻喝合卺酒。

至晚,新夫妇重出祭祖,向亲属中的长辈跪拜,长辈给"见面钱"。新夫妇回房,亲友拥入房中"闹新房"。夫妻守花烛。

昆山的迎娶旧俗,一般要摆三天排场,第一日"开厨",第二日为"正日",第三日谓"罢厨"。

正日也是亲迎之日。当天亲友来送礼贺喜,男女双方张灯结彩,大摆筵席,招待宾客,亲友都要前来贺喜。

亲迎过程中,还掺杂着特色鲜明的民间文艺表演,比如鼓手、江南丝竹、跳板茶、堂会、山歌等。

昆山的玉山、周庄等镇在清末民初已有堂名班,最初的堂名班是清唱昆剧,因曲高和寡,后来逐步改唱京戏。堂名收费低廉,因此农村做社待神,酬神回愿,以及富有人家结婚、祝寿,都得邀请堂名班。

演堂名戏不穿戏衣,不需舞台,演员分坐"洋台"周围演唱、伴奏。洋台约有两只八仙桌大小,四角有红漆立柱,镶装刻有山水人物等图案的花板。一班堂名大体上由8人组成,班内人员分司锣、鼓、丝弦等乐器,同时分担生、旦、净、丑等角色。

鼓手,即吹鼓手,是婚丧礼仪中吹打乐器的人,而不是指敲打锣鼓的人。鼓手在婚庆中出现,目的也是烘托气氛。

正仪的雅宜堂,成立于清代咸丰九年(1859年)。雅宜堂原是专业鼓手,后来发展为堂名鼓手,在昆山颇具盛名。

陆家浜鼓手很早就扬名江南。苏沪一带流传着"陆家浜鼓手,来得嘞来!"的民谚。沪剧《芦荡火种》中,阿庆嫂有"陆家浜鼓手称第一"的唱词。这里的鼓手乐队常由8人组成,分别操奏唢呐、曲笛、鼓板、胡琴等乐器,以演奏昆曲曲牌为主,乐风粗犷、大气,风格与江南丝竹有较大差异。

昆山的各个乡村基本上都有喜欢演奏胡琴、笛子、扬琴的人,俗称为"琴师"。演奏的内容有沪剧、戏剧、民间小调、丝竹乐曲等。这些琴师也经常相聚一起,吹拉弹唱,交流技艺,自娱自乐,有的还组成班子,在婚礼和民间活动中频频亮相。

民国时期,淀山湖镇的度城村有一个丝竹班,由12人组成,有二胡、琵琶、弦子、笛子等10多种乐器,在附近也颇负盛名。

花桥的江南丝竹活动尤为活跃,并逐渐形成了独特风格。这里基本上村村都有丝竹乐队,并经常出没在婚礼、祝寿场合。在表演时,不但坐堂演出,而且常在乐器上挂着龙凤彩饰,在婚嫁迎娶时行街表演。

跳板茶,是由茶担在跳板上为新郎新娘敬茶而发展起来的一种民间婚俗舞蹈。主要出现在昆南的婚俗礼仪中。

跳板是比平几长的船板,也是在娶亲船中使用的重要"道具"。因为船和岸之间总是会有一定的距离,因此上船、下船都要搁置跳板。

茶担,是一种在婚丧宴请时被请的专司茶水供应的行当。起初,当新娘被娶回夫家后,茶担要经过跳板走到娶亲船上为新娘敬茶,以示东家的热情周到。为表示庆贺和吸引两岸观看人的主意,茶担就在端着茶杯走过跳板时表演一些较为"惊险"的动作。这些动作经过不断加工,逐渐成为了一种民间舞蹈。

后来,根据东家的需求,茶担将这种舞蹈表演"移植"到了新阿舅到达男家后的摆茶仪式上。因客厅里不适合用跳板,茶担就将"道具"改成了折成跳板形状的红色地毯。

茶担在表演时，双手分别托起一个茶盘，盘中装上了茶杯、茶水，然后通过转、举、托、扭等一系列高难度动作向新阿舅敬茶。不过，令人意想不到的是，茶担在整个表演中，无论做出何种动作，放在茶盘中的茶杯却纹丝不动，茶水也滴水不漏！

农家婚礼场面

因为这种民间舞蹈滥觞于跳板上的敬茶仪式，人们便在惊讶、赞叹之余，将它称作"跳板茶"。

清代至民国时期，跳板茶舞蹈在千灯、石浦、锦溪等地频繁出现。新中国成立后，千灯将这种舞蹈加以挖掘整理，搬上了舞台，使之得到了良好传承。

旧时，富裕人家有结婚、祝寿等喜庆之事时，为招待客人，显示体面荣光，有时要请演员到家里"唱堂会"。

唱堂会，由4～8人轮流扮演角色。表演的内容有昆剧、京剧、苏滩、滑稽戏、杂耍、曲艺等，具体演什么要由东家决定。在大户人家演堂会戏常搭建戏台。一般的农家，堂会戏在院子内、客堂中演唱，东家宴客时，演员吹打拉唱，增添乐趣。

如今，部分农村在举办结婚、做寿等礼仪时，有的仍然请当地的业余戏班或文艺爱好者到家中唱堂会，演唱的大多是沪剧、锡剧中的清唱和折子戏。

唱山歌，在婚礼仪式中也多次出现。近年由张浦镇镇志办编撰的《新张浦杂记》中记录的结婚仪式歌，有堂前、拜堂、入洞房、坐花会四种。其中入洞房时唱道："洞房花烛锃锃亮，红绿牵巾六十寸长，中间一朵同心结，两边鸳鸯同步行；龙凤祥焰路来引，传宗接代步步高，恩爱夫妻入洞房，百年好合子孙满堂！"这首山歌不仅唱出了婚礼中移花烛、传袋、入洞房时的生动情景，还带有对新婚夫妻的美好祝愿。

在新娘上轿、出轿、拜堂时，班头（司仪）要喊唱《三请新人》的山歌，"撒帐"时也要唱《撒帐歌》。《撒帐歌》的唱法有多种。有一种唱法是，东、南、西、北、上、中、下、前、后各个方位都要唱到。其中也有把各个方位都合在了一起，如："撒帐东南西北中，洞房花烛喜相逢。夫妻恩爱兴万事，多子多孙满堂红。"

婚后还有不少习俗。光绪年间《周庄镇志》载："越数日，父若兄具礼来婿家，曰'望朝'。弥月,妇归宁,婿同往,见父兄及妻党,曰'回门'。"

归宁,即回门,指已嫁女子带着丈夫,带着礼物回娘家,双双拜谒女方父母之行动。

回门一般有两次:一次是第三天后(也有的在第二天),一次是满月之日。但都得当日回家,新婚夫妻有"一月不空门"之说。

望朝,就是结婚后数日,新娘父母去男方家中看望自己的女儿。男家要备酒席,招待新郎的丈人丈母及女方的兄弟姐妹吃"望朝酒"。

2.丧葬习俗

昆山乡村里的丧事也颇为繁复。光绪年间《昆新合志》载:"丧家开吊,都遍请邑客主丧,谓之'陪宾'。每日张筵犒赐,烦费甚多。"

丧家,有丧事的人家。开吊,接受亲友吊唁。邑客,居住在城镇里的人。主丧,主持丧事。张筵,设宴。烦费,大量耗费。一家有丧事,乡邻们都要前来吊孝、帮忙。举丧之家,每天都要设宴待客。俗话说"死者为大",办丧事涉及的事情不少,费用也很多。

从明清时期延续下来的丧俗礼仪,有报丧、设灵堂、司丧、送葬等内容,大致情况是这样的——

人死后,要派相帮逐户上门通告亲友知晓,称"报丧"。报丧要一户一户进行,不能走错人家。

家中要拆卸床帐,为死者擦洗遗体,换上寿衣,俗称"小殓"。再将遗体移到堂屋门板上,剃发修面,面蒙白布。

遗体前要悬白幔,挂遗像,设供桌,供祭品,并点一盏素油灯,昼夜不熄。孝幕后,死者直系亲属身穿白衣,伏两旁恸哭。

夜里,子女亲人轮流守尸"陪夜",并请和尚或道士诵经、奏乐超度亡灵。和尚诵经,称"做法事";道士超度,称"做道场"。

尸体入柩出殡送葬时,要请鼓手鸣哀乐,长子穿麻衣孝服,手捧灵位。其他小辈也穿孝服,随后哀哭。亲友列后缓步送殡。

送葬回家后吃"回丧饭",并在屋隅设"灵台",俗称"寿台",素幔白帏,旁挂挽联,中挂遗像。素油灯彻夜不熄。

旧时都采用土葬,敛尸也有"巧法"。宣统年间《信义志稿》载:"敛尸最不容草率,信义有世传其业者,名'土工'。其法用石灰包四周填实,再以桑皮纸铺尸身,倾入石灰,用手两旁插之。再倾,再插,插至极坚密而止。将纸揭开,衣衾不染点污,坚实洁净,他处莫能及。"

桑皮纸,是以桑树皮为原料造的纸。衣衾,指装殓死者的衣服和单被。正仪"土工"的这种敛尸方法,在当时肯定是比较实用和可靠的。

自死者亡日算起,每七天为"七",称"头七""二七""三七"……到了第七个"七",为"断七"。逢"七"必祭,"五七"最隆重。

撇开一些迷信习俗,在昆山乡村的丧俗礼仪中还是可以找到一些非物质文化元素的,比如道教音乐、民间纸扎等。

道教音乐,是道教进行斋醮仪式时,为神仙祝诞,祈求上天赐福,降妖驱魔以及超度亡灵等法事活动中使用的音乐。以"工尺"法记谱。一般用合、四、一、上、尺、工、五等字样作为表示音高和唱名的基本符号。

如今,乡间的道士依然按照这种曲谱,在做道场时演奏和唱曲。其曲调柔和的声腔,民俗气息很浓。

丧俗中有一种礼仪称"烧纸扎"。纸扎,就是纸冥器,有房子、渔船、聚宝盆、银箱子等。人们在祭祀死者亡灵时焚烧,以寄托对亲人的哀思。

旧时,乡间有不少民间纸扎工匠,以竹篾、芦苇、稻草、铁丝、棉纱、彩纸等为主要材料,通过扎作、纸糊、绘画、剪纸等手段扎糊各种器物。比如,纸房屋的扎制,先要用芦苇扎出房屋的骨架,再在房屋的四周、屋顶糊贴上彩纸,开好门窗,画上墙砖、瓦片。有的还有写上匾额、门联。

不过,纸扎是一种泛称,民俗活动中的不少道具,也要借助纸扎工艺来扎制。比如,舞龙表演中"彩龙"的扎制,先要用竹片扎出一个个篮段作骨架,再将这些篮段用线连接起来,缝上彩布或糊上彩纸,画出鳞甲。传统节会时悬挂的走马灯、手提的兔子灯、漂在水上的莲花灯等彩灯,都要用竹篾扎出灯架,再糊以彩纸,画上花饰,然后置蜡烛作灯源。

3.岁礼习俗

旧时,昆山的民间寿庆习俗,主要有三朝、满月、搭己、寿头发、做寿等。如今,三朝、满月、寿头发等习俗仍在农村延续。

婴儿出生后的第三天,亲友要送"状元糕"来道贺。舅家送来摇篮、坐车、小

农村进屋时收到的礼品

床、尿布,主人染了红蛋分赠邻居及亲友,有的还设宴请客,称"三朝酒"。

婴儿出生满一个月,娘家送"满肚饭"给产妇吃。婴儿要剃胎发;并把胎发搓成团,穿连金锁片,挂在蚊帐上。向邻居分送双浇汤面;并宴请亲友,称"满月酒"。

儿童一周岁,称"搭己"。亲友前来送礼庆贺。家长把亲友送来的首饰、玩具、水果、糕点等礼品散置于桌面上,任孩子抓取一物,以卜其志向,称"抓周"。

女孩13岁,要"寿头发"。意味着女孩已转入青春发育期。亲友都要送衣料礼物,当天要为女孩穿耳环,此后女孩要留长头发。

从30岁开始,较富裕的人每10年庆寿一次。但一般只备些酒菜、寿面,全家或邀请亲友欢聚。

有钱的人60大寿时,要穿上新衣,接受亲友及家人的祝贺。还常特设寿堂,挂寿星轴,供寿烛寿香。亲朋前来祝贺,贺者有的还送礼金、衣物,寿幛、寿联或寿桃面等。拜寿吃酒时请鼓手吹打,有的还请"堂会""宣卷"演出。

农民一旦到66岁(虚岁),无论贫富贵贱,亲戚朋友都要送礼祝贺。礼品主要为蹄髈(今为红包)、寿面、水果。前来祝贺时,要放高升。主人接受了贺礼,也要作一定的回礼,对于来自远处或贵重的客人,有时还要留饭。

乔迁新屋前也得庆贺。由一家至亲出面,当日送鱼肉、米糕、馒头、水果及碗筷等用具到新屋,张挂神仙图像和对联,焚烛点香,祭祀神灵祖宗,称"烧路头"。

婚丧寿庆之俗错综复杂,也是精华与糟粕共存,很难叙说齐全。此篇仅为信笔点击,抛砖迎玉而已!

后 记

《昆山农耕》是一本记录和展示昆山农耕文化的书籍,简要追溯了昆山的农耕文化简史,记录了昆山的农耕劳动场景,展示了昆山的农村风俗习惯,反映了昆山农民的生活面貌。

全书采用章节体形式结构,分农史、农具、农活、农俗4个篇章介绍。农史部分粗略地回顾了昆山的农村、农民、农产品、农业技术等基本情况,农具部分介绍了传统农具的形态及其制造工艺,农活部分记述了传统劳作的形式和过程,农俗部分,按照吃、穿、住、行的顺序分别展示了旧时农民的日常生活习俗。

昆山的渔民是从农民阶层中分离出来的一个群体,往往渔农兼行,因此本书便将昆山的传统渔具和传统捕捞方法一并作了介绍。

全书按四级标题布局,目的是为了纲举目张,使读者在阅读时一目了然,便于在目录中查找到所需参考的资料。

作者自小生活在农村,高中毕业后参加过农业生产劳动,师范毕业后长期在农村中小学从教,因此对传统农具、农业劳动和农村习俗较为熟悉,积累了丰富的写作素材,因此有条件写成了此书。

作者热爱传统文化,近年来因被邀担任地方志的编纂和文化刊物的编辑工作,对吴地的传统文化进行过较为系统的研究。在撰写本书时,为了使所写的内容尽量准确,又做了大量的社会调查和民间走访,甚至亲自向农民学习民间技艺。

农耕文化涉及的内容广泛,作者在编写时取其精华,将重要的非遗内容融入到各个章节之中。但鉴于篇幅所限,其他内容只能是点到为止。

本书力求文笔生动，图文并茂，使之成为昆山"非遗"保护中的参考档案。书中的照片都摄于昆山境内，大多由作者拍摄。书中难免有错谬，谨请读者批评指正。

感谢昆山市文体广电和旅游局给予了出版支持，在编撰过程中得到了杨瑞庆老师和家乡众多父老的热情帮助，在此一并表示衷心的感谢！

李惠元

2019年5月于昆山锦溪陆家湾

作者简介

　　李惠元,昆山市锦溪镇人。中学退休教
师,农民出身。曾任《锦溪镇志》(1988~
2006)总纂,《文化昆山》杂志责任编辑。已在
《百花园》《雨花》《天津文学》《青春阅读》《诗歌
月刊》《黄河诗报》《小小说月刊》《长三角》《苏
州杂志》《北方论丛》《文学报》《扬子晚报》等报
刊发表小说、诗歌、散文、论文等作品百余万
字,曾出版《鹿城故事》《昆史拾零》《陈墓旧事》
《莲池阁影》等著作7部。

图书在版编目（ＣＩＰ）数据

昆山农耕 / 李惠元编著. -- 上海：文汇出版社，
2019.12

（昆山文化丛书）

ISBN 978-7-5496-3086-8

Ⅰ.①昆… Ⅱ.①李… Ⅲ.①传统农业－介绍－昆山

Ⅳ.①F329.533

中国版本图书馆CIP数据核字(2019)第274722号

昆 山 农 耕

编 著 / 李惠元

责任编辑 / 熊　勇

封面设计 / 张　晋

正文设计 / 叶玉萍

出版发行 / **文匯**出版社(上海市威海路755号　邮编200041)

印刷装订 / 上海颛辉印刷厂

版次 / 2019年12月第1版

印次 / 2019年12月第1次印刷

开本 / 720×1000　1/16

字数 / 220千

印张 / 16.25

ISBN 978-7-5496-3086-8

定价 / 98.00元